Los Diccionarios del Arte

Matilde Battistini

Astrología, magia, alquimia

Traducción de Jofre Homedes Beutnagel

Electa

Los Diccionarios del Arte
Colección a cargo de Stefano Zuffi

en la página 2
Diego Velázquez,
Demócrito, 1628-1629,
Musée des Beaux-Arts, Ruán

Coordinación gráfica
Dario Tagliabue

Proyecto gráfico
Anna Piccarreta

Compaginación
Paola Forini

Coordinación editorial
Caterina Giavotto

Redacción
Chiara Guarnieri

Búsqueda iconográfica
Anna Bellettini

Coordinación editorial
Bettina Meyer

Maquetación
Agustina Fernández

Título original
Astrologia, magia, alchimia

ISBN: 84-8156-382-X
Depósito legal: B.16.171 - 2005

Impreso en Gráficas 94, S.L.
San Quirze del Vallès (Barcelona)

GE 6382X

Índice

Introducción

La astrología, la magia y la alquimia son disciplinas esotéricas (es decir, reservadas a un pequeño círculo de iniciados) que abren las puertas a una comprensión unitaria de todos los fenómenos de la naturaleza, desde los aspectos astrales, biológicos y psíquicos hasta la génesis de las enfermedades, y desde la composición de la materia inorgánica hasta la vida de los animales y las plantas. Entre los inicios de la civilización y el siglo XVIII *fueron vistas como un instrumento importante de saber, que permitía al sabio o al iniciado captar las leyes que gobiernan el cosmos, o ahondar en el misterio del nacimiento de la vida y del destino individual. Todo ello hizo que ocuparan un lugar central en el sistema del saber, y se abordaran con una actitud ambivalente, caracterizada por una mezcla de temor y respeto tanto en las clases dominantes como en las masas incultas. Artísticamente, ya se tiene constancia del interés por estas formas de conocimiento en la Edad Media, tras el renacimiento de la «fe en los astros» transmitido al occidente latino por los filósofos árabes. Así lo demuestran los grandes ciclos pictóricos de contenido astrológico que se han conservado en las cortes y los municipios italianos, como los frescos del Palazzo della Ragione de Padua, basados en una descripción de la bóveda celeste de matriz oriental (la llamada* sphera barbarica*), o el Salón de los Meses del palacio Schifanoia, inspirado en el descubrimiento de los clásicos griegos y latinos y su mitología. Entre los siglos* XIV *y* XVI*, las imágenes de tipo alegórico y simbólico pasan a incorporar contenidos esotéricos de procedencia hermética, alquímica y cabalística, disciplinas estrechamente relacionadas entre sí cuyo objetivo era profundizar en los secretos de la vida, estableciendo una correlación entre la creación natural y la creación artística. Basta pensar en la gran influencia ejercida por la traducción del* Corpus Hermeticum *y la filosofía platónica en la Florencia de los Médicis, fuente constante de inspiración* *para artistas, poetas y pensadores, de Rafael a Miguel Ángel y de Piero di Cosimo a Sandro Botticelli. También el arte véneto y flamenco se movió por intereses esotéricos, a través del encuentro entre los círculos humanistas italianos y los del otro lado de los Alpes, sin olvidar la difusión de la literatura hermética. Entre los siglos* XVIII *y* XIX, *la iconografía esotérica recibió un nuevo impulso con la ilustración de los tratados de alquimia y las obras visionarias de pintores como Füssli y Blake, pero hubo que esperar al siglo* XX *para que algunas corrientes artísticas como el surrealismo manifestaran el deseo de enlazar con el pasado en sus principios artísticos y creativos. Las características del tema, que impiden una interpretación unívoca y definitiva de su contenido, nos han decidido a compaginar imágenes cuyo valor esotérico está fuera de dudas (por basarse en fuentes documentales muy concretas, o haber sido elaboradas en contextos artísticos y culturales definidos por pintores que practicaban las llamadas «disciplinas ocultas», como Parmigianino y Beccafumi) con otras que han sido interpretadas en clave hermética en un momento u otro de la historia, incluidas obras célebres de El Bosco, Bruegel, Giorgione, Tiziano, Durero y Caravaggio. El carácter abierto de este libro, dirigido a un público amplio y variado, lo aleja de cualquier pretensión de discernir tajantemente entre una y otra forma de exégesis. Lo que se busca es ofrecer al lector una serie de* exempla *iconográficos que le permitan aventurarse en un mundo lleno de descubrimientos imprevistos. En la sección de apéndices, una lista de fuentes que sirvieron de inspiración a los artistas (o a los intelectuales que los orientaban) en la composición de sus obras, y una bibliografía esencial, brindan al lector la oportunidad de profundizar en el conocimiento de estos temas fascinantes, de creciente actualidad.*

Astrología

◄ *El planeta Saturno,* miniatura del *De sphaera*, siglo XV, Biblioteca Estense, Módena.

Puede representarse en forma de figura alegórica, o como la musa Urania, con un astrolabio o una esfera armilar en la mano.

Astrología

Nombre
Del griego *astron* («estrella») y *logos* («discurso»); significa estudio y comprensión racional de los fenómenos celestes

Orígenes
Nació en Mesopotamia hacia el siglo VIII a.C., y se difundió por todo el Mediterráneo entre los siglos III y II a.C.

Características
Se divide en una parte teórica, consistente en el «conocimiento matemático de los cuerpos celestes», y una parte práctica, la previsión de los hechos futuros

Otras definiciones
Astrología mundana; astrología natal o genetlíaca; astronomía; astromántica; geografía astrológica; doctrina de los tipos astrológicos en el psicoanálisis junguiano

Difusión iconográfica
Edad Media y Renacimiento (arte de la miniatura y ciclos parietales al fresco)

Con el paso de los milenios, la astrología se asentó como una forma de conocimiento capaz de dar una explicación unitaria de todo lo existente, desde la vida de los animales y las plantas hasta la actividad de la mente y el alma humanas, y de la comprensión de las verdades últimas de lo real a la interpretación del destino individual. En la Antigüedad tardía, las doctrinas astrológicas se situaron en una encrucijada entre la exigencia de una sistematización racional del saber, propia de la ciencia griega, y las prácticas mágicas heredadas de Oriente; no así en la época cristiana, en que el debate sobre la astrología se centró principalmente en la cuestión del libre albedrío y el rechazo del concepto de predestinación de raíz estoica. La Iglesia católica solucionó el dilema sometiendo el cuerpo a la influencia del hado y los fenómenos celestes, y asignaba plena libertad de acción al alma en la determinación del destino individual.

En el Renacimiento, la astrología volvió a despertar un gran interés, como se demuestra por la difusión de genituras y pronósticos sobre la suerte de hombres ilustres, religiones, naciones y ducados. Según Flavio Mitridate, astrólogo de Federico de Montefeltro, la astrología «es la ciencia divina que hace felices a los hombres, y les enseña a parecer dioses entre los mortales».

La astrología esférica es una disciplina seudocientífica nacida a caballo de la concepción astrológica medieval y la astronomía copernicana.

El globo celeste, subdividido en las doce casas astrales, se suma a los libros para plasmar la identificación renacentista entre astronomía y astrología.

El título del libro, en latín macarrónico, remite a las disputas científicas sobre el estudio de los fenómenos celestes, surgidas en la estela de los descubrimientos copernicanos.

◀ *Astrología*, miniatura del siglo XVI, Biblioteca Estense, Módena.

▲ Guido Cagnacci, *Alegoría de la astrología esférica*, 1649-1660, Walpole Gallery, Londres.

Dos palabras enmarcan a la Filosofía: «Causarum cognitio», *es decir, la comprensión de las causas últimas de lo real.*

Plasmadas en la sala, las diversas manifestaciones de la armonía universal: teológica, sapiencial, moral y artística.

La Justicia, con espada y balanza, preside el ejercicio del derecho civil y canónico.

Los cuadros ofrecen exempla *de las principales ramas del saber académico (teología, metafísica, derecho y poesía).*

► Rafael (escuela de), bóveda de la Sala de la Signatura, 1509-1511, Palazzi Vaticani, Ciudad del Vaticano.

La Astrología, representada como la musa Urania, es el conocimiento universal del hombre, no el simple arte de la predicción de los acontecimientos.

La inscripción «Numine afflatur» reivindica los orígenes divinos de la Poesía, reconocible gracias a la corona de laurel, la lira y el libro.

La Teología, con la inscripción «Divinarum rerum notitia», *remite al conocimiento de la voluntad divina. Los colores de la túnica reflejan las tres virtudes teologales: fe (blanco), esperanza (verde) y caridad (rojo).*

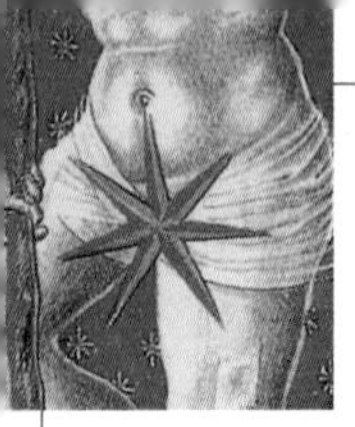

Se les retrata concentrados en estudiar los movimientos de los astros por el firmamento en mapas y globos celestes, u ofreciendo sus estudios a algún soberano, papa o emperador.

Astrólogos y astrónomos

Nombre
Fueron términos sinónimos hasta el siglo IV d.C.

Otras definiciones
Matemáticos (aquellos que ejercitan la *mathesis*, es decir, el cálculo numérico); caldeos (así llamados en la época romana por el origen persa y oriental de los astrólogos y de los adivinos)

Difusión iconográfica
Edad Media y Renacimiento (arte de la miniatura y del grabado, ciclos de frescos de carácter astrológico); siglo XVII (obras pictóricas de carácter científico)

La unión original entre la astrología y la astronomía hace difícil diferenciar entre la enigmática figura del astrólogo y la del astrónomo, más científica y rigurosa. A partir del siglo XVII, tras el nacimiento de la ciencia exacta, pasó a ser necesaria una connotación más precisa de ambos personajes. En general, los primeros fueron comparados a adivinos y charlatanes, mientras los segundos adoptaban la prestigiosa apariencia del científico. La distinción se hizo visible mediante la presencia de una serie de instrumentos de trabajo como el astrolabio y la esfera armilar, o bien por el contraste entre la actitud absorta y solitaria que caracteriza a los estudiosos y la presencia de multitudes de crédulos rodeando a astrólogos de dudoso renombre. Hubo épocas, no obstante (sobre todo el Renacimiento), en que los máximos representantes del poder temporal y espiritual tuvieron en altísima consideración a los astrólogos. Así lo demuestra la presencia continuada de tales personajes en las principales cortes de la época. Los señores acudían casi a diario a estos sabios con preguntas insistentes sobre genituras o pronósticos ligados a momentos importantes de la vida del estado, como pudiera ser el resultado de una guerra, o la consecución de una alianza. De ese modo tenían la ilusión de gobernar los fenómenos políticos y naturales en sintonía con la voluntad divina. Incluso científicos tan ilustres como Copérnico, Brahe, Galileo y Kepler ejercieron con provecho la profesión de intérpretes y compiladores de horóscopos.

El globo celeste y el astrolabio atestiguan el interés de Vermeer por la cultura científica de su época. El primero reproduce uno de los famosos globos de Hondius, basados en las observaciones de Tycho Brahe y los datos de los navegantes.

El astrónomo del siglo XVII sigue ligado a la antigua figura del astrólogo adivinador.

◄ *Giovanni Bianchini, presentado por el duque Borso de Este, ofrece las tablas astrológicas al emperador Federico III*, miniatura de las *Tabulae Astrologicae*, h. 1457, Biblioteca Ariostea, Ferrara.

▲ Jan Vermeer, *El astrónomo*, 1668, Louvre, París.

Los símbolos astrales pueden ir acompañados por episodios bíblicos, a guisa de exempla *de la concepción cristiana del tiempo y el destino ultraterrenal del hombre.*

Astros y Sagradas Escrituras

Características
La imagen de los símbolos astrales en representaciones sacras tiene como objetivo ratificar el tránsito entre el concepto pagano del tiempo, basado en el eterno retorno de los acontecimientos, y el proceso lineal e irreversible (*oikonomia*) de la teología cristiana

Difusión iconográfica
Edad Media y Renacimiento (arte de la miniatura y ciclos parietales al fresco de carácter enciclopédido y didascálico)

El Antiguo Testamento contiene referencias esporádicas a las prácticas astrománticas de los egipcios y los babilonios (pueblos a los que estuvieron sometidos los hebreos), pero algunos episodios de los evangelios (Adoración de los Reyes Magos, Crucifixión) revisten de importantes consecuencias astrológicas a la revelación cristiana, con la consiguiente y radical transformación del concepto de tiempo, que pasa de ser cíclico a lineal. Al situarse por encima de los astros y los demonios paganos, Cristo cronocrátor se erige en el garante y artífice de este tránsito entre dos épocas. De hecho, la teología cristiana solo acepta el influjo de las estrellas dentro del plano providencial de Dios, y considera que la astrología es una disciplina que solo debe practicarse si se limita a indagar en las causas que rigen el mundo sublunar (generación, corrupción y ciclos biológicos de las criaturas terrestres). Esta concepción prevaleció durante toda la Edad Media, como se ve en la abundancia de símbolos astrológicos en los lugares de culto y oración, en los relieves de las catedrales y en las páginas miniadas de las liturgias de las horas. En el Renacimiento, por el contrario, el debate sobre la astrología giró en torno a la formulación del nuevo concepto de dignidad humana.

► *Dios poniendo el Sol y la Luna en el firmamento,* h. 1100, Palais Chaillot, París.

Dios Padre interrumpe el curso de los hechos naturales para manifestar su voluntad al hombre, como ocurrió durante las tres horas de eclipse solar que acompañaron la agonía y muerte de Jesús.

A través de los ángeles, Dios domina y neutraliza el influjo de los antiguos demonios planetarios en el mundo sublunar.

▲ Giusto de' Menabuoi, *La creación del mundo, de Historias del Antiguo y el Nuevo Testamento,* 1370-1378, baptisterio, Padua.

El zodíaco expresa la función de Cristo como señor del tiempo cósmico.

Los signos y las constelaciones se convierten en personajes y objetos de la historia bíblica. Aries, por ejemplo, está representado en la figura de san Pedro; san Mateo ocupa el lugar de la constelación de Piscis, mientras que la figura de san Bartolomé oculta a Escorpio.

En el zodíaco cristianizado, la constelación del Triángulo, conocida antiguamente como «ojo sagrado de Horus», se convierte en la mitra del apóstol san Pedro.

▲ *Hemisferio septentrional cristianizado por Schiller, de la Harmonía macrocósmica* de Andrea Cellarius, 1660, Amsterdam.

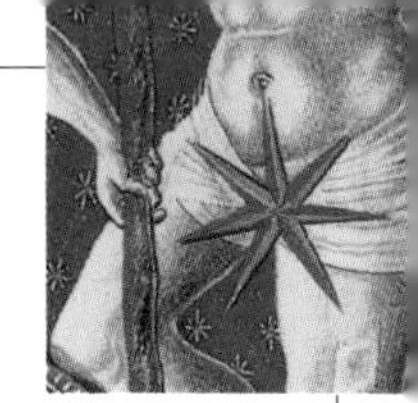

Representa los mitos y divinidades astrales que originaron las principales constelaciones. Este motivo iconográfico se inspira en textos clásicos tan célebres como las Metamorfosis *de Ovidio.*

Poema de los astros

El *Poema de los astros* de Manilio, astrólogo de corte del emperador Tiberio, inauguró un género literario destinado a gozar de gran fortuna en todo el mundo tardoantiguo y renacentista. En estas fábulas en verso se celebra a los protagonistas de la mitología clásica por la vía de su conversión sideral de seres mortales en estrellas imperecederas. Durante los primeros siglos de la era cristiana, estas figuras se vieron expulsadas del sistema teológico concebido por los Padres de la Iglesia, pero siguieron activas en las creencias astrológicas que determinaban el enfoque práctico de la vida, así como en los contextos relativos a la subdivisión del tiempo, como los almanaques, los calendarios y los lunarios. A partir del siglo XII, la «fe en los astros», considerados como emisarios de Dios e intermediarios entre el cielo y la tierra, volvió a extenderse por la Europa occidental, junto al redescubrimiento de las divinidades paganas ligadas a ellos. Durante el Renacimiento, la identificación entre las estrellas y los protagonistas del panteón clásico fue posible gracias al redescubrimiento de los principales textos de la literatura griega y latina, y a la divulgación de los manuscritos árabes de contenido astrológico que se habían producido en la baja Edad Media.

Orígenes
Nacieron en la Antigüedad tardía, tras la difusión de los *Astronomica* de Manilio

Características
Composiciones literarias que exaltan la astrología como conocimiento iniciático reservado a pocos elegidos. Esta creencia se basa en la convicción de que la razón humana es de origen divino, y de que se compone de la misma sustancia inmaterial y eterna que las estrellas

Difusión iconográfica
Especial difusión en la Edad Media y el Renacimiento, dentro del arte de la miniatura y los ciclos parietales al fresco

◀ Correggio, *El rapto de Ganímedes*, 1531, Kunsthistorisches Museum, Viena.

Júpiter, que aparece con el águila y los rayos, es la única divinidad planetaria del fresco. Su función es representar las empresas heráldicas de los Farnesio, por quienes fue encargada la obra.

La Osa Menor indica el polo celeste.

Géminis, representado junto a los signos de Leo y Escorpio, indica la presencia de un horóscopo oculto en la bóveda.

El mito de la nave Argos se cuenta en las Argonáuticas *de Apolonio de Rodas. En 1754, esta constelación fue dividida por Lacaille en otras tres: Carena, Popa y Vela.*

► Giovanni Antonio da Varese, llamado Vanosino, techo de la Sala del Mapamundis, 1537, Palazzo Farnese, Caprarola.

La constelación de la Lira, uno de los trescientos sesenta paranatellonta, fue colocada en el cielo por Apolo, dios de la música y las artes.

Las estrellas desprenden poderosa energía que puede influir en el curso de la vida sublunar, de la alternancia de las estaciones al destino humano.

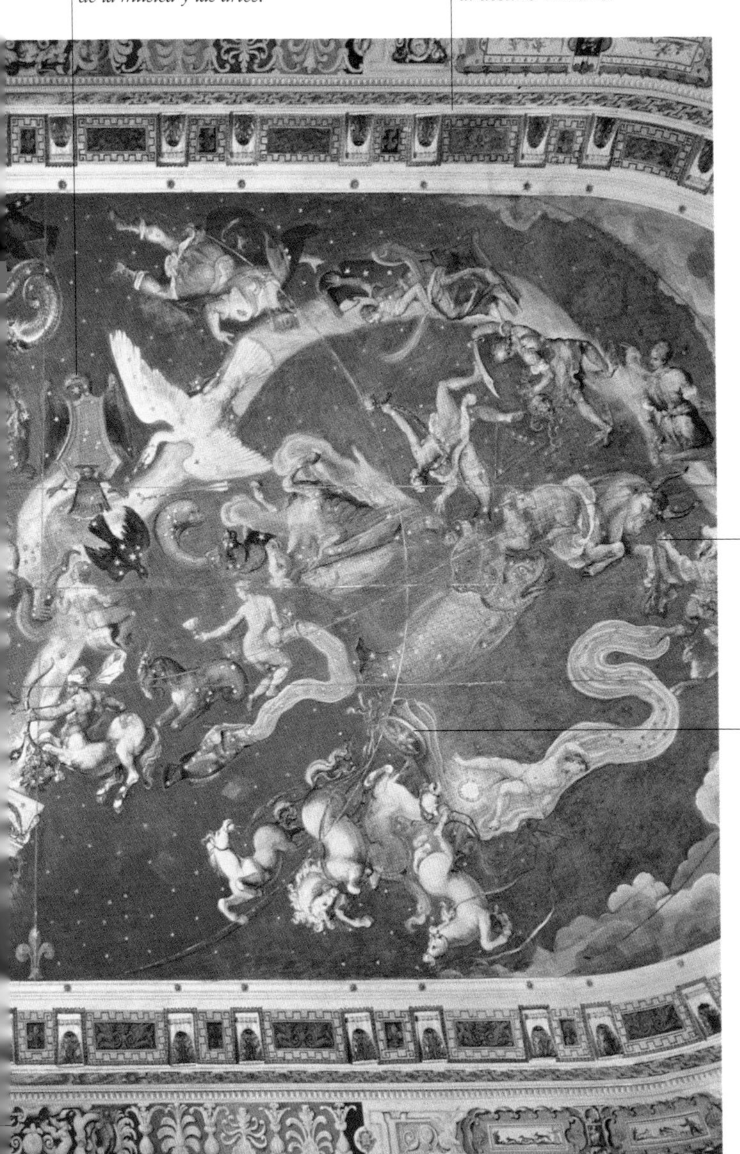

Los demás asterismos zodiacales están dispuestos a lo largo de la órbita solar.

El carro del Sol, conducido por Faetón, es una referencia a la catástrofe cósmica que originó la precesión de los equinoccios y la inclinación del eje de la Tierra sobre la eclíptica.

Según la mitología griega, la galaxia nació de la leche de Juno al salir de la boca de Hércules.

La Vía Láctea representa el vínculo entre los tres reinos del cosmos: cielo, tierra e infierno. Se identificaba con el camino de las almas por el firmamento, y con la antigua órbita del sol antes de la caída de Faetón.

▲Tintoretto, *Origen de la Vía Láctea* (detalle), h. 1575, National Gallery, Londres.

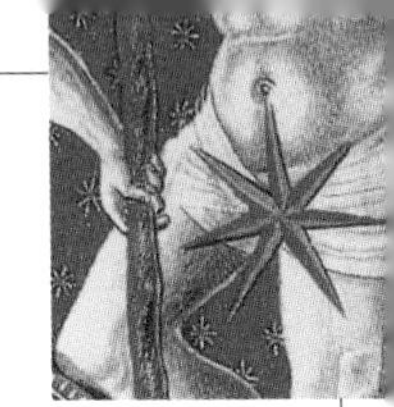

Se les representa aguantando el cielo, y la suerte de las almas tras la muerte del cuerpo, dos funciones cardinales dentro de la concepción pagana del cosmos, el tiempo y el hombre.

Atlas y Fanes

Atlas, el titán a quien Zeus obligó a llevar el globo del cielo en sus hombros, representa el eje del universo, el pivote que soporta el firmamento y pone en movimiento las esferas planetarias. Esta figura mítica remite a la catástrofe cósmica que originó la inclinación del eje terrestre sobre el plano de la eclíptica, el fenómeno de la precesión de los equinoccios y el nacimiento de las estaciones. Los pueblos de la Grecia arcaica creían que en tiempos remotos el cielo había estado a punto de caer sobre la Tierra, y atribuían el restablecimiento del orden y la estabilidad del universo a la victoria de los dioses olímpicos sobre los titanes. Durante la Edad Media, siguiendo una tradición de origen oriental, Atlas fue considerado el inventor del astrolabio, y en el contexto de las lecturas moralizantes de los textos clásicos se le identificó con Dios Padre, creador del universo. En la cultura astrológica renacentista, por el contrario, el titán representó la condición humana, dividida entre el ejercicio del libre albedrío y el determinismo cósmico que impone su ley a todas las cosas. En la Antigüedad tardía, Eros-Fanes, un hermafrodita de alas de oro nacido de la unión de la Noche y el Érebo, fue asociado al legislador del tiempo cósmico, representado por el movimiento circular del zodíaco.

Orígenes
Mitología griega; orfismo

Difusión iconográfica
Presentes durante la Antigüedad tardía, en bajorrelieves y esculturas exentas. La iconografía de Fanes quedó interrumpida por el advenimiento de la era cristiana, mientras que la de Atlas se difundió durante el Renacimiento y la época barroca, en ciclos parietales al fresco o telas de contenido mitológico

◄ Guercino, *Atlas* (detalle), 1645-1646, Museo Bardini, Florencia.

La representación del firmamento en escorzo alude al hecho de que el movimiento y el destino terrestres dependen de las leyes celestiales.

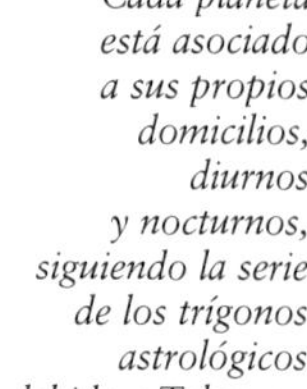

Cada planeta está asociado a sus propios domicilios, diurnos y nocturnos, siguiendo la serie de los trígonos astrológicos debida a Tolomeo.

La expresión de sufrimiento del rostro indica la condición del hombre renacentista, artífice de su propio destino, pero sometido al mismo tiempo a la voluntad de los astros.

La postura del titán señala el movimiento rotatorio del eje celeste.

La Tierra aparece inmóvil en el centro del universo. Es la única manera de que el titán pueda actuar como un pivote y haga girar el firmamento.

La superficie terrestre está subdividida en varias partes correspondientes a los trígonos de la geografía astrológica. Britannia, por ejemplo, está asociada a Géminis y Mercurio.

▲Francesco di Giorgio Martini, *Atlas*, h. 1490-1500, Herzog Anton-Ulrich Museum, Kupferstichkabinett, Brunswick.

El cetro y el rayo son atributos de Fanes, que organiza todo el universo siguiendo un principio superior.

Como sostén del destino del alma tras la muerte del cuerpo, se le confude a menudo con el dios tardoantiguo Mitra.

Las espirales son referencias a las cuatro estaciones.

El zodíaco representa la función ordenadora de la divinidad sobre el espacio, el tiempo y las fuerzas naturales.

▲ *Fanes con los signos del zodíaco*, siglo III d.C., Galleria Estense, Módena.

En la pintura occidental, las estrellas fijas suelen representarse con figuras de animales, héroes y divinidades tomadas de la mitología y la literatura clásica.

Firmamento

Nombre
Del término latino *firmamentum*, «sostén del cielo»

Orígenes
El firmamento actual está compuesto por la unión de la *sphaera graecanica* (el mapa del cielo conocido por los griegos y descrito en las obras astronómicas de Arato) y la *sphaera barbarica* (formada por las constelaciones egipcias y mesopotámicas), realizada por Teucro de Babilonia en el siglo I a.C.

Caraterísticas
Se trata de constelaciones que, a pesar de moverse diariamente por el ecuador celeste, siempre mantienen la misma distancia entre sí

Variantes y otras definiciones
Estrellas fijas; octava esfera del sistema aristotélico-tolemaico

Difusión iconográfica
Edad Media y Renacimiento (arte de la miniatura y ciclos parietales al fresco)

El firmamento corresponde a la parte del cielo más alejada de la Tierra, puesta en movimiento por una causa eterna e inmutable (Dios Padre, motor inmóvil) exterior a ella. El término «motor inmóvil» deriva de la cosmología aristotélica, según la cual el universo está compuesto por un sistema de círculos concéntricos con nuestro planeta en el centro. Interpretando a Aristóteles, un autor anónimo árabe identificó a las estrellas fijas con los arquetipos de todas las cosas, encontrando «en ellas tantas imágenes y figuras como existen aquí abajo». Mientras los astros contienen las características genéricas de todas las especies presentes en la naturaleza, la personalidad de cada individuo depende del lugar que ocupa en el cielo, y de la posición que adopta respecto a los planetas en el momento de nacer. En este contexto de ideas, la influencia de las constelaciones en el destino de los hombres queda determinada por las características de los animales y personificaciones que pueblan la bóveda celeste. Andrómeda, por ejemplo, está considerada como una constelación vengativa, ya que en vida fue perseguida injustamente por la suerte. La composición actual de la bóveda celeste nació de un complejo sincretismo filosófico-astronómico-religioso que abarcó las zonas griego-iranio-babilonias tras las conquistas de Alejandro Magno.

Según la doctrina escolástica, en esta esfera tiene su sede el orden espiritual del cosmos.

La Crátera (copa de los sacrificios y las libaciones) es una referencia a la inmortalidad del linaje de los Gonzaga.

El Cuervo, ave consagrada a Apolo, es transformado en constelación por el dios.

Siguiendo la tradición antigua, Escorpio tiene el signo de Libra entre sus pinzas.

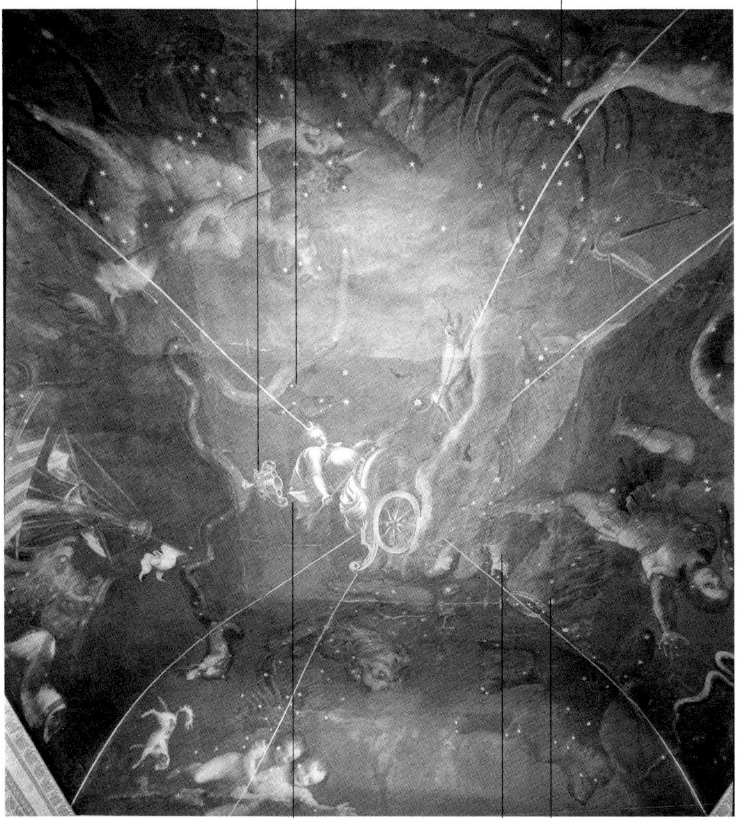

El firmamento gira alrededor del carro de Diana, tirado por una reata de perros. La diosa, embarazada, es la transfiguración de Eleonor de Austria, esposa del duque de Mantua.

El signo de Virgo, con una espiga en la mano, adopta el aspecto de Astrea y de Ceres. Es el emblema de Vicente Gonzaga.

La cabellera de Berenice separada de la constelación de Leo, de acuerdo con la iconografía moderna.

◄ *Globo celeste*, miniatura del *Tratado de astrología* de B. Ingles, siglo XV, Biblioteca Nacional, Madrid.

▲ Lorenzo Costa, *Cielo estrellado (Alegoría astrológica)*, 1579, Palazzo Ducale, Sala del Zodíaco, Mantua.

Las cuatro esquinas del mapa contienen las figuras de los principales astrónomos del pasado: el griego Arato (con un globo celeste), el romano Manilio (con un libro en la mano), el egipcio Tolomeo (con un compás) y el árabe Al-Sufi (con una esfera armilar).

El Dragón rodeado por los paranatellonta, constelaciones extrazodiacales que suben y bajan sobre el ecuador celeste. Durero indica la posición exacta de los astros sobre cada figura.

El zodíaco está representado fuera del cielo de las estrellas fijas, como es habitual.

Las constelaciones se encarnan en personajes mitológicos: Hércules con la clava y la piel de león, y Perseo con la cabeza de Medusa en la mano. Estas imágenes están tomadas del arte grecorromano.

▲ Alberto Durero, *Arato, Manilio, Tolomeo y el árabe Al-Sufi en las cuatro esquinas del mapa del cielo septentrional*, grabado, 1515.

► *Serpiente y dos Osas*, miniatura de los *Phaenomena de Arato*, siglo IX, Rijksuniversiteit Bibliothek, Leiden.

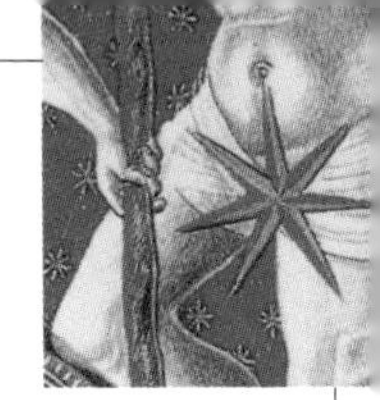

Adoptan el aspecto de figuras humanas y animales tomados de los prototipos orientales, salvo cuando aparecen como héroes de la mitología clásica.

Decanos y paranatellonta

Los decanos son treinta y seis divinidades astrales que presiden el destino de todas las cosas, transportando los siete planetas y velando por el mundo sublunar a través de los demonios. En el antiguo Egipto eran representados con un aspecto grotesco y monstruoso, unión de la figura humana con cabezas de animales fantásticos. En la época helenística, la subdividisión del zodíaco basada en los decanos fue introducida en el mundo griego por Teucro de Babilonia (siglo I a.C.), mientras que su transmisión al occidente medieval latino compitió con Albumazar. Además de la tabla encontrada en Dendera en la época napoleónica, hay representaciones de decanos en el llamado Planisferio Bianchini, un disco con bajorrelieves fechado en la época romana, donde aparecen dibujados los principales símbolos astrales conocidos en la Antigüedad: el *dodekaoros* (ciclo de las doce dobles horas diarias), los meses, un ciclo de doce años, los signos del zodíaco, los planetas y los vientos.

Los paranatellonta, por su lado, determinan el destino de los hombres y la calidad de su vida y muerte en función del aspecto que adopten al subir y bajar del horizonte celeste en el momento del nacimiento del individuo. Ocupan los trescientos sesenta grados de la eclíptica (la órbita aparente del sol) de tal modo que a cada signo zodiacal le corresponden trescientos paranatellonta. Después de casi un milenio de olvido, estos asterismos fueron reintroducidos por Pedro de Abano en el *Astrolabium planum*, fuente de inspiración de muchas obras pictóricas renacentistas.

Nombre
El término «decano» indica la subdivisión de cada signo zodiacal en tres décadas de diez grados cada una; los paranatellonta derivan del griego *paranatello*, «me elevo, subo cerca»

Orígenes
Los decanos aparecieron en Egipto entre los milenios III y II a.C. Los paranatellonta nacieron en la época babilónica, pero fueron introducidos en Occidente durante la Antigüedad tardía

Características
Los treinta y seis decanos egipcios son las divinidades que gobiernan cada esfera planetaria. Los paranatellonta corresponden a las trescientas sesenta constelaciones extrazodiacales que suben y bajan al norte y al sur de la eclíptica acompañando la salida helíaca de cada signo

Difusión iconográfica
Edad Media y Renacimiento (miniaturas y ciclos parietales al fresco)

Este disco zodiacal, fechado hacia el año 36 a.C., contiene las constelaciones de las esferas grecánica y barbárica.

El perímetro externo contiene los treinta y seis decanos y los trescientos sesenta paranatellonta. Estos demonios astrales, expulsados del cielo por Tolomeo, recuperaron su esplendor en el Renacimiento.

En el zodíaco de Dendera, las constelaciones están representadas siguiendo una iconografía prehelénica: el Dragón tiene el aspecto de un hipopótamo, el Carro mayor está representado como un muslo de buey, y el Can mayor como una vaca con la estrella Sirio entre los cuernos.

*Los decanos egipcios están representados siguiendo el sistema astrológico de Teucro de Babilonia (siglo I a.C.), retomado por Manilio (*Astronomica*) en la época imperial y por Pedro de Abano (*Astrolabium planum*) en la Edad Media, con los árabes como intermediarios.*

El personaje femenino es una referencia a Casiopea y a la divinidad egipcia de pie equino Tueris, señora del Nilo. Las tres figuras indican las «caras» de los planetas, el aspecto que adoptan a la hora del nacimiento de un individuo.

El hombre negro de ojos enrojecidos es el primer decano de Aries. El aspecto amenazador de esta figura refleja su condición de «guardián» del signo.

Aries es el signo protector del mes de marzo.

Representa la facies *benigna del planeta Venus, que tiene este signo como domicilio nocturno. La flecha es un atributo de Marte, astro asociado al decano. El aro, referencia al* circulus lacteus *(la Vía Láctea), y las cintas son atributos de la constelación del Auriga.*

◀ *Zodíaco*, 330-323 a.C., Templo de Hator, Dendera.

▲ Francesco del Cossa, *Mes de Marzo* (detalle), h. 1470, Palazzo Schifanoia, Salón de los Meses, Ferrara.

Capricornio toma una apariencia femenina, en la figura de una cabra con las ubres llenas de leche.

Según algunos expertos, esta bóveda representa el horóscopo de Pietro Maria Rossi, la persona que encargó la obra, nacido el 25 de marzo de 1413.

A semejanza de los lapidarios, manuales donde se catalogaban las piedras con valor talismánico sujetas a la influencia de los astros, estos frescos tienen un significado apotropaico.

▲*Historias de Griselda,* 1474, Castello Sforzesco, Museo d'Arte Antica, Milán.

Los veinte compartimientos contienen los planetas, los signos del zodíaco y los trescientos sesenta paranatellonta de la esfera barbárica.

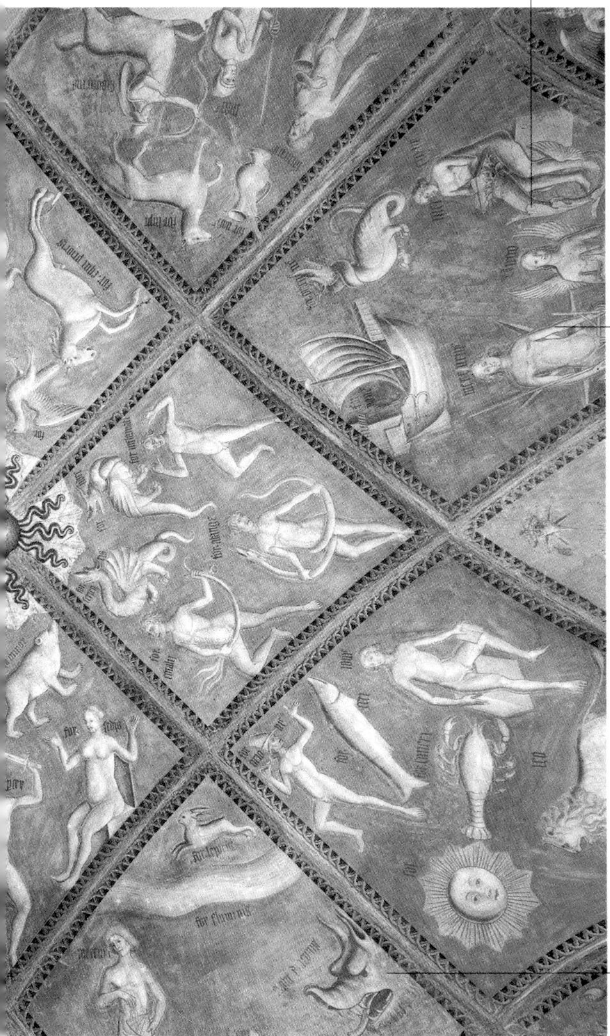

Es probable que la fuente del fresco sea el Astronomicon *de Basinio de Parma.*

El caput *y la* cauda draconis *indican los nodos lunares (puntos de intersección entre la órbita de la luna y la eclíptica).*

Está representado por una rueda o un círculo, símbolos de la bóveda celeste, que contienen los doce asterismos (humanos y animales) correspondientes a los signos zodiacales.

Zodíaco

Nombre
Del griego *zodiakós*, «círculo de los animales». Compuesto por *zoon*, «animal», y *diakos*, «rueda, círculo». El término «signo zodiacal» significa «imagen, símbolo», señal de una lectura figurada y metafórica de la bóveda celeste

Orígenes
Nació en Mesopotamia entre los siglos VIII y VI a.C. Fue precedido por treinta y seis estrellas ligadas a los doce meses (II milenio a.C.) y un protozodíaco de dieciocho constelaciones lunares. El ejemplar más antiguo se remonta al 687 a.C.

Características
Indica las doce etapas del sol durante su trayecto anual por la eclíptica

Mitos y constelaciones asociadas
Doce trabajos de Hércules; doce tribus de Israel; doce apóstoles

Difusión iconográfica
Edad Media y Renacimiento (arte de la miniatura y ciclos parietales al fresco)

El zodíaco es la franja del cielo atravesada por la eclíptica donde se produce el movimiento de las doce constelaciones zodiacales (Aries, Tauro, Géminis, Cáncer, Leo, Virgo, Libra, Escorpio, Sagitario, Capricornio, Acuario y Piscis). Desde el siglo VII a.C. se atribuyó a esas estrellas una gran influencia en la vida de los hombres, al creerse que presidían la adquisición de una virtud determinada por parte del alma en el momento del nacimiento. Los elementos, las estaciones y las edades del hombre, así como los principios de la *melothesia* (o medicina astrológica) y las diversas regiones de la Tierra, se situaban también bajo la protección de los signos del zodíaco. El número de estos asterismos, fijado en época babilónica tardía, deriva de la duración del trayecto del sol por el zodíaco (doce veces más largo que el de la luna). Entre los griegos, sin embargo, los signos todavía eran once, ya que el de Libra estaba integrado en las pinzas de Escorpio. La precesión de los equinoccios hace que aproximadamente cada dos mil años el sol vuelva al punto vernal (distancia entre dos equinoccios primaverales) en una constelación zodiacal que nunca es la misma. Este fenómeno ha determinado una profunda revisitación de los mitos y figuras astrales a través de la historia. Actualmente nos hallamos a caballo entre la era dominada por Piscis y la de Acuario.

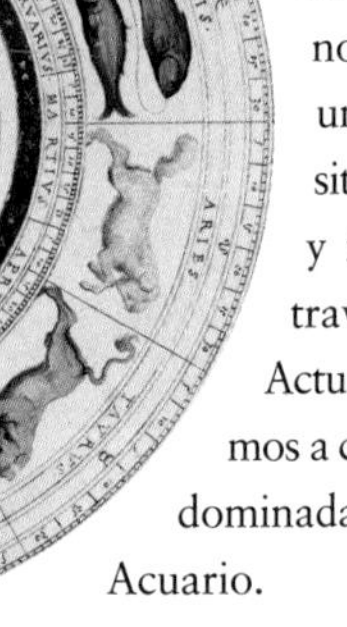

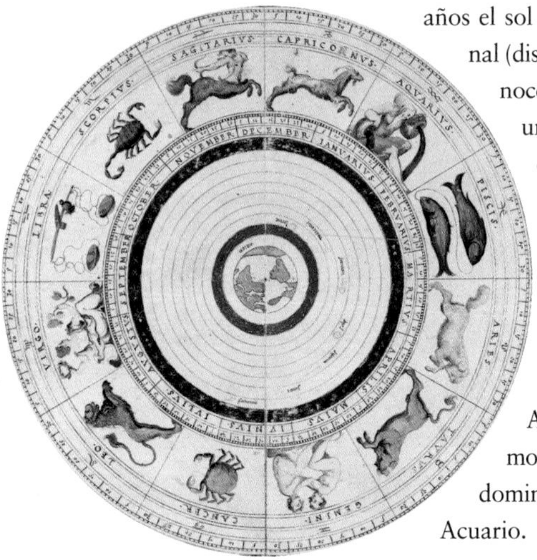

La presencia del zodíaco remite al papel de Cristo como cronocrátor, es decir, señor del tiempo cósmico.

También la Virgen adopta una función temporal, sobreponiéndose a las antiguas divinidades lunares.

El nacimiento de Jesús revoluciona el orden temporal pagano, basado en la regeneración perpetua de la naturaleza y el eterno retorno de los acontecimientos.

◀ *Zodíaco*, siglo XVI,
Museo Correr, Venecia.

▲ Cosmè Tura,
Virgen del zodíaco, 1460,
Gallerie dell'Accademia, Venecia.

La posición de los signos no refleja el orden tradicional de la rueda zodiacal, sino una genitura individual.

El signo de Leo es una referencia al nombre del cliente.

▲ Perin del Vaga y Giovanni da Udine, bóveda de la Sala de los Pontífices, 1520, Palazzi Vaticani, Ciudad del Vaticano.

El águila y el cisne son animales tomados de mitos astrales como el rapto de Ganímedes y el nacimiento de la constelación de Géminis.

Pueden observarse los emblemas papales (la tiara y las llaves de san Pedro) de León X de Médicis, hijo de Lorenzo el Magnífico.

Apolo-Sol subraya la centralidad de Leo (su domicilio) en el fresco. Los dioses planetarios son llevados en triunfo sobre carros, o en compañía de animales consagrados a ellos.

La disposición concéntrica de las constelaciones australes y boreales es típica de las ilustraciones tardoantiguas y medievales de los Aratea, comentarios latinos al poema de Arato.

El círculo de animales recibía el nombre de dodekaoros *(serie consecutiva de doce horas dobles), el tiempo que tardan las estrellas fijas en girar cada día alrededor de la Tierra.*

▲ *Los hemisferios zodiacales septentrional y meridional dispuestos en orden concéntrico, de Miscelánea astronómica,* siglo XV, Biblioteca Apostólica Vaticana, Ciudad del Vaticano.

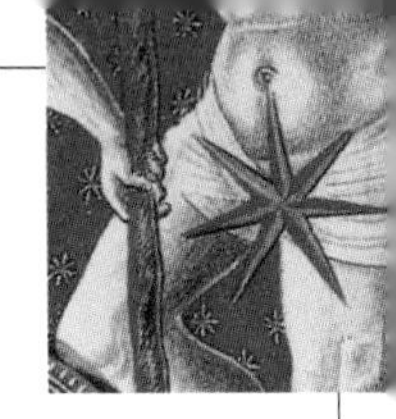

*Suele representarse con aspecto zoomorfo,
en forma de carnero, cabra montés o macho cabrío,
o bien a través del mito clásico del vellocino de oro.*

Aries

Aries, primer signo del zodíaco, representa el renacimiento primaveral del sol al salir de las tinieblas invernales, y la energía regeneradora del cosmos. Estas funciones simbólicas le valieron el apelativo de «mejor estrella» del círculo zodiacal, amén de convertirlo en el astro testigo de la creación bíblica. Al igual que el vellocino de oro, cantado por Apolonio de Rodas en las *Argonáuticas*, Aries representa la renovación cíclica del equinoccio y la victoria de las divinidades solares sobre las constelaciones lunares. Este cambio de época, ocurrido hacia finales del III milenio a.C., señala el paso de una concepción femenina y matriarcal del mundo a un universo de tipo patriarcal, regido por deidades masculinas.

Asimilado a la figura de Júpiter Amón, este asterismo remite a las virtudes de la caridad y la benevolencia, de acuerdo con una tradición que hace derivar el nombre del signo del griego areté, «virtud» (J. Ridevall, *Fulgentius Metaforalis*). También es el símbolo de Cristo como Buen Pastor y Cordero sacrificial.

Desde el punto de vista astrológico, Aries expresa el impulso creador, la valentía y la independencia, pero también una agresividad indomable y destructora. Corresponde al principio de la primavera, a la juventud, al fuego y al temperamento colérico; su cualidad es el calor seco, y su color el rojo. Los países que se asocian a él son Japón, Polonia y Alemania, mientras que el mes situado bajo su protección es marzo.

Símbolo y ascendente
Representa la cabeza del animal, el órgano masculino y los primeros brotes de la semilla (21 marzo-20 abril)

Orígenes
Nació en Mesopotamia a finales del siglo III a.C.

Características
Signo cardinal de fuego, es el domicilio diurno de Marte. Protege la siembra, gobierna la cabeza y el cerebro y tiene efectos beneficiosos sobre el bazo y las glándulas suprarrenales

Divinidades, constelaciones y mitos relacionados
Horus; Amón-Ra, Júpiter Amón, Hermes Crióforo, Apolo, Agni, Mitra, Cristo; Jasón y el vellocino de oro; Triángulo

Animales y plantas
Carnero, aliso

Piedras y esencias
Rubí, espinela, diamante; espliego, ajenjo, albahaca, pimienta

◄ *Aries*, siglo XIV, Palazzo della Ragione, Salón, Padua.

La presencia de los signos del zodíaco indica la correspondencia entre la vida sublunar y el ordenamiento providencial de Dios.

Aries, el carnero astral, se identifica mitológicamente con el vellocino de oro. Por eso los astrólogos de la Antigüedad atribuían a los nacidos bajo este signo facultades especiales en el arte del tejido, así como en todo lo referente a la lana.

Las damas y los caballeros aparecen en ocupaciones amenas, como la conversación y la recogida de flores.

▲ Hermanos Limbourg, *Mes de abril*, miniatura de *Les très riches heures du Duc de Berry*, 1410-1416, Musée Condé, Chantilly.

► *Constelación de Tauro*, grabado del *Theatrum mundi et temporis* de G.P. Gallucci, 1589, Biblioteca Nazionale Universitaria, Turín.

Suele representarse de medio busto, con la parte trasera del cuerpo tapada por nubes, o arrodillándose para que Europa monte en su grupa.

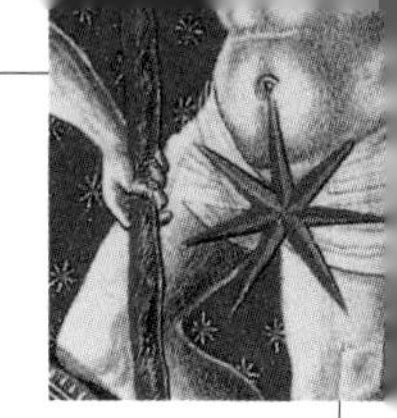

Tauro

Como primera constelación equinoccial, que se remonta a los albores de la astrología (4380 a.C.), Tauro representa la energía primigenia consagrada a las divinidades lunares y a los dioses que propician las lluvias y la fertilidad. Asimilado a la materia, el elemento tierra y la sensualidad de los principios receptores de la naturaleza, este signo fue puesto bajo la protección de las grandes madres de los cultos arcaicos, como Isis e Ishtar. La centralidad zodiacal de Tauro también se expresa en el mito del laberinto cretense, en su origen el escenario de un baile iniciático que recorría las principales etapas de la creación cósmica. En los cultos mitraicos, en cambio, asumía la función de animal sacrificial, vencido por la energía vivificadora del Aries solar. Desde el punto de vista astrológico, Tauro simboliza el desencadenamiento incontrolado de los instintos primordiales, pero también la perseverancia y la paciencia en el cumplimiento de las aspiraciones personales, cualidades que, en contrapartida, pueden verse obstaculizadas por la incapacidad de dominar sus impulsos. Esta constelación corresponde a la primavera, a la tierra y al temperamento melancólico; su cualidad es el frío seco, y su color el verde. Los países vinculados a ella son Persia, Irlanda y Turquía. Su mes es abril.

Símbolo y ascendente
Representa la matriz y el útero del cosmos (21 abril-20 mayo)

Orígenes
Nació en Mesopotamia entre los siglos V y III a.C. A finales del siglo III fue dividido para dejar sitio a la constelación de Aries

Características
Signo de tierra, es el domicilio nocturno de Venus. Gobierna la voz, la boca y la garganta, el cuello y la nuca

Divinidades, constelaciones y mitos relacionados
Isis y Osiris, Ishtar, Selene, Indra, Shiva, Ahura-Mazda, Minotauro, Mitra; rapto de Europa; Híades, Pléyades, Orión, Auriga, Cabra; Alción y Ceix, Erictonio, Mirtilo, Faetón

Animales y plantas
Toro, sauce

Piedras y esencias
Esmeralda, jade verde, crisoprasa, jacinto, coral blanco rosado; rosa, melisa, jengibre

La dirección en la que apunta la figura señala el movimiento del sol a lo largo del año.

El ars topiaria *se sitúa bajo la influencia del mes. Estas figuras reflejan antiguos mitos como la fábula de Apolo y Dafne, la de Filis y Demofonte y la de Venus transformada en mirto.*

La corona de rosas rojas y blancas es una referencia al mito de la muerte iniciática de Adonis.

La inscripción enumera los regalos de abril a los hombres: flores, retoños, juegos y alegrías.

► Benedetto da Milano, llamado Bramantino, *Abril*, tapiz, h. 1504-1509, Castello Sforzesco, Museo delle Arti Decorative, Milán.

El signo de Tauro es el astro protector de abril.

El ramo de albahaca es un símbolo del renacimiento de la naturaleza tras el descanso invernal.

Los jóvenes en actitud festiva son herederos de antiguas celebraciones (las Floralia) ligadas a la renovación primaveral.

Esta muchacha ofrece una guirnalda de flores al espectador, invitándolo a participar en los festejos en honor del regreso de la bella estación.

Está representado por una pareja de niños con una lira y una flecha (o clava) en las manos, o a través del mito clásico (Leda y el cisne) que dio origen a esta constelación.

Géminis

Símbolo y ascendente
Representa la energía vital generada por la fusión de los contrarios y la división en partes iguales del día y la noche (21 mayo-21 junio)

Orígenes
Nació entre 6540 y 4380 a.C.

Características
Signo de aire, es el domicilio nocturno de Mercurio. Protege los estudios intelectuales, a los navegantes y a los comercios; gobierna los pulmones, los brazos y las manos

Divinidades y mitos relacionados
Dioscuros (Cástor y Pólux), Cabiros, Hermes (Mercurio); Apolo y Hércules, Anfión y Zeto; Caín y Abel, Rómulo y Remo

Animales y plantas
Ruiseñor, espino albar

Piedras y esencias
Ágata, alejandrita, sardónice, ojo de gato; orégano, vainilla, acacia, menta

Géminis, tercer signo del zodíaco, simboliza el equilibrio ambivalente del cosmos (día y noche, espíritu y materia), la complementariedad de la vida contemplativa y la vida activa, así como las energías creadoras del intelecto, síntesis de las fuerzas primigenias, activas y receptoras, encarnadas por Aries y Tauro. Su asociación con el final de la primavera, la adolescencia y el elemento aire hace que sea considerado inspirador de todas las actividades dinámicas y regeneradoras de la vida, desde la respiración hasta cualquier forma de movimiento del cuerpo y el pensamiento. De hecho, en la Antigüedad los gemelos eran venerados como patrones del baile, los cantantes, los poetas y los viajeros. Por su versatilidad, y su duplicidad, Géminis está considerado como un signo inestable y ambiguo, sin gran sentido de la identidad, capaz, por ello, de adoptar máscaras y personalidades siempre nuevas. En la Grecia arcaica coincidía con los dioscuros, Cástor y Pólux, representantes de dos tipos opuestos de temperamento y actitud: el primero era emotivo, incapaz a menudo de acabar lo que empezaba; el segundo era poco sensible, hiperactivo y de desempeño extremadamente hábil en cualquier situación. La cualidad de este signo es el calor húmedo, su color el azul y su temperamento el humor sanguíneo. Los países situados bajo su protección son Capadocia, Bélgica y Estados Unidos. Tiene como mes asociado a mayo.

En el círculo central se leen los nombres de los meses representados en el cuadro: mayo y junio.

El signo de Géminis, representado por una serie de niños en actitud festiva, remite a las celebraciones en honor del renacimiento primaveral de la naturaleza.

La presencia de Cáncer y Géminis indica que cada mes está atravesado por dos asterismos zodiacales.

La virgen alada con una cesta de fruta en la mano es la personificación de junio.

◄ *Mes de mayo* (detalle), h. 1470, Palazzo Schifanoia, Salón de los Meses, Ferrara.

▲ Jan Van den Hoecke, *Mayo-junio*, h. 1647-1650, Museo storico di Miramare, Trieste.

Puede adoptar el aspecto de un cangrejo, una langosta o un pulpo, pero también puede representarse con los mitos astrales relativos a su colocación en el cielo.

Cáncer

Símbolo y ascendente
Representa el cambio de rumbo del movimiento solar tras el solsticio de verano (22 junio-22 julio)

Características
Signo cardinal de agua, es el domicilio de la luna. Gobierna el aparato digestivo, el páncreas y el hígado, el útero y las mamas, así como todo lo que favorece el crecimiento y la nutrición

Divinidades y mitos relacionados
Isis, Artemis (Diana), Selene, Hécate

Animales y plantas
Cangrejo, langosta, gamba, pulpo; encina

Piedras y esencias
Adularia (piedra de Luna), ópalo, perla; lila, sándalo, tilo, ámbar

Situado bajo la protección y la influencia de la luna, Cáncer es el signo del inconsciente, la clarividencia y la fertilidad. Los antiguos griegos también lo representaban con aspecto de pulpo, símbolo de la vida en estado embrional y animal, asociado al solsticio de verano. Al tratarse de un crustáceo que se desplaza hacia atrás, ralentizando el curso de los acontecimientos (en este caso el trayecto del sol, que durante el solsticio se «para» más tiempo en el cielo), Cáncer representa la regresión de la psique al útero materno, la vida germinativa y la fecundidad regeneradora. Por eso los neoplatónicos consideraban que su constelación era una de las dos «puertas celestes» por las que transitaban las almas en el momento de la encarnación del cuerpo. Debido a su relación con la luna y las aguas, principios cambiantes, en continuo devenir, este signo produce personas inquietas e hipoactivas, pero también capaces de propiciar futuros renacimientos. Desde el punto de vista astrológico, Cáncer corresponde a la maternidad, el principio del verano y el temperamento flemático. Su cualidad es el frío húmedo, y su color el blanco. Los países situados bajo su protección son Armenia, África y Holanda. Tiene como mes asociado a junio.

Los círculos polícromos contienen las cabezas de los máximos emperadores romanos, tomadas de monedas antiguas.

El animal marino, transformado en constelación, es llevado al cielo por una figura femenina.

La Arena de Verona, y la ciudad en su conjunto, están situadas bajo la protección de Cáncer.

La cosecha de los cereales maduros se efectuaba en el mes de junio, período de mayor exaltación de este signo.

Representado en primer plano el mito astral sobre la constelación.

◄ Agostino di Duccio, *Vista de Rímini bajo el signo de Cáncer*, Tempio Malatestiano, capilla de los Planetas, Rímini.

▲ Giovanni Maria Falconetto, *Cáncer*, 1517, Palazzo d'Arco, Sala del Zodíaco, Mantua.

Se representa en forma zoomorfa, o a través de los mitos astrales ligados a las principales divinidades solares del mundo antiguo (Osiris, Apolo, Helios) y a la figura de Cristo.

Leo

Símbolo y ascendente
Representa la cola de un león bebiendo en un río (23 julio-22 agosto)

Orígenes
Fue adoptado en Egipto durante el siglo IV a.C.

Características
Signo de fuego, es el domicilio del sol. Gobierna el corazón, el aparato circulatorio, la médula espinal, el brazo y las muñecas. Influye en las actividades bélicas y teatrales

Divinidades, constelaciones y mitos relacionados
Ra, Osiris, Horus, Anubis; Krishna; Apolo, Helios, Heracles (Hércules); Lelape, Maera; Buda; Cristo, san Marcos, san Cristóbal; Can mayor (Sirio), Can menor (Proción), Liebre, cola de Berenice

Animales y plantas
León, olivo

Piedras y esencias
Topacio amarillo-dorado, ámbar, rubí; incienso, angélica, bálsamo de la Meca, ciclamino

Asociado al sol del solsticio de verano, el signo de Leo corresponde al momento de máxima explosión de las energías vivificadoras del cosmos, y a nivel psíquico a la plena afirmación de la individualidad, la voluntad y la conciencia. Los antiguos egipcios situaban dos leones en los extremos del mundo conocido, para vigilar la salida y la puesta del sol. La función regeneradora de este asterismo también se plasma en los mitos que describen la victoria de Leo sobre Tauro, del día sobre la noche y del verano sobre el invierno. Símbolo de poder, soberanía y justicia, también representa la fuerza penetrante de la luz y el verbo divinos, y como tal está asociado a las figuras de Cristo juez y Cristo doctor.

Desde el punto de vista astrológico, este signo expresa la determinación de cumplir las aspiraciones del individuo, la fuerza y esplendor de la existencia, la magnanimidad y la elevación espiritual, pero también representa por otro lado la ambición y el orgullo. Está asociado al pleno verano, al fuego y al temperamento colérico. Su cualidad es el calor seco, y su color el amarillo-naranja. Los países situados bajo su protección son Asia Menor, Francia y Rumanía, y el mes en que ejercita su influencia es julio.

Mercurio se reconoce por el caduceo y el casco alado.

Apolo-Sol, con la lira en la mano, es el planeta asociado al signo de Leo. A su lado aparece Aries, otra constelación de fuego.

La Justicia astral sostiene el fiel de la balanza.

En 1602, la cola de Leo fue llamada cabellera de Berenice, y Tycho Brahe la incluyó en su catálogo estelar. En la interpretación cristiana se identifica con el lienzo de la Verónica.

La cabeza y el busto del león representan la naturaleza divina de Cristo. La parte posterior remite a la naturaleza humana del Redentor.

◄ *Mes de julio*, siglo XII, basílica de san Colombano, Bobbio.

▲ Bernardo Buontalenti, *Dioses y signos planetarios*, 1589, boceto para vestuario teatral, Biblioteca Nazionale, Florencia.

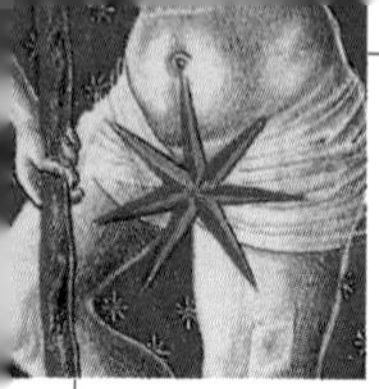

Adopta el aspecto de una joven alada con una espiga de trigo en la mano, o el de alguna de las divinidades arcaicas protectoras del equilibrio natural (Dike, Astrea, Deméter).

Virgo

Símbolo y ascendente
Representa las funciones generadoras y nutricias de las grandes madres cósmicas (23 agosto-22 septiembre)

Orígenes
El simbolismo astral de Virgo apareció entre 6540 y 4380 a.C.

Características
Signo de tierra, es el domicilio diurno de Mercurio. Protege la gestación, el nacimiento, la cosecha de los cereales y la vendimia. Gobierna los intestinos y los procesos digestivos

Divinidades, constelaciones y mitos relacionados
Iside; Dike, Astrea, Deméter (Ceres), Perséfone, Hera, Nike Apteros, Artemisa de Éfeso; virgen María

Animales y plantas
Unicornio, avellano

Piedras y esencias
Ágata, alejandrita, cornalina, sardónice; jacinto, gardenia, acacia, rosa milenrama

Trasposición astral de las grandes madres, divinidades ancestrales que protegían la siembra y la cosecha, entre los pueblos de la era neolítica, Virgo estaba considerada como una de las constelaciones más importantes del cielo. Los egipcios la veneraban como una de las epifanías de Isis, mientras que los griegos la identificaron con Deméter-Perséfone, Dike (la justicia) y Astrea (el Derecho contrapuesto a la violencia ciega y destructora), señora de la Edad de Oro. En los primeros siglos de la era cristiana, este asterismo fue asociado a la Virgen.

Desde el punto de vista astrológico, Virgo simboliza las facultades lógicas del intelecto y la capacidad de unir el discurso con la habilidad en las negociaciones. También representa la inteligencia receptora, que acoge la semilla espiritual para dar luz a nuevas formas de vida y de conocimiento, así como la represión de los instintos. Está asociada al final del verano, a la pureza, a la tierra y al temperamento melancólico. Su cualidad es el frío seco, y su color el amarillo ocre. Los países situados bajo su influencia son Grecia, Brasil y Suiza, y agosto el mes protegido por este signo.

Ceres, diosa de la fertilidad de la naturaleza y señora del trigo, aparece como un demonio planetario protector del signo de Virgo.

Los atributos de la diosa que aparecen en la imagen son las espigas y un par de cuernos (símbolos de Isis), sustituidos a veces por alas.

Esta figura es una referencia al planeta Mercurio, divinidad hermafrodita protectora de los escribanos y domicilio diurno de Virgo.

Es llevada en triunfo en un carro tirado por dragones, rodeada por sus hijos, mercaderes y agricultores.

El primer decano adopta la apariencia de la señora de los muertos, Proserpina, tal como muestra la presencia de la granada y las espigas, símbolos de resurrección.

El tercer decano representa el mito de Venus llorando sobre la tumba de Adonis.

◄ *Virgo*, miniatura, siglo XVI, Biblioteca Estense, Módena.

▲ *Mes de agosto* (detalle), h. 1470, Palazzo Schifanoia, Salón de los Meses, Ferrara.

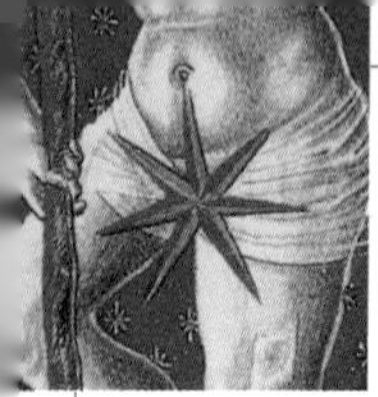

Se representa como una gran balanza con fiel y platos, acompañada a veces por una figura femenina, personificación de la justicia divina que regula el mundo.

Libra

Símbolo y ascendente
Representa el equilibrio energético (síntesis de materia y espíritu) y natural (23 septiembre-22 octubre)

Orígenes
Figura inanimada de origen sumerio reintroducida por Julio César en el 46 a.C. por razones de calendario; antes de la reforma estaba integrada en las pinzas de Escorpio

Características
Signo cardinal de aire, domicilio diurno de Venus. Influye en la columna vertebral, los riñones y la vejiga

Divinidades y mitos relacionados
Harmonía, Ares, Afrodita (Venus), Hermes Psicopompo, Cronos (Saturno), Dike, Kairos; Héctor y Aquiles

Animales y plantas
Cabrón, manzano

Piedras y esencias
Esmeralda, jade verde, olivo, crisólito, crisoprasa, turmalina, dravita, circón verde-azul; verbena, iris, almizcle, jacinto

El signo de Libra, único asterismo inanimado del zodíaco, estuvo ligado antiguamente a la constelación de Escorpio, de la que formaba las pinzas. Durante la época helenística estuvo asociado a la figura de la virgen Astrea, personificación de la justicia cósmica, que lleva en sus manos el fiel de la balanza astral. El rigor saturnino y la caridad venusina, correspondientes a los dos extremos de la ley a la que están sometidas las almas tras la encarnación del cuerpo, son las principales características de este signo.

Desde el punto de vista astrológico, Libra simboliza la armonía social y personal, el equilibrio psíquico entre la conciencia y las pulsiones inconscientes y el retorno a la unidad primigenia de lo no manifestado. Como constelación equinoccial representa la mediación entre el declive físico y el crecimiento espiritual, motivo por el que fomenta las disciplinas herméticas y alquímicas que se proponen llegar a una síntesis armónica de contrarios. El signo de Libra corresponde al principio del verano, al aire y al temperamento sanguíneo; su cualidad es el calor húmedo, y su color el azul. Los países que gozan de su protección son Libia, Austria, Argentina y China, y su mes asociado, septiembre.

Los trabajos agrícolas correspondientes a septiembre son la vendimia y el traslado del vino en los barriles, donde reposará.

La figura masculina con una balanza personifica el signo zodiacal del mes.

Los platos indican la dirección en la que están predispuestos los nacidos bajo este signo. La inclinación hacia Escorpio remite al mundo de los deseos, y la que apunta hacia Virgo, a la sublimación de los instintos.

◄ *Mes de septiembre* (detalle), h. 1470, Palazzo Schifanoia, Salón de los Meses, Ferrara.

▲ Benedetto Antelami, *Septiembre*, principios del siglo XIII, baptisterio, Parma.

Se encarna en figuras zoomorfas, acompañadas con frecuencia por sus correspondientes deidades planetarias (Marte y Plutón) y héroes astrales (Ofiuco y Faetón).

Escorpio

Constelación asociada a la muerte aparente del Sol durante los meses invernales, Escorpio simboliza el regreso al estado primigenio a través de un recorrido de sufrimiento y desgarro interior. Se trata de un regreso a la dimensión del caos originario, en espera del renacimiento primaveral. No es casualidad que los ritos en honor de los difuntos caigan justo en este período del año.

Astrológicamente, este signo está situado bajo la influencia de Marte y Plutón. La correspondencia con el dios de los infiernos también queda subrayada por la posición de Antares –el «corazón de Escorpio» o «Estrella de los Espíritus»– en el extremo meridional de la Vía Láctea, justo encima de la eclíptica. Los cabalistas asocian Escorpio al decimotercer arcano del tarot, la Muerte, símbolo de transformación y renacimiento. Lúcidos y prudentes, los nacidos bajo este signo manifiestan un equilibrio emotivo inestable, tendente a la agresividad o al erotismo extremo. Escorpio corresponde al pleno otoño, a la virilidad y al elemento agua. Su cualidad es el frío húmedo, y su temperamento el humor flemático. Gozan de su protección el islam y el mundo árabe. Su color es el amaranto, y el mes asociado a él, octubre.

Símbolo y ascendente
Representa el agua primordial, el reino de los infiernos y la herida cósmica de la muerte (23 octubre-21 noviembre)

Orígenes
Constelación babilónica, desmembrada en 46 a.C. por Julio César para dejar sitio al signo de Libra

Características
Signo de agua, domicilio nocturno de Marte. Influye en los órganos genitales externos e internos, y en la secreción

Constelaciones, divinidades y mitos relacionados
Isis, Artemis, Orión, Hércules, Ofiuco, Dragón, Serpiente, Faetón, Asclepio, Plutón, Satanás

Animales y plantas
Escorpión, serpiente; hiedra

Piedras y esencias
Diaspro rojo, granate rojo, ópalo amarillo-rojo, ópalo arlequín, coral rojo; brezo, nardo, retama, luisa

El carro del sol es devuelto a su rumbo correcto, en la franja zodiacal.

La asociación de Escorpio con el mito de Faetón revela una característica típica de los nacidos bajo este signo: la capacidad de fomentar el paso entre las dimensiones inferior y superior del cosmos, obrando del mismo modo que los alquimistas.

El río Erídano está a punto de recibir el cuerpo del incauto joven.

◄ *Escorpio, miniatura del Breviarium Romanum* de Hércules de Este, siglo XVI, Biblioteca Estense, Módena.

▲ *Sol,* del llamado *Tarot de Mantegna*, siglo XV, Uffizi, Gabinetto Disegni e Stampe, Florencia.

Suele ser representado como un centauro disparando una flecha al cielo, o con los mitos astrales relativos al origen de la constelación (Quirón, Orión).

Sagitario

Símbolo y ascendente
Representa la aspiración de superar los propios límites, y la transformación espiritual del hombre (22 noviembre-20 diciembre)

Orígenes
Constelación de origen babilonio

Características
Signo de fuego, es el domicilio diurno de Júpiter. Gobierna las piernas y el aparato hepatobiliar

Divinidades, constelaciones y mitos relacionados
Enkidu; Febo-Apolo; Orión; Croto, Quirón; círculo austral

Animales y plantas
Caballo, serpiente; saúco

Piedras y esencias
Zafiro, turquesa, lapislázuli; violeta, amaranto, fresa, calicanto

Sagitario, el signo que precede al solsticio invernal, representa las energías psíquicas enfocadas a la superación de los propios límites, la aspiración a la cohesión y la síntesis, la iluminación y la ascesis interior. También corresponde a la sed de independencia y al silencio extático que precede a la muerte solsticial, preludio de la regeneración cíclica del universo. Por ello ha sido considerado como un símbolo del filósofo-profeta y del hombre perfecto, fruto de la unión armónica entre el cuerpo (caballo) y el espíritu (flecha). En la Edad Media pasó a simbolizar a Cristo, y estuvo asociado al caballero blanco descrito en el Apocalipsis.
En el abigarrado sistema de correspondencias entre el cielo y la tierra propio de la astrología, Sagitario se asimila al final del otoño, y tiene como características el fuego y el temperamento colérico. Su cualidad es el calor seco, y su color el violeta. Los países asociados a él son España, Hungría, Marruecos y Australia, y el mes que goza de su protección noviembre.

Aun en pleno ambiente renacentista, la iconografía de este asterismo mantuvo algunas características arabizantes tomadas de los manuscritos orientales del *Astronomicon* de Arato, como la presencia de un turbante en la cabeza del centauro. Así se observa en las ilustraciones contenidas en los libros de horas del duque de Berry (*Belles heures*, *Très riches heures*) y en el calendario Rohan.

El busto humano representa la vida psíquica y el alma racional.

El cuerpo del animal señala la dimensión instintiva, ligada a la materia y a los ritmos de la naturaleza.

La flecha simboliza la transformación espiritual del hombre y su aspiración al conocimiento.

El campesino se dispone a proveerse de leña para el invierno.

La caza del jabalí se practicaba en noviembre, mes bajo el influjo de este signo.

◄ *Sagitario*, miniatura de los *Aratea* de Cicerón, mediados del siglo IX, Rijksuniversiteit Bibliothek, Leiden.

► *Mes de noviembre*, miniatura de las *Heures de Rohan*, Bibliothèque Nationale, París.

Es un animal fantástico, con cuerpo de cabra o jabalí y cola de pez, emparejado frecuentemente con imágenes de emperadores y caudillos como Carlos V de Habsburgo y Cosme I de Médicis.

Capricornio

Símbolo y ascendente
Representa el regreso a sí mismo del pensamiento del demiurgo, el dios plasmador del cosmos (21 diciembre-19 enero)

Orígenes
Deriva del dios sumerio Ea (el Sabio), creador del mundo sublunar, y del pez-jabalí caldeo

Características
Signo cardinal de tierra, domicilio de Saturno, gobierna el cutis, el esqueleto y las articulaciones

Divinidades y mitos relacionados
Pan, Zeus y Tifón; Diluvio Universal; Cristo como Buen Pastor

Animales y plantas
Cerdo, muérdago

Piedras y esencias
Ópalo negro, ónice, obsidiana; madreselva, narciso, jacinto doble, mentastro

► *Moneda de oro de Augusto*, 18-16 a.C., Palazzo Massimo alle Terme, Roma.

Capricornio, cuya salida helíaca coincide astrológicamente con el solsticio invernal, representa el renacimiento del sol, surgido de la muerte y las tinieblas estacionales.

Antiguamente, la región del cielo ocupada por esta constelación estaba considerada como uno de los pasos celestes que comunicaban las esferas de lo humano y lo divino, las dimensiones de lo manifestado y lo no manifestado. La puerta de los hombres, el trópico de Cáncer –correspondiente al solsticio estival–, estaba reservada al descenso de las almas destinadas a encarnarse en cuerpos, mientras que la de los dioses, el trópico de Capricornio, servía para el regreso de los seres inmortales –los espíritus liberados del ciclo de las reencarnaciones– a las regiones siderales. En recuerdo de esta tradición esotérica, cerca del solsticio de invierno los romanos también celebraban el Nacimiento del Sol Invicto (25 de diciembre), y en este acontecimiento se injertaría después la Navidad cristiana.

Desde el punto de vista astrológico, este signo simboliza la separación del cuerpo y la materia, la perseverancia y la prudencia, la industriosidad y el sentido del deber. Capricornio corresponde al principio del invierno, la vejez, la tierra y el temperamento melancólico. Su cualidad es el frío seco, y su color el negro. Los países asociados a él son Siria, Albania, India y Bulgaria, y el mes situado bajo su protección, diciembre.

Cosme I aparece con atuendo marcial, siguiendo una tradición que considera jefes victoriosos a los nacidos bajo el signo de Capricornio.

La tortuga y la vela son los emblemas heráldicos del señor de Florencia.

El ascendente del duque se convierte en la constelación principal de su genitura. La cabeza remite al vínculo con la tierra y la montaña, símbolo de elevación espiritual. La cola representa la tendencia hacia la dimensión acuática, y la disolución en los instintos primordiales.

◄ Giorgio Vasari, *Cosme I*, 1555-1562, Palazzo Vecchio, Sala di Leone X, Florencia.

Se representa vertiendo agua de una urna o dos jarras, símbolos de la fuente cósmica que origina la vida, o a través de los mitos clásicos relativos al nacimiento de la constelación.

Acuario

Símbolo y ascendente
Representa la naturaleza aérea y etérea del elemento agua (20 enero-19 febrero)

Orígenes
Deriva del sumerio gu.la (el gran hombre), señor de la fuente celestial

Características
Signo de aire, domicilio nocturno de Saturno, gobierna los tobillos, las pantorrillas, la circulación y el sistema nervioso

Divinidades, constelaciones y mitos relacionados
Hapi; Ganímedes, Hebe; Deucalión y Pirra; Arión, Tritón, Urano; Pez austral, Delfín, Ceto, Erídano, navío Argos; Diluvio Universal

Animales y plantas
Pavo real, serbal

Piedras y esencias
Ojo de halcón, ojo de tigre, obsidiana, zafiro, turmalina azul y negra, perla y coral negros; helecho, dragontea, muguete, reseda

Undécima constelación del zodíaco, Acuario representa la tensión hacia la dimensión espiritual de la existencia, la disolución del yo individual en el flujo indistinto de las cosas y la muerte mística. Los antiguos egipcios creían que su desaparición del horizonte celeste determinaba la crecida del Nilo y el retorno de la primavera. Al igual que Piscis y Capricornio, está situado en la parte del cielo que recibe el nombre de «Mar Astral», una región poblada por constelaciones acuáticas como Erídano, Ceto (la Ballena), el Delfín y Piscis. El vínculo entre esta constelación y el agua se remonta al IV milenio a.C., cuando el plenilunio solsticial, que anunciaba la llegada de las lluvias y las inundaciones, coincidía con esta parte del cielo.

Desde la perspectiva astrológica, Acuario representa la correspondencia entre el macrocosmos y el microcosmos, la muerte mística y el dominio de las afinidades electivas. Generosos y hospitalarios, los nacidos bajo este signo tienen un carácter sereno y armónico, que no suele dejarse turbar por las preocupaciones de la vida material; por otro lado, tienden a olvidarse de sí mismos para dar consejo y ayudar al prójimo. Acuario está asociado al pleno invierno, al aire y al temperamento sanguíneo. Su cualidad es el calor húmedo, y su color el gris. Los países que corresponden a este signo son Suecia y Rusia, y el mes situado bajo su protección, enero.

La hilera superior está ocupada por las constelaciones de la esfera barbárica (decanos y paranatellonta); en las franjas inferiores vemos los signos zodiacales, los meses (en forma de oficios y ocupaciones cotidianas), los planetas y los hijos de los planetas. La ley de los astros está regulada por la voluntad de Dios Padre y la intercesión de los apóstoles, sus intermediarios.

Las escenas de la vida cotidiana y la representación de los oficios ilustran los interrogantes del hombre medieval sobre el destino ante la observación de los astros.

Las figuras no se corresponden con los protagonistas de la mitología grecorromana, sino con las imágenes de las constelaciones orientales, indias y persas descritas en la Sphaera barbarica *de Teucro de Babilonia y en la* Introductiorum majus *de Albumazar.*

◀ *Acuario y Capricornio*, miniatura de *Miscelánea astronómica*, siglo XV, Biblioteca Apostolica Vaticana, Ciudad del Vaticano.

▲ Niccolò Miretto y Stefano Ferrarese, *Las ocupaciones del hombre bajo el signo de Acuario*, siglo XIV, Palazzo della Ragione, Salón, Padua.

Su representación son dos peces en sentidos opuestos, unidos por una cinta. También aparece en la representación de los meses y los oficios, como todos los asterismos zodiacales.

Piscis

Símbolo y ascendente
Representa el punto de contacto entre el final de un ciclo cósmico, la reabsorción en la unidad originaria y el principio de un nuevo proceso fenoménico y psíquico (20 febrero-20 marzo)

Características
Signo de agua, domicilio nocturno de Júpiter, gobierna los pies, las mucosas y los sistemas linfático e inmunitario

Orígenes
Deriva de la constelación mesopotámica llamada *kun.mes* («cola»), compuesta por un pez (*Boreus*) y una golondrina

Divinidades y mitos relacionados
Vishnu; Afrodita, Eros y Tifón; Poseidón (Neptuno); Cristo

Animales y plantas
Pez, fresno

Piedras y esencias
Perla, coral, amatista, aguamarina, jade; glicinia, jazmín, peonía, azahar

Duodécima y última constelación del zodíaco, Piscis representa el final del trayecto anual del Sol, y el punto de encuentro entre la reabsorción de lo múltiple en la unidad originaria y el principio de todas las manifestaciones subsiguientes. Por eso su signo está considerado como una plasmación de la disolución y del renacimiento, y se asocia a cualquier forma de revelación mesiánica. Según una tradición que se remonta a los magos persas, y que fue retomada por Virgilio en sus églogas, la conjunción de Júpiter y Saturno bajo este signo anunciaría el nacimiento de un salvador. No es casualidad que el carnaval, lleno de significados iniciáticos sobre la muerte y el renacimiento de la naturaleza, se celebre cerca de la salida helíaca de esta constelación, en concomitancia con el paso del Sol entre los hemisferios meridional y septentrional.

Piscis se asimila al final del invierno, la espiritualidad, el agua y el temperamento flemático. Su cualidad es el frío húmedo, y su color el blanco. Los países que le corresponden son Egipto, la región del mar Muerto y Portugal. El mes situado bajo su influencia es febrero. A partir del 60 a.C., el equinoccio primaveral quedó bajo el signo de Piscis. Desde esa fecha, sin embargo, no se ha producido ninguna reforma de la simbología zodiacal. Tal es la razón de que los asterismos individuales estén desfasados respecto a la configuración real del cielo astronómico.

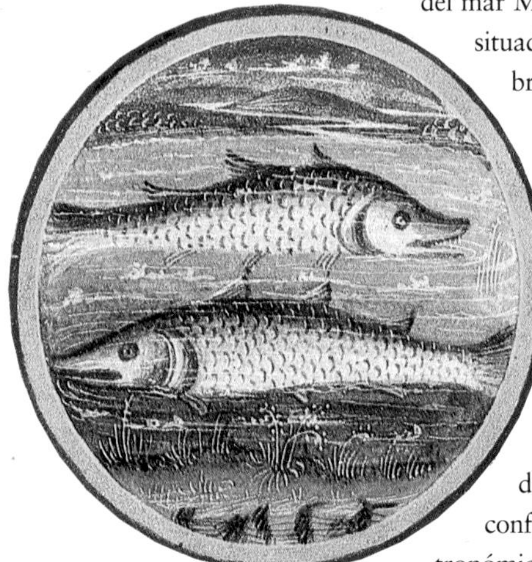

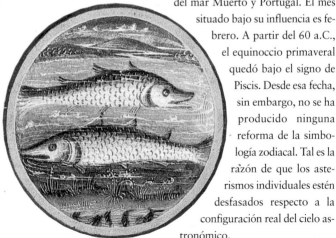

El signo de Piscis está asociado a la involución, el fracaso y el exilio, pero también a la salida de la muerte y al principio de una nueva manifestación.

La lluvia simboliza el resurgimiento de las energías cósmicas del seno del mar primigenio.

La poda de los árboles es un trabajo típico de febrero, mes situado bajo el influjo de esta constelación.

◀ *Signo de Piscis,* miniatura del *De Sphaera,* siglo XV, Biblioteca Estense, Módena.

▲ Luca della Robbia, *Plato con febrero*, siglo XV, Victoria and Albert Museum, Londres.

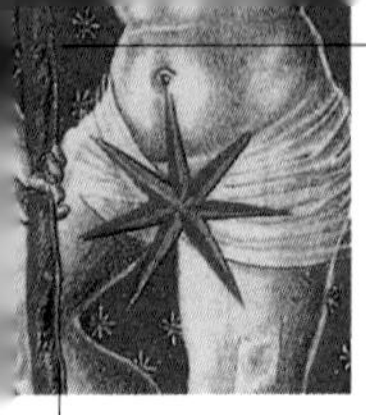

Se representan como demonios planetarios, o asociados a las principales divinidades del panteón grecorromano. Pueden aparecer como astros protectores de las disciplinas liberales.

Planetas

Nombre
Del griego *planetes*, «astro errante». Sus nombres concretos derivan de los dioses babilónicos protectores de los días de la semana

Orígenes
La observación del movimiento y número de los planetas apreciables a simple vista se remonta a las civilizaciones mesopotámicas, y está documentada desde el siglo VII a.C.

Características
Presiden la subdivisión de las artes del trivio y el cuadrivio, y las seis notas de la escala musical

Variantes y otras definiciones
Almanaques (listas anuales de fenómenos lunares y planetarios)

Símbolos y divinidades relacionadas
Musas, artes liberales, virtudes, sacramentos, metales, cometas

Difusión iconográfica
Edad Media y Renacimiento (arte de la miniatura y ciclos parietales al fresco)

Los planetas de la tradición clásica (el Sol, la Luna, Mercurio, Venus, Marte, Júpiter y Saturno) tienen la misión de gobernar el mundo sublunar en virtud de los poderes recibidos de las divinidades astrales. En las doctrinas gnósticas, las almas se encarnan en los cuerpos tras cruzar las esferas planetarias, corrompiendo su naturaleza divina original y quedando revestidos de los vicios y virtudes propios del gobernador (o arconte) del planeta correspondiente. Tras la muerte del cuerpo, tienen la posibilidad de realizar el mismo viaje a la inversa, utilizando una serie de talismanes para volver a las regiones sidéreas de donde salieron.

En general, los pueblos antiguos veneraban a los planetas y las constelaciones con sacrificios y rezos, a fin de contener sus influencias nefastas y beneficiarse de sus propiedades energéticas. Entre los romanos existía una larga serie de actos cotidianos que nunca se llevaban a cabo sin haber consultado un calendario planetario (el Septimoncio de Septimio Severo) o haberse puesto brazaletes con los símbolos de los planetas.

Desde el punto de vista astrológico tienen especial significación las conjunciones de estos astros, fenómeno que ocurre cuando los planetas mayores (Júpiter, Saturno y Marte) se alinean sobre el horizonte terrestre. Esta configuración preludia grandes cambios en el orden natural, religioso y social. Cada planeta posee un domicilio diurno y otro nocturno, correspondientes a un signo zodiacal, así como un punto de exaltación, exilio y caída.

El planeta Júpiter se reconoce por la presencia de un águila real y algunos de sus «hijos», como Julio César y David.

El Creador simboliza la liberación del imperio de las estrellas. Fue Miguel Escoto, astrólogo de corte de Federico II, quien adaptó las divinidades paganas al cosmos cristiano en el siglo XIII.

El Empíreo con las figuras de la Virgen y la Trinidad recuerda que los demonios planetarios están sometidos a la voluntad inescrutable de Dios padre.

La presencia de Dante y Beatriz remite a la doctrina tomística, que asocia planetas, sacramentos y virtudes.

◄ *Influencia de los planetas*, miniatura del *Losbuch in Reimpaaren*, siglo XIV, Österreichische Nationalbibliothek, Viena.

▲ Philipp Veit, *El Empíreo*, 1827-1829, Casino Massimo, Roma.

En el centro de la bóveda, Apolo-Sol encarna la función de regidor del tiempo.

Existen planetas benignos, como Júpiter y Venus, planetas nefastos, como Marte y Saturno, y planetas neutros, como Mercurio.

Cáncer es el domicilio de la Luna. Este planeta tiene una sola morada zodiacal, como el Sol.

Siguiendo la tradición renacentista, inspirada en los Triunfos *de Petrarca, las divinidades planetarias aparecen en carros tirados por animales reales y fantásticos.*

▲ Perugino, bóveda del Cambio, 1498-1500, Collegio del Cambio, Perugia.

La iconografía de los planetas asocia estos astros a las principales divinidades del panteón grecorromano.

Piscis es el domicilio nocturno de Júpiter.

Sagitario es la casa diurna del planeta.

Los dioses son identificables gracias a la presencia de sus atributos tradicionales.

Se encarna en las divinidades solares del panteón grecorromano (Helios, Apolo, Mitra), salvo cuando se asocia a las figuras de Cristo y de Dios Padre.

Sol

Símbolo
Representa la rueda zodiacal y la irradiación de las energías creadoras por todo el universo

Domicilio
Leo

Orígenes
Deriva del sumerio Shamash, fuente de vida y luz, pero también de sequía y escasez

Características
Es el primero de los grandes luminares, y el principio masculino que anima el universo. Color: púrpura; metal: oro; elemento: fuego; órgano: corazón. Preside la doctrina teológica y es un símbolo de realeza

Variantes y otras definiciones
Estrella del día; ojo diurno del cielo

Constelaciones, mitos y divinidades relacionadas
Orión; Osiris; Apolo, Helios; Cristo

Al inicio de la sabiduría astral, el Sol ocupaba una posición secundaria respecto a la Luna. De hecho, entre los babilonios este astro se veneraba con fines adivinatorios, pero no se usaba para el cómputo del tiempo ni con fines útiles en la vida cotidiana. Fueron los egipcios los fundadores del culto de la «estrella del día», a la que atribuyeron una función primordial en la fecundación de la llanura del Nilo en concomitancia con el solsticio de verano (anunciado por la salida de Sirio). En la Antigüedad tardía, Macrobio (*Commentarii ad Somnium Scipiones*) y los neoplatónicos identificaron al Sol con el alma racional y la capacidad de sentir e imaginar, mientras que en la cosmología de Dante es la sede de la aritmética y del conocimiento teológico. Para Marsilio Ficino, el astro solar regía y administraba la medicina y la poesía, usando la música y el canto como poderosos instrumentos de curación. También iluminaba el corazón de los hombres, infundiendo en ellos el amor del conocimiento.

Con su simbolismo esotérico, la fachada de la iglesia florentina de Santa Maria Novella es la máxima expresión del renacimiento del culto solar renacentista. En la *Urania* de Pontano, este planeta ocupa el centro del universo, en analogía con sus principales funciones (calor, principio de vida y fecundidad), similares a las que ejerce el corazón. Astrológicamente, el Sol simboliza al padre, así como el vínculo entre el mundo sensible y la realidad inintelegible. También fomenta la armonía y amplitud de miras. El domingo es el día consagrado a este planeta.

La rueda zodiacal señala el concepto cíclico del tiempo puesto bajo el dominio de Cristo y de la providencia divina.

La figura de Cristo en el centro del zodíaco es una transfiguración del antiguo dios Helios, fuente de luz y manantial de vida. Esta identificación está corroborada por las principales festividades del calendario cristiano: el domingo (el antiguo Dies solis *romano) y la Navidad (el Nacimiento del Sol Invicto).*

Los círculos contienen las estaciones, acompañadas por sus respectivos vientos y atributos.

◄ Leon Battista Alberti, coronamiento de la fachada de Santa Maria Novella, 1456-1470, Florencia.

▲ *Cristo-Apolo en el centro del zodíaco*, siglo XI, Bibliothèque Nationale, París.

Adopta el aspecto de las grandes diosas arcaicas protectoras de los ritmos naturales y las artes ocultas (Isis, Artemisa, Hécate); en otros casos, se asocia a la figura de la virgen María.

Luna

Símbolo
Representa el creciente lunar sobre la frente de Isis, símbolo de mutabilidad y de misterio

Domicilio
Cáncer

Orígenes
Deriva del babilonio Sin (el padre de los dioses), divinidad masculina por lo general benéfica, gobernadora de los ciclos biológicos

Características
Es el segundo de los grandes luminares y el principio femenino que anima el universo. Preside el humor flemático, y la vida fisiológica y emotiva. Color: verde; metal: plata; elemento: agua; órgano: útero

Variantes y otras definiciones
Estrella de la noche; ojo nocturno del cielo

Constelaciones, mitos y divinidades relacionadas
Sirio; Isis; Artemis, Diana, Selene, Leda, Hécate; Diana y Endimión; Diana y Acteón; Anna Perenna

En el mundo antiguo, la Luna ocupaba una posición privilegiada entre los astros, ya que determinaba la división del tiempo y las principales funciones fisiológicas (generación, crecimiento, muerte). Las fases lunares (novilunio, primer cuarto, plenilunio, último cuarto) eran la base para calcular la duración del mes (veintiocho días), los períodos de fertilidad de la mujer y la gestación del feto en el útero materno, así como la actividad de las mareas, y tareas agrícolas tan importantes como la siembra, la poda y el trasvase del vino a los barriles. Por eso se asociaba a las grandes y terribles diosas de la fecundidad (luna llena), la muerte (luna negra) y la regeneración (luna nueva), como Isis para los egipcios, Hécate y Proserpina para los griegos y Diana para los romanos.

El color de la Luna (que podía ir del rojo oscuro al blanco brillante), y su fulgor y posición en el horizonte celeste, se consideraban señales premonitorias de desgracia o buena suerte, como ocurría con los halos y los eclipses lunares. La variabilidad con que aparece y desaparece del cielo, y su influencia en la fisiología femenina y la vida vegetativa, hicieron que a la Luna se le atribuyera desde siempre el origen de muchos fenómenos psíquicos y humorales, como el histerismo y el lunatismo. Astrológicamente simboliza a la madre, mientras que para los neoplatónicos está asociada al cuerpo y su conformación. El lunes está consagrado a este planeta. En la cosmología de Dante, el cielo de la luna es la sede de la gramática.

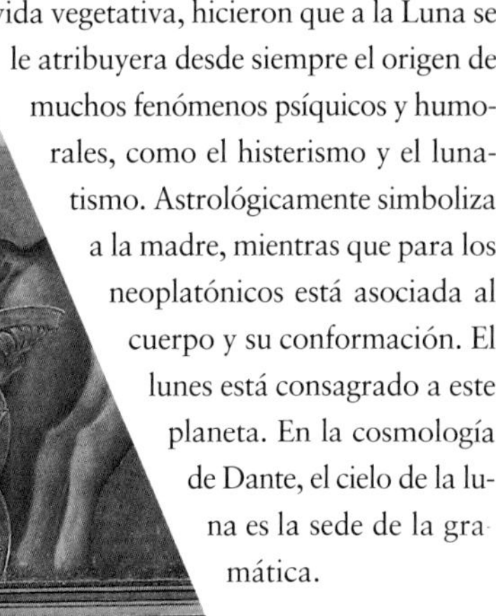

Las ruedas simbolizan la variabilidad y la inconstancia (características de los temperamentos lunáticos), pero también el papel del planeta como gobernador del tiempo terrestre.

Siguiendo modelos alemanes, todas las divinidades aparecen dentro de los círculos concéntricos, en compañía de sus atributos.

La antorcha es una referencia a la diosa Hécate (luna negra), señora de la muerte y de las artes mágicas, mientras que el cuerno de caza remite a Diana (luna nueva).

La cara positiva y tranquilizadora del astro se asocia a Selene (luna llena).

Cáncer es el domicilio del planeta. Su forma de moverse (hacia atrás) remite a la tendencia lunar de permanecer ligado al pasado.

El arte de la navegación queda situado bajo la influencia de la luna.

Este astro gobierna todos los ciclos naturales ligados al agua, de la lluvia a las mareas, y de la gestación al parto.

◀ Correggio, *Diana cazadora*, 1518-1520, Camera di San Paolo, Parma.

▲ Cristoforo De Predis, *Luna*, miniatura del *De Sphaera*, h. 1470, Biblioteca Estense, Módena.

La Luna adopta el aspecto de Diana cazadora. Representa el astro que gobierna la circulación del agua en la naturaleza.

Orión, cegado por haber empleado la violencia contra Mérope, es curado milagrosamente por los rayos del Sol.

La nube expresa la síntesis de los elementos naturales: el Agua (puesta bajo la influencia de Neptuno), el Aire (dominado por Júpiter) y el Fuego. Es la transfiguración esotérica de Orión.

Hefesto, dios del Fuego, aconseja al gigante que tome el camino del alba.

▲ Nicolas Poussin, *Paisaje con Diana y Orión*, 1658, Metropolitan Museum, Nueva York.

► Ludovico Cardi, llamado *Cigoli, Asunción de la Virgen*, Santa Maria Maggiore, capilla Borghese, Roma.

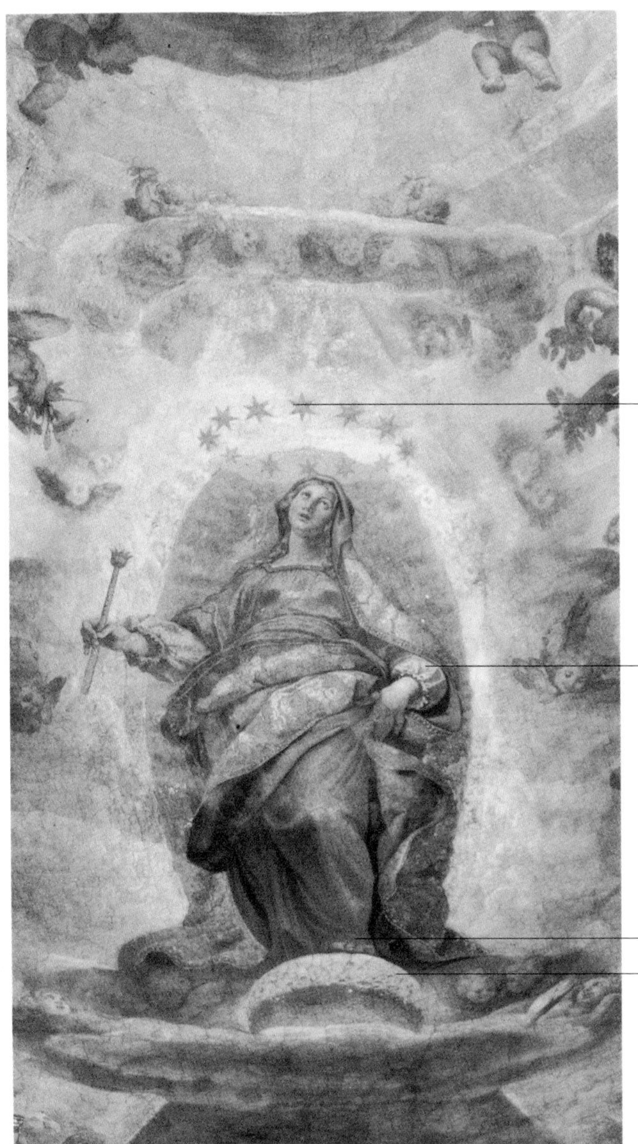

La corona de estrellas es un atributo de la «mujer vestida del Sol» cantada en el Apocalipsis de san Juan.

Siguiendo la doctrina cristiana del mysterium Lunae, *se identifica al planeta con la Virgen y la Iglesia.*

La función redentora de la Virgen se manifiesta en el gesto de aplastar al demonio con los pies.

La media luna es una referencia al matrimonio místico entre Cristo (el Sol) y María (la Luna).

Adopta el aspecto del dios griego homónimo, acompañado con frecuencia por sus «hijos», dedicados a tareas intelectuales o a actividades artesanales y comerciales.

Mercurio

Símbolo
Representa el caduceo o el casco alado de Mercurio

Domicilio
Virgo (diurno), Géminis (nocturno)

Orígenes
Deriva del babilonio Nabu, dios de la escritura, el conocimiento iniciático y el destino

Características
Preside los estudios y comercios, y es el símbolo de la lucidez de pensamiento y la elocuencia. Color: azul; metal: mercurio; elemento: aire; órgano: pulmones

Variantes y otras definiciones
El refulgente

Constelaciones, mitos y divinidades relacionadas
Piscis, Pegaso, Centauro, Can mayor; Tot, Hermes

Por la rapidez con la que cumple su giro alrededor del Sol, Mercurio ha sido asociado desde los orígenes de la astrología a las divinidades más versátiles del panteón arcaico, como el babilonio Nabu, el egipcio Tot y el griego Hermes, protectores de la escritura y del ingenio, pero también mensajeros entre los reinos del cosmos, y guías de las almas (psicopompos) durante el paso de la vida a la muerte. Estas funciones tienen su plasmación en el caduceo, símbolo del equilibrio entre contrarios, y de paz y amistad entre los pueblos. Los antiguos griegos lo consideraban el inventor de la astronomía, la música, el pugilato y la danza, algunas de las disciplinas más importantes de su sistema educativo. En la cosmología de Dante, el cielo de Mercurio es la sede de la dialéctica. Dentro del alma humana le corresponde la agudeza intelectual. Para Marsilio Ficino este planeta protegía el conocimiento iniciático y las ciencias naturales. Desde el punto de vista astrológico y psíquico, este astro favorece la independencia y claridad de pensamiento, la elocuencia y la facultad de comunicarse y transmitir cualquier forma de saber. Como *puer aeternus*, también simboliza la infancia y la juventud de espíritu. El día de la semana consagrado a él es el miércoles. Los astrólogos babilonios formulaban importantes pronósticos sobre el futuro de los reinos y los soberanos a partir de la conjunción de este planeta con Venus y Saturno.

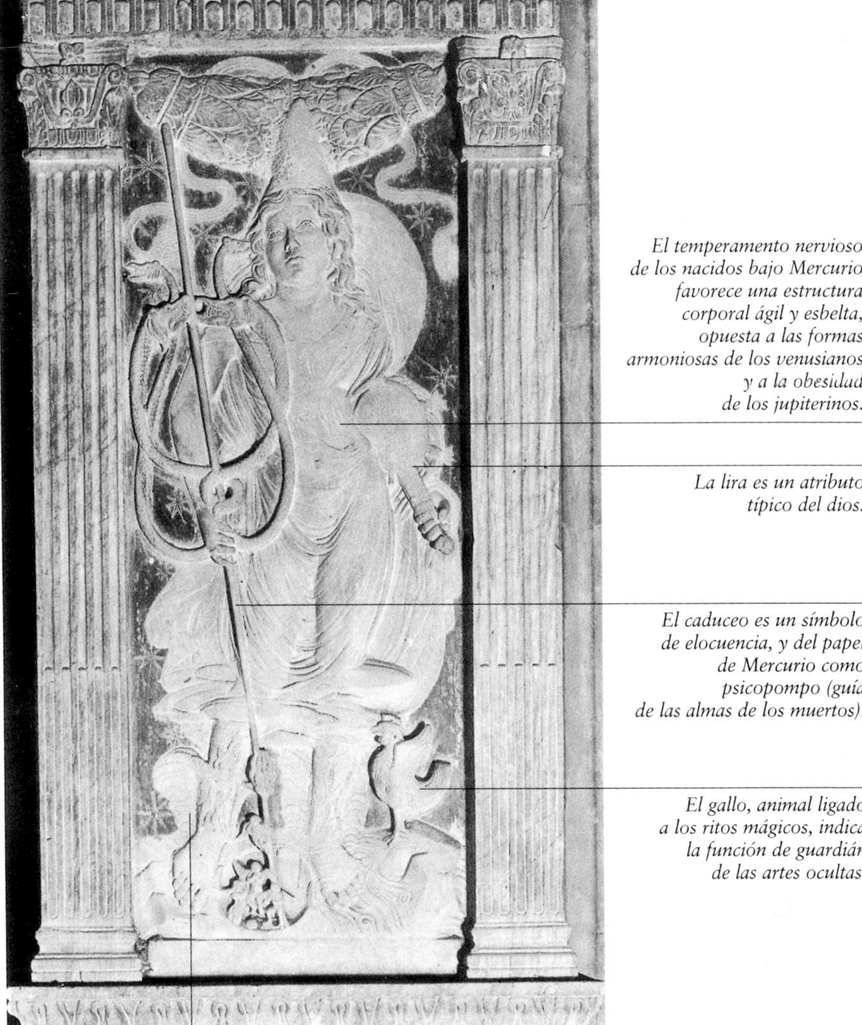

El temperamento nervioso de los nacidos bajo Mercurio favorece una estructura corporal ágil y esbelta, opuesta a las formas armoniosas de los venusianos y a la obesidad de los jupiterinos.

La lira es un atributo típico del dios.

El caduceo es un símbolo de elocuencia, y del papel de Mercurio como psicopompo (guía de las almas de los muertos).

El gallo, animal ligado a los ritos mágicos, indica la función de guardián de las artes ocultas.

Las alas remiten a la típica celeridad del planeta, y de sus hijos.

◄ Giacomo Balla, *Mercurio pasando por delante del Sol*, 1914, colección particular, Milán.

▲ Agostino di Duccio, *Mercurio*, 1450, Templo Malatestiano, capilla de los Planetas, Rímini.

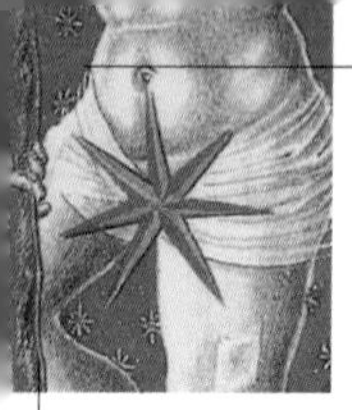

Adopta el aspecto de una mujer bellísima, casi siempre desnuda y adornada con los atributos más representativos de la feminidad (como la larga melena y la corona de rosas).

Venus

Símbolo
Representa la materia primigenia divinizada en la imagen de la Gran Madre

Domicilio
Tauro (nocturno), Libra (diurno)

Orígenes
Deriva de Ishtar, diosa babilonia de la fecundidad

Características
Preside la música, el canto y las actividades artísticas, y favorece la suerte en el amor. Color: blanco; metal: latón; elemento: tierra; órgano: riñones

Variantes y otras definiciones
Estrella de la mañana, Fósforo, Lucifer; estrella de la noche, Héspero, Véspero

Constelaciones, mitos y divinidades relacionadas
Tauro, Virgo, Libra; Espiga, Gemma, Vega; Isis, Astarté, Hera, Cibeles, Afrodita

Planeta del amor y la armonía, Venus encierra una inquietante ambigüedad, consustancial al hecho de ser al mismo tiempo la estrella que anuncia la luz del día (Lucífero) y el centinela de la noche (Véspero). Los babilonios dieron especial importancia astrológica al color y el brillo de este astro, y a la hora diurna o nocturna de su aparición en el cielo. También se le atribuía una naturaleza bisexual, masculina por la mañana y femenina por la noche. Esta duplicidad se encuentra igualmente en las diversas influencias ejercidas por el planeta: Venus en Tauro predispone al goce de los placeres carnales, mientras que Venus en Libra propicia el amor al arte y la belleza. Para los neoplatónicos, cuando el alma se encarna en el cuerpo adquiere la facultad del deseo en la esfera de Venus. En la cosmología de Dante, este cielo es la sede de la retórica, entendida como instrumento de amistad y buen gobierno. Para Marsilio Ficino, la Madre de las Gracias preside la memoria y hace que el objeto del conocimiento sea hermoso y agradable.

Desde el punto de vista astrológico, este astro representa el principio de atracción y de fusión, la alegría de vivir y los sentimientos de la dulzura y la simpatía. La *melothesia* consideraba nefastos para la salud algunos tránsitos de Venus, y portadores de enfermedades venéreas. El día de la semana consagrado a este planeta es el viernes.

Los amorcillos alados son una referencia a los aspectos carnales y placenteros ligados a esta divinidad astral.

La red dorada con la que Vulcano apresa a los amantes representa una conjunción planetaria de Marte y Venus en la constelación de las Pléyades.

Bajo el lenguaje figurado del mito, los amores de los dioses esconden sucesos astronómicos acaecidos en tiempos remotos.

El casco y el escudo son referencias a la vida marcial.

Venus, reconocible por las palomas y el carcaj de Cupido, fomenta la suerte en el amor, pero también predispone a las enfermedades venéreas.

◄ Guariento di Arpo, *El planeta Venus*, h. 1360-1365, iglesia de los Eremitani, Padua.

▲ Costantino Cedini, *Venus y Marte sorprendidos en la red*, siglo XVIII, Palazzo Emo Capodilista, Padua.

Venus es llevada en triunfo sobre un carro tirado por cisnes blancos, siguiendo una iconografía que deriva de los Triunfos *de Petrarca.*

Marte aparece como un caballero medieval, sometido su aspecto benigno de planeta a la armonía venusiana.

Las rosas, flores consagradas a la diosa, son una referencia al mito de la muerte de Adonis.

El jardín de amor acoge a los «hijos de Venus».

El decano es una trasposición del dios cinocéfalo Anubis, identificado con Sirio. La llave blanca alude a su función de guardián de las crecidas del Nilo.

Esta figura es una referencia al mito de las Pléyades (el pelo largo) y a la progresiva pérdida de su visibilidad en el cielo (el vestido roto).

El niño, que ha sido interpretado como Eros, fue identificado por Manilio con la estrella Aldebarán (el ojo de Tauro).

▲ Francesco del Cossa, *Mes de abril* (detalle), 1467-1470, Palazzo Schifanoia, Salón de los Meses, Ferrara.

Los dioses olímpicos aparecen en su condición de demonios astrales, siguiendo una tradición que se remonta a los Astronomica *de Manilio.*

Los colmillos de jabalí son una alusión al mito de las Híades, llamadas succulae *(«cerdas») por Manilio.*

Representa a Perseo y los paranatellonta más cercanos, como atestigua la presencia del caballo blanco (Pegaso) y de la serpiente enroscada (el río Erídano).

La personificación de Marte suele retratarse como un guerrero con espadas y coraza, llevado en triunfo en un carro tirado por lobos.

Marte

Símbolo
Representa la flecha sobresaliendo del escudo de Marte

Domicilio
Escorpio (nocturno), Aries (diurno)

Orígenes
Deriva del babilonio Nergal, dios de los infiernos y de la peste, portador de guerras y calamidades

Características
Preside el humor colérico y las operaciones bélicas. Color: rojo; metal: hierro; elemento: fuego; órgano: vesícula biliar

Constelaciones, mitos y divinidades relacionadas
Tauro, Cáncer, Capricornio, Triángulo boreal, Perseo, Pléyades; Ares, Hércules

Por su ardiente color rojo, y su proximidad a la Tierra, Marte gozó de especial veneración entre los babilonios, que lo consideraban un astro nefasto, portador de muerte y de calamidades naturales. En el mundo grecorromano se atribuyeron muchas características del dios homónimo al planeta, como su irascibilidad y su propensión al adulterio. Por eso se le consideraba causa de conflictos y señor de la guerra, pero también amante apasionado y experto. En la cosmología de Dante, el cielo de Marte representa el martirio y la lucha por la fe.

Desde el punto de vista astrológico, este astro de fuego es el símbolo de la violencia ciega, la pasión, el exceso y la agresividad. No es casualidad que una bebida embriagadora como el vino estuviera bajo la protección del planeta. En su aspecto positivo, Marte representa el *thumos* platónico, esto es, el valor y la determinación en las acciones y en el cumplimiento de las aspiraciones. También está considerado como protector de la cirugía, y en la medicina astrológica sus tránsitos se tenían por indicadores del momento más propicio para las sangrías y las intervenciones en la circulación sanguínea. El día de la semana consagrado a este planeta es el martes.

► Maestro de la Marca geométrica y Perin del Vaga, *Grutesco con alegoría del dios Marte*, tapiz, 1540-1550, Civiche Collezioni, Génova.

Marte, armado de un casco, un escudo y una lanza, adopta la apariencia de una divinidad planetaria pagana.

Las tablas presentan las horas diurnas y nocturnas (favorables, nefastas y neutras) que reciben el influjo del dios.

El pedestal con los Martis dies *contiene la descripción de los efectos del planeta y una serie de predicciones para los nacidos durante los días sujetos a su dominio.*

▲ *El planeta Marte*, del *Cronógrafo de 354*, siglo XVI, Biblioteca Apostólica Vaticana, Ciudad del Vaticano.

La diosa del amor atempera el temperamento marcial con su influencia.

Las armas usadas como juguetes revelan la sumisión del planeta a las gracias venusianas.

En la lectura neoplatónica del cuadro, Marte y Venus se consideran divinidades planetarias en conjunción.

▲ Sandro Botticelli, *Marte y Venus*, h. 1483, National Gallery, Londres.

Los sátiros que juegan son una citación (ekphrasis) tomada de Luciano acerca de una célebre pintura sobre los amores de Alejandro y Roxana.

La concha usada como cuerno es una referencia a la impotencia temporal de Marte.

El sopor del dios indica que este planeta, símbolo de fuerza y agresividad, está sujeto al dominio de Venus.

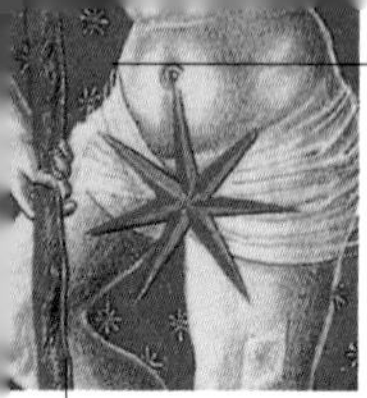

Suele ser representado en la figura de un soberano o un juez, llevando un cetro en una mano y una corona en la cabeza, o como el padre de los dioses olímpicos.

Júpiter

Símbolo
Representa la tensión hacia el infinito

Domicilio
Sagitario (diurno), Piscis (nocturno)

Orígenes
Deriva del babilonio Marduk, dios del orden y la justicia

Características
Preside el temperamento sanguíneo, la administración de las leyes y de la justicia y los fenómenos atmosféricos. Color: amarillo; metal: estaño; elemento: aire; órgano: hígado

Variantes y otras definiciones
El resplandeciente; Gran Estrella

Constelaciones, mitos y divinidades relacionadas
Sagitario, Piscis, Águila; Zeus, amores de Zeus

Planeta benigno, protector de los caracteres generosos y extrovertidos, Júpiter siempre ha sido considerado como la estrella más propicia del cielo. Entre los babilonios ocupaba una posición de privilegio en el firmamento, porque aparecía y desaparecía del ecuador celeste (ocultándose a la vista durante todo un mes) y por su condición de astro opuesto a Saturno. Para los griegos de la Antigüedad era el principio ordenador del universo, así como el padre de las principales divinidades del panteón clásico. Los neoplatónicos lo veneraron como alma del mundo y señor de los elementos. Eran del parecer de que en su esfera las almas recibían el impulso de actuar de un modo ordenado y armónico. En la cosmología de Dante, el cielo de Júpiter es la sede de la ciencia geométrica y la justicia divina.
Desde el punto de vista astrológico, este planeta representa la actitud de abrirse a los demás y entregarse con ímpetu y desinterés. También los amantes de la buena mesa se hallan bajo su influjo. Favorece el éxito, la serenidad espiritual y las ciencias teológicas y matemáticas, y puede conferir el don de la adivinación. Tiene consagrado el jueves.

El signo de Cáncer, representado aquí como una langosta, es una referencia al papel del planeta como protector del mes de julio.

El planeta está representado como el dios grecorromano, fuente de luz, con rayos en la mano.

La Justicia (con espada y balanza) y la Misericordia (con un cordero) son las virtudes asociadas al astro.

Júpiter es llevado en triunfo en un carro tirado por águilas, símbolo de realeza y atributo tradicional del dios.

Los signos de Piscis y Sagitario representan las casas nocturna y diurna del planeta.

◄ *Tablilla astronómica babilonia que calcula los movimientos de Júpiter en los años 218-147 de la dominación seleúcida,* British Museum, Londres.

▲ Jacopo Zucchi, *Júpiter* (detalle), 1586-1590, Palazzo Rucellai, bóveda de la Galería, Roma.

Puede ser representado como un viejo senil y de aspecto siniestro, sentado o cayendo (para ilustrar el ascenso y el descenso del planeta), o bien como dios alado del tiempo.

Saturno

Símbolo
Representa la cruz y la hoz, símbolos de sufrimiento y del paso del tiempo

Domicilio
Capricornio (diurno) y Acuario (nocturno)

Orígenes
Deriva del babilonio Ninurta, dios de la guerra y de la caza y protector de la vida pública y familiar

Características
Astro frío y seco, situado en el séptimo cielo. Preside el furor poético, el temperamento melancólico, la agricultura y la economía. Color: negro; metal: plomo; elemento: tierra; órgano: bazo. También están sometidos a su influencia los dientes, los huesos y las articulaciones

Variantes y otras definiciones
Gran Estrella; Gran Maléfico, estrella de la Némesis

Constelaciones, mitos y divinidades relacionadas
Aries, Libra; Casiopea, Orión, Cuervo; Cronos

Último y más lento de los astros planetarios (su revolución alrededor del Sol dura treinta años), Saturno conserva muchas características del dios grecorromano del que deriva su nombre: como divinidad infanticida indica falta de progenie; como protector de las tareas agrícolas e inventor de la arquitectura, genera campesinos y constructores. Su naturaleza contradictoria, al mismo tiempo oscura y benévola, se expresaba en la fiesta romana de las saturnales, celebraciones donde se invertían los papeles sociales y se llevaba a cabo un proceso de purificación espiritual a las puertas del solsticio invernal. Con este aspecto, Saturno adquiere un valor positivo, como manifestación divina que preside la renovación del cosmos. En su calidad de «Sol negro», este astro toma las riendas del universo durante el ocultamiento nocturno de la Estrella del Día; en astrología, por ejemplo, la oposición Luna-Sol también puede representarse por la posición de la primera respecto al planeta. Como está lejos del sol, se le consideraba responsable de enfermedades como los reumatismos o la hidropesía, y se asociaba a la depresión y la melancolía. Los nacidos bajo Saturno tienen fama de personas codiciosas y envidiosas, de carácter solitario y pesimista. En su acción benigna de astro de la constancia, la tenacidad y la reflexión, protege a los médicos, los científicos y los alquimistas. En la cosmología de Dante, el cielo de Saturno es la sede de la ciencia astrológica. El día de la semana consagrado a este planeta es el sábado.

Como señor del tiempo y de la duración de la vida humana, a la que ponía fin mediante un golpe de hoz, Saturno estaba considerado como el planeta de la desgracia, y era denominado «Gran Maléfico».

Apolo-Helios oye la petición de su hijo de que conduzca el coche del Sol.

Un viejo barbudo junto a un brasero encendido encarna al Invierno.

La presencia de Faetón es una referencia al mito de la catástrofe cósmica que originó la precesión de los equinoccios y el nacimiento de las estaciones.

Otoño se reconoce por la corona de sarmientos y por los pámpanos que tiene a sus pies.

◄ Maestro de Angera, *Saturno entre Capricornio y Acuario*, h. 1280, Rocca Borromeo, Sala de la Justicia, Angera.

▲ Nicolas Poussin, *Helios, Faetón y Saturno con las cuatro estaciones*, h. 1635, Gemäldegalerie, Berlín.

Ceres y la cornucopia colmada de frutos son referencias a la abundancia de las cosechas durante el reinado de Saturno.

▲ Giorgio Vasari,
Las primicias de la tierra ofrecidas a Saturno, 1555-1557,
Palazzo Vecchio, Florencia.

Saturno está representado como dios del tiempo y señor de la edad de oro. El programa iconográfico del ciclo fue expuesto por el propio artista en sus Ragionamenti.

*La serpiente que se muerde la cola (*ouroboros*) es el símbolo del eterno retorno de las cosas.*

Capricornio es el emblema del duque. Cosme I lo eligió en honor de Augusto, Lorenzo el Magnífico y Carlos V de Habsburgo, nacidos bajo este signo.

La bola de los Médicis indica que la figura de Saturno esconde al cliente de la obra.

La tortuga y la vela, símbolos de la política sagaz e incisiva del duque, son las empresas heráldicas de la persona que encargó el fresco.

Se representan los oficios, las actividades prácticas y las ocupaciones intelectuales puestas bajo el influjo de los siete planetas y de las divinidades astrales correspondientes.

Hijos de los planetas

Nombre
Procedente del término alemán *Planetenkinder*, expresa la influencia de estos astros en el carácter y las actitudes del hombre.

Orígenes
Derivan de textos e ilustraciones de oficios de tradición tardoantigua y oriental, europeizados durante los siglos XIII-XIV

Símbolos y divinidades relacionadas
Musas, artes liberales, virtudes, sacramentos

Difusión iconográfica
Edad Media y Renacimiento (arte de la miniatura y del grabado, grandes ciclos parietales al fresco). El esquematismo de las imágenes enciclopédicas relativas a la representación de los oficios solo derivó en cuadros de género dignos de ese nombre en el siglo XVI

La denominación «hijos de los planetas» abarca las actitudes, oficios, tipos fisionómicos y temperamentos influidos por los siete astros errantes de la bóveda celeste.

En general, estos tipos astrales mantienen las características de las divinidades que gobiernan cada esfera planetaria; así, los hijos del Sol están destinados a reinar sobre el mundo temporal o espiritual, los de la Luna son expertos en todos los trabajos relacionados con el agua, los de Mercurio tienen talento para las ciencias y las artes, los de Venus son amables y con dotes musicales, los de Marte son fogosos y belicistas, los de Júpiter jueces y emperadores, y los de Saturno codiciosos y melancólicos.

Las representaciones de este motivo astrológico, elaboradas en el norte de Europa y difundidas por Italia a través de manuscritos y grabados, se inspiran en una serie de textos altomedievales como las *Etimologías* de Isidoro de Sevilla, la *Enciclopedia* de Rabano Mauro y el *Speculum naturale* de Vicente de Beauvais. También las *Alegorías del Buen Gobierno* pintadas por Lorenzetti en el Palacio Público de Siena siguen parcialmente esta tipología, como puede observarse en el corro de muchachas, una imagen típicamente venusiana, y en las tiendas de los comerciantes, situados bajo la protección de Mercurio.

La luna, acompañada por su domicilio (Cáncer), está representada como una deidad femenina.

El caballo blanco simboliza el aspecto subterráneo y oculto del planeta.

Las actividades agrícolas en torno a la molienda del grano estaban vinculadas a la «estrella de la noche».

Todos los oficios asociados al agua, como la pesca y la navegación, quedan bajo el influjo de la Luna, señora de las mareas.

Los juegos de manos son una referencia a la diosa Hécate, maestra de las artes ocultas, tradicionalmente identificada con la luna.

◄ Francesco Xante Avelli, *Los hijos de Venus*, tapa, h. 1539-1540, Castello Sforzesco, Museo delle Arti Decorative, Milán.

▲ Maestro del «Libro de casa», pliego de Hausbuch, *El planeta Luna y sus hijos*, h. 1480, Kupferstichkabinett, Wolfegg.

Las artes liberales se sitúan bajo el dominio de los planetas, siguiendo una tradición que se remonta a Pitágoras. Esta doctrina fue retomada en la Edad Media por Miguel Escoto, santo Tomás y Dante.

El astrónomo Tolomeo, confundido con el soberano alejandrino homónimo, aparece a los pies de la astrología, disciplina influida por Saturno.

Mercurio adopta la apariencia del dios babilonio Nabu, inventor de la escritura y protector de los oficios ligados a ella.

La inscripción, y la presencia de Cicerón con atuendo romano, permiten identificar a la Retórica.

La Gramática, rodeada de jóvenes alumnos, se asocia con frecuencia a los retratos ideales de Donato y Prisciano.

La Lógica (o Dialéctica) es el arte principal del trivio.

▲ Andrea Bonaiuti, *Las siete artes liberales*, 1365-1367, basílica de Santa Maria Novella, capilla de los Españoles, Florencia.

Mercurio aparece con un caduceo en la mano, símbolo de paz, y una bolsa, símbolo de buena suerte en los negocios.

Géminis, signo doble y cambiante, encarna a la perfección la ligereza y dinamismo de su astro protector.

Virgo es el domicilio diurno del planeta.

A los pintores y los músicos se les consideraba hijos de Mercurio, a causa de una larga serie de mitos ligados a la invención de ambas artes.

En general, todas las ocupaciones que requieren habilidad manual e inventiva se asocian al dios del ingenio y la elocuencia. Es el caso de la escultura, la arquitectura, la orfebrería y el grabado.

Los escribanos y los estudiosos de las ciencias ocultas se sitúan bajo la influencia de Mercurio. Esta iconografía no procede de la cultura clásica grecorromana, sino de prototipos orientales.

▲ *El planeta Mercurio y sus hijos*, h. 1465, Kupferstichkabinett, Berlín.

Las tareas agrícolas sujetas a la influencia del astro son la poda y el arado.

El cuervo, ave de mal agüero, es un animal tradicionalmente asociado a Saturno.

Los saturninos reflejan las cualidades astrales del padre. Son representados como campesinos, rústicos, ladrones y criminales. Los cambistas y los usureros también quedan bajo el dominio de Saturno.

Los ermitaños y los estudiosos remiten al aspecto positivo del planeta, señor de la astrología, el furor poético y la vida contemplativa.

El pavimento en damero recuerda los juegos de azar, herencia de la fiesta romana de las Saturnales.

▲ *Los hijos de Saturno*, miniatura del *De Sphaera*, siglo XV, Biblioteca Estense, Módena.

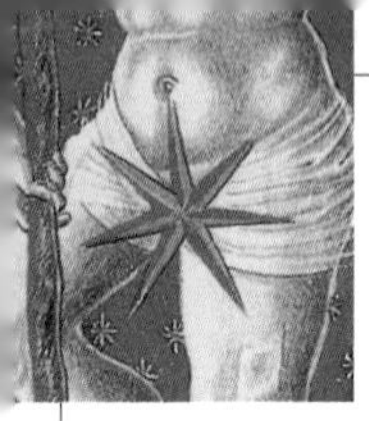

Los cometas, estrellas de larga cola, suelen aparecer en las imágenes de la Natividad cristiana o de la Adoración de los Reyes Magos. Los eclipses se asocian a la Crucifixión.

Cometas, eclipses y meteoritos

Orígenes
La observación de fenómenos astrales prodigiosos, usada para compilar horóscopos de reinos y soberanos, nació en Mesopotamia hacia el siglo II a.C. como verificación del *extispicio* (adivinación mediante vísceras de animales)

Características
Están considerados como signos nefastos, portadores de cataclismos y penurias, o bien como indicios de algún nacimiento excepcional

Variantes y otras definiciones
Astrología judiciaria no horoscópica; astrolatría (adivinación por observación de elementos climáticos y astrales). Efemérides (cálculo de los movimientos del sol y de la luna, y de la repetición de los eclipses); almanaques (listas anuales de fenómenos lunares y planetarios)

► Antoine Caron, *Astrónomos estudiando un eclipse*, 1571-1572, Malibú, J. Paul Getty Museum.

Los cometas, los eclipses y los meteoritos (más conocidos como estrellas fugaces) suscitaron un gran estupor entre los pueblos de la Antigüedad, a causa del carácter prodigioso de su aparición. Se les atribuían tormentas, inundaciones, terremotos y cualquier fenómeno que aumentase en algún grado la temperatura de la superficie terrestre. En la religión zoroastriana, las estrellas fugaces, llamadas «gusanos del cielo», se consideraban entidades demoníacas que alteraban el orden cósmico formado por las estrellas fijas. Para los griegos de la época arcaica, los meteoritos y los eclipses representaban signos funestos de la ira de los dioses, indicios de epidemias, guerras prolongadas y una interminable serie de desdichas. Los romanos, por su parte, atribuían gran importancia a la aparición de los cometas, indicios de algún hecho que marcaría su época. Un ejemplo es la estrella de larga cola que apareció tras la muerte de César, interpretada como una señal de la ascensión al cielo del caudillo (*sidus Julium*). El cometa visto por los Reyes Magos se interpretó como el anuncio de una nueva religión. La propia muerte del Redentor estuvo acompañada por un eclipse solar de tres horas que sumió a Palestina en las tinieblas de la noche. Astrológicamente, los cometas se subdividen en siete clases en función de su color y forma, y se asocian a los siete planetas.

El cometa señala el nacimiento del Salvador. Giotto representa la estrella aparecida en 1301 y rebautizada como «cometa Halley» en el siglo XVIII.

Los Reyes Magos son los máximos representantes del saber egipcio, persa y caldeo. Astrólogos y magos atribuyeron un sentido mesiánico de primer orden a la conjunción de Júpiter y Saturno del año 9 a.C.

▲ Giotto, *Adoración de los Reyes Magos*, 1303-1306, capilla Scrovegni, Padua.

Los astrólogos señalan la aparición de un cometa en el cielo, presagio de desgracias para el caballero sajón Harold.

▲ *Tapiz de Bayeux* (detalle),
h. 1070-1077,
Musée de la Tapisserie, Bayeux.

Harold, mensajero del rey de Inglaterra Eduardo el Confesor, oye pronosticar su destino. Será derrotado por el ejército normando encabezado por Guillermo el Conquistador durante la batalla de Hastings (14 de octubre de 1066).

Las delegaciones diplomáticas, las declaraciones de guerra y los tratados políticos iban precedidos de una atenta consulta de los astros.

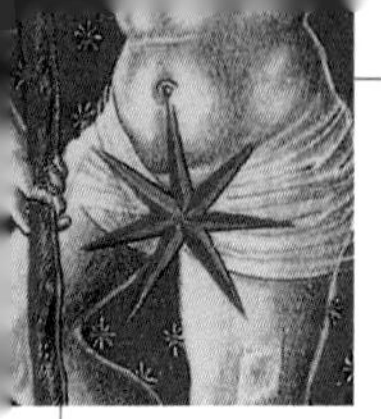

Pueden representar el tema natal del cliente, la situación astrológica propia de determinados períodos históricos o los horóscopos de estados, religiones y políticos concretos.

Horóscopos y pronósticos

Nombre
Del griego *oro* («hora») y *skopeo* («observo»). Significa «punto del zodíaco que mira la hora», y por extensión el estudio del tema natal del individuo.
El término«pronóstico» deriva del griego *pronostikós*, «ciencia de los hechos futuros»

Orígenes
Nacieron en Mesopotamia entre 1800 y 400 a.C. El primer horóscopo en griego es de 62 a.C. y describe el tema natal del soberano helenístico Antíoco I Comagene.
Antiguamente, el término «horóscopo» indicaba el cálculo del ascendente

Variantes y otras definiciones
Astrología horoscópica o genetlíaca; astrología universal o católica; almanaques, diarios

Difusión
Renacimiento (grandes ciclos parietales al fresco), siglo XVI (arte del grabado)

La función de los horóscopos, basados en la posición de los astros en el momento en que nace una persona, es establecer pautas de comportamiento para afrontar lo mejor posible el porvenir. Los pronósticos, en cambio, son previsiones basadas en sucesos excepcionales, como epidemias, penurias, guerras y calamidades.
Para el cómputo correcto de estos «mapas del destino», los astrólogos debían identificar doce *loci* o «casas» de la bóveda celeste ocupadas por una serie de elementos determinantes: el signo zodiacal, el ascendente (es decir, la constelación que se halla a oriente durante el nacimiento), la posición recíproca (es decir, el trígono, la cuadratura y el sextil), que determina el aspecto favorable o nefasto de los planetas, el «nodo lunar» o punto de intersección entre la órbita de la Luna y la eclíptica, y por último la «parte de fortuna», símbolo de bienestar y de prosperidad.
Algunos de los modelos horoscópicos más difundidos son el *octopos* (sistema con ocho subdivisiones o lugares descrito por Manilio), leído en el sentido de las agujas del reloj, y el *dodekatopos* (esquema de doce casas de origen helenístico, retomado en el Renacimiento), con sentido de lectura contrario a las agujas del reloj. En el mundo antiguo solo se hacían pronósticos sobre la suerte de los reinos y los soberanos. La «genitura», cálculo del tema natal de una persona, empezó a difundirse en la época helenística. Los partos monstruosos también se interpretaban como signos proféticos, como se ve en los monstruos vaticinadores que aparecen en los grabados de Durero (*El ternero monje, El asno papa* y *La cerda de Landser*).

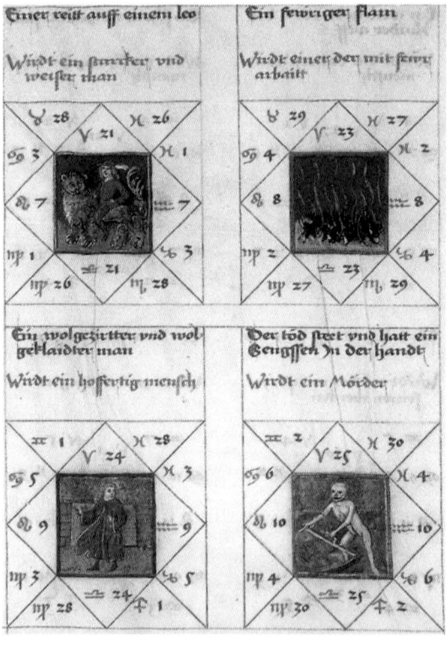

La forma de los horóscopos antiguos está ligada a la cosmología aristotélico-tolemaica, que situaba la Tierra en el centro del universo.

La VIII remite a la muerte y a la herencia; la IX, a los viajes y la filosofía; la X, al éxito en la vida; la XI, a las amistades y alianzas; la XII, a los enemigos y las enfermedades graves.

La casa I contiene el ascendente, que divide simbólicamente el círculo zodiacal en dos hemisferios, diurno y nocturno. Corresponde al curso general de la vida, a la personalidad y al aspecto físico.

La casa II indica la situación económica; la III, los estudios y los hermanos. Las cúspides son los segmentos iniciales de cada casa.

La casa IV indica las relaciones familiares; la V, los hijos y el amor; la VI, el trabajo y los achaques cotidianos; la VII, las relaciones de pareja.

◄ *Horóscopo*, miniatura del *Heidelberger Schicksalsbuch*, siglo XV, Universitätsbibliothek, Heidelberg.

▲ *Horóscopo de Enrique VIII*, de William Parron, *Liber de optimo fato ducis Eboraci*, 1502, British Library, Londres.

Esta bóveda ilustra la influencia de los astros en la vida sublunar, no una genitura individual.

Jano bifronte, con las llaves del nuevo año y la serpiente que se muerde la cola, es el dios tutelar de enero.

Neptuno está asociado al signo de Piscis. Los planetas están representados con el aspecto de los doce dioses olímpicos.

▲ Giulio Romano, techo de la Sala de los Vientos, 1527-1528, Palazzo Te, Mantua.

Apolo, representado como divinidad planetaria, corresponde al Sol.

Julio César aparece como protector de julio, siguiendo lo expuesto en los Fastos *de Ovidio.*

Los mitos astrales han sido interpretados a la luz de los Astronomica *de Manilio y los* Matheseos *de Firmico Materno. Otras fuentes son los relatos de Higinio y Arato.*

Venus Anadiomena representa el mes de abril, subdividido entre los signos de Aries y Tauro.

La iconografía de los meses se inspira en los Fastos *de Ovidio y las* Saturnalia *de Macrobio.*

La cola de la Osa Menor señala el polo norte celeste.

Bajo esta imagen se esconde el horóscopo de Cosme de Médicis, llamado el Viejo.

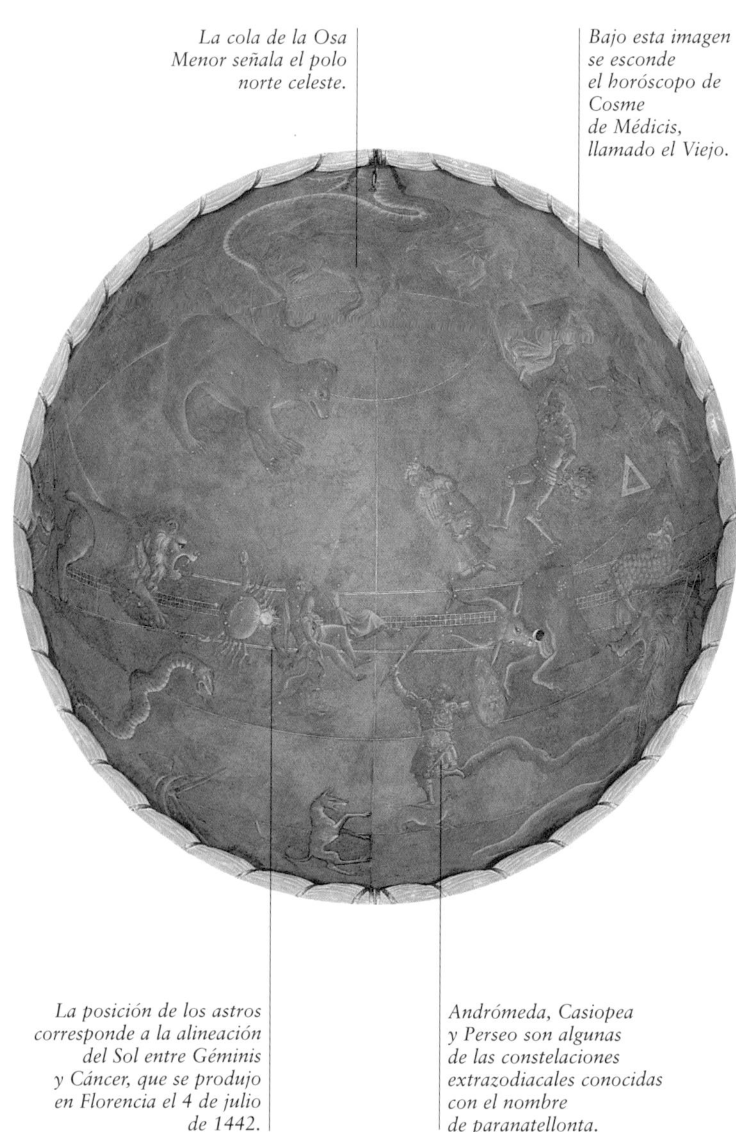

La posición de los astros corresponde a la alineación del Sol entre Géminis y Cáncer, que se produjo en Florencia el 4 de julio de 1442.

Andrómeda, Casiopea y Perseo son algunas de las constelaciones extrazodiacales conocidas con el nombre de paranatellonta.

▲ Giuliano d'Arrigo, llamado Pesello, *Horóscopo de Cosme el Viejo*, después de 1442, San Lorenzo, Sacristía Vieja, Florencia.

La musa Urania, protectora de la astronomía y de la astrología, sujeta el globo celeste con la mano.

La superficie del globo presenta la configuración del cielo el 31 de octubre de 1503, día de la elección al solio pontificio del papa Julio II della Rovere, tres horas después de la puesta del Sol.

▲ Rafael, *La astronomía*, 1508, Palazzi Vaticani, bóveda de la Sala de la Signatura, Ciudad del Vaticano.

La Fama anuncia la gloria terrenal del banquero sienés, siguiendo una tradición recogida en la Urania *de Pontano y en las* Mitologías *de Fulgencio.*

Júpiter en tránsito por Tauro alude a la influencia benigna del astro en Agostino: liberal, generoso y magnánimo.

Venus señala la tendencia del banquero a los placeres de la lujuria.

Apolo-Sol en Sagitario indica el signo zodiacal de Agostino, nacido el 30 de noviembre de 1446 a las 21.30.

▲ Baldassarre Peruzzi, *Horóscopo de Agostino Chigi*, 1510-1511, Villa Farnesina, Roma.

El mito de Leda y el cisne, divulgado a través de las Metamorfosis *de Ovidio, sirve como indicador de determinados motivos astrológicos.*

Hélice, ninfa del polo celeste, recuerda que los honores terrenales dependen del poder de los astros.

Mercurio, dios del comercio y del éxito en los negocios, es el dominus geniturae. *Su posición cercana a Sagitario predice grandes riquezas.*

Marte (con espada) cerca de Libra, y Mercurio (con caduceo) cerca de Escorpio, indican los tránsitos de los planetas en el horóscopo del banquero.

La Luna, representada como Diana cazadora, aparece en el signo de Virgo, posición del astro que determinaba el ascendente en el momento de la concepción.

Sistema cosmológico de círculos concéntricos formado por el mundo sublunar y la bóveda celeste. Suele aparecer rodeado por los brazos de Dios Padre o del Adán cósmico.

Macrocosmos

Nombre
De los términos griegos *macro*, «grande», y *cosmo*, «mundo»

Orígenes
Filosofía aristotélica (siglo III a.C.) y astronomía tolemaica (siglo II d.C.)

Difusión iconográfica
Edad Media (arte de la miniatura)

El concepto de macrocosmos está ligado a la doctrina aristotélico-tolemaica de la centralidad de la Tierra en el universo, y a la creencia de que nuestro planeta fue concebido a imagen y semejanza del cielo. De estas premisas filosóficas y astronómicas deriva también la llamada «astrología geográfica», que tiende a establecer correspondencias precisas entre el mundo sublunar, el cuerpo humano y la bóveda celeste. Compitió a los filósofos estoicos, en la antigua Grecia, determinar una estrecha conexión entre los fenómenos astrales y los fenómenos naturales y fisiológicos, reconociendo en el «neuma», una sustancia ligerísima que empapa todo el universo y se encuentra en forma pura en la razón humana, el eslabón entre las diversas partes de la realidad (espiritual, animal, corpórea). Esta forma de «simpatía» universal está en la raíz de una concepción fuertemente determinista del cosmos (*apocatástasis*) y del destino (*heimarmene*) del hombre, vinculado a la voluntad de los astros e incapaz de sustraerse a la repetición necesaria de los hechos. A nivel astrológico, la doctrina del macrocosmos se basa en la creencia de que los cuerpos celestes se nutren de los efluvios procedentes de las regiones sublunares (como los vientos y los humores ácueos de las mareas, o la evaporación de las lluvias cargadas de sustancias orgánicas salidas de la tierra), infundiendo a su vez energías siderales benignas o nefastas en los seres vivos.

► El Bosco, *El mundo en el tercer día de la creación*, puertas del *Tríptico de las delicias*, 1503-1504, Museo del Prado, Madrid.

La rueda zodiacal representa el nexo más directo entre el mundo celestial y el terrenal, siguiendo la famosa afirmación de Manilio «certa stant omnia lege» *(«todas las cosas existen en virtud de una ley precisa»).*

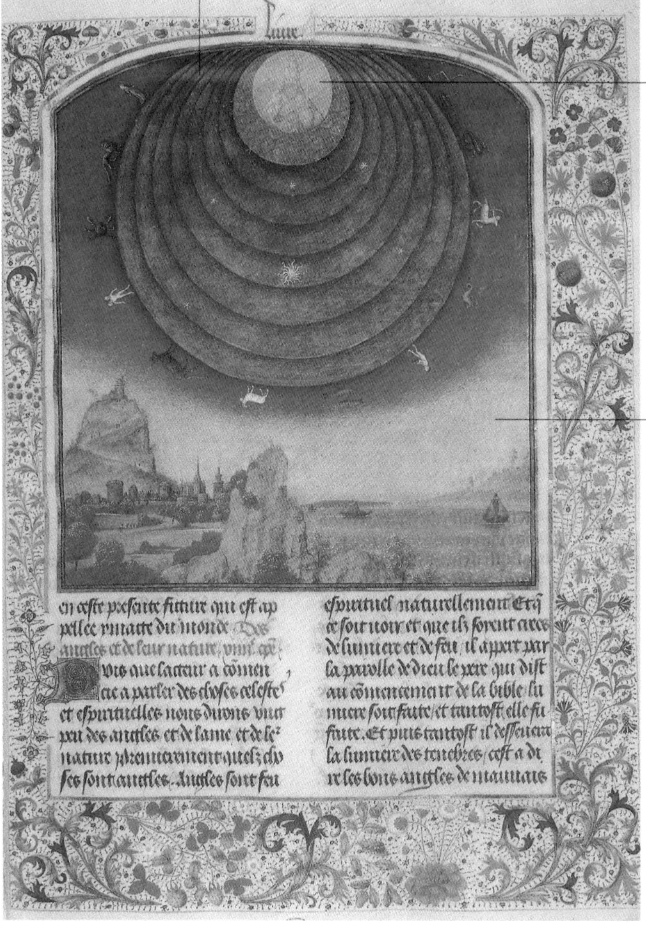

Dios Padre sanciona la entrada del antiguo concepto de macrocosmos en la doctrina cristiana.

La armonía de la naturaleza y de la vida humana está regulada por el orden cósmico impuesto por el Creador y transmitido al mundo sublunar a través de los astros y los agentes atmosféricos.

▲ *Macro y microcosmos,* miniatura de *Le livre des sept ages du monde,* h. 1460, Bibliothèque Royale Albert I, Bruselas.

El nombre de Dios, escrito en caracteres hebreos, significa que la sabiduría iniciática está regulada y correctamente encaminada por las leyes impuestas por el Señor.

En el Asclepius, *uno de los principales textos herméticos, se dice que el mundo es un inmenso organismo vivo cuyo corazón es el Sol.*

El león y el fénix son animales solares por excelencia. Ambos ofrecen sus servicios al principio masculino que alienta el universo.

El sabio es aquel que sabe reconocer la esencia espiritual del mundo, separándola de los cuatro elementos de origen físico y material.

En la esfera del Empíreo aparecen el cordero sacrificial y la paloma del Espíritu Santo, rodeados por las inteligencias angélicas.

El cuervo, el cisne, el dragón, el pelícano y el fénix son los animales alquímicos relacionados con los cinco planetas: Saturno, Júpiter, Marte, Venus y Mercurio.

La cadena de oro simboliza la unión armónica entre el macrocosmos y el microcosmos.

La luna, representada como la diosa Isis, aparece junto a un hombre-ciervo, bajo cuyo aspecto se esconde Acteón, símbolo del iniciado en la sabiduría hermética.

◄ *El microcosmos-macrocosmos*, grabado del *Musaeum Hermeticum Reformatum et Amplificatum* de J. Pansophus, 1678.

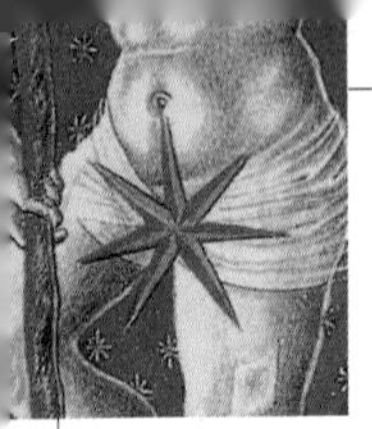

Aparece como una figura humana puesta en el centro del universo y ligada a las regiones del cosmos mediante una serie de correspondencias energéticas, anatómicas y numéricas.

Microcosmos

Nombre
De los términos griegos *micro*, «pequeño», y *cosmo*, «mundo»

Orígenes
Nació en el ámbito de las doctrinas pitagóricas, retomadas más tarde por Platón en los diálogos cosmológicos. Su iconografía deriva de la figura de «Vida mortal», creada a imagen y semejanza del universo. En la época helenística, este mito cosmogónico de origen iranio fue reinterpretado en clave astrológica: los signos zodiacales se convirtieron en el tronco y las extremidades del primer hombre, los dientes en las estrellas fijas, y los orificios de la cabeza en los siete planetas

Variantes y otras definiciones
Imago mundi; Espejo del Universo

Difusión iconográfica
Edad Media (arte de la miniatura)

► Leonardo da Vinci, *Hombre inscrito en el círculo y en el cuadrado*, h. 1490, Gallerie dell'Accademia, Venecia.

La doctrina del hombre-microcosmos, imagen y espejo del universo, refleja la creencia astrológica del vínculo armónico entre las partes de la realidad, propia de la Antigüedad tardía. El hombre, criatura privilegiada entre los vivos en virtud de la presencia de un alma racional divina e inmortal, tiene el deber de interpretar el gran libro de la naturaleza para llegar a la comprensión de las leyes que gobiernan el mundo y los principios impuestos por Dios en la Creación.

Al igual que el *Anthropos* hermético, el «magnum miraculum» descrito en el *Picatrix*, el *Asclepius* y el *Pimander*, el hombre-microcosmos sabe recomponer la dispersión espiritual causada por el encuentro del alma con la materia sensible, y reportar los fenómenos naturales a la unidad. En este viaje hermenéutico, basado en la correspondencia entre los miembros, los órganos del cuerpo y las esferas celestes, la razón humana conserva su independencia respecto a los influjos astrales, garantizando así el pleno despliegue del libre albedrío, y respetando el dicho *sidera non faciunt acta humana* («las estrellas no determinan las acciones humanas»). Según esta doctrina, el cuerpo de la Tierra también está asociado al del hombre a través de un complejo sistema de correspondencias y analogías: la cabeza del mundo corresponde al polo sur, los pies al norte, y el corazón, sede de la sabiduría y de la inteligencia, es identificado con Egipto, patria de la sabiduría hermética.

La imagen del macrocosmos abarcando todo lo creado deriva de una serie de ilustraciones bizantinas del Génesis *y se inspira en la imagen del Adán cósmico.*

La presencia del Creador indica que el conjunto está sometido al orden y a la ley de Dios.

La altura coincide con la apertura de los brazos, siguiendo una relación proporcional basada en el número 5.

La figura del hombre en el centro del universo refleja la armonía de la creación, incluso desde el punto de vista anatómico.

Los rayos de los siete planetas enlazan los vientos con las estrellas, y tienen influencias muy notables en el alma y el cuerpo humanos. Los del Sol están dirigidos a la cabeza, y los de la Luna a los pies.

▲ *Santa Hildegarda de Bingen y el hombre en el centro del universo*, miniatura del *Liber divinorum operum* de Hildegarda de Bingen, 1230, Biblioteca Statale, Lucca.

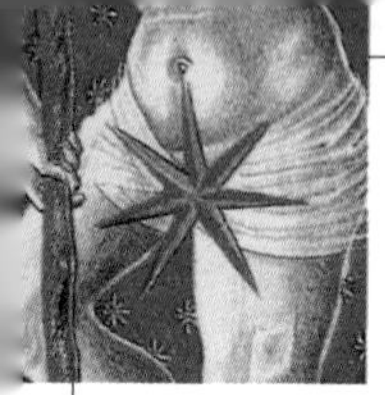

Se representa con el motivo del hombre astrológico, una figura constelada por signos zodiacales en correspondencia con las partes del cuerpo sometidas a los influjos celestes.

Melothesia

Orígenes
En la zona egipcia se atribuyó al rey Nechepso un tratado de iatromatemática en catorce libros; en la zona griega se difundieron textos seudopitagóricos sobre medicina astrológica desde el siglo I a.C.

Características
Forma de medicina que somete las partes del cuerpo a la influencia directa de los signos del zodíaco

Variantes y otras definiciones
Medicina astrológica; astrología terapéutica; iatromatemática

Difusión iconográfica
Edad Media y Renacimiento (arte de la miniatura y del grabado para ilustrar libros de horas, herbarios y lapidarios)

► *Dibujo anatómico astrológico,* Wellcome Historical Medical Library, Londres.

La *melothesia*, o medicina astrológica, asigna un planeta o un signo zodiacal a cada parte del cuerpo, y trata las alteraciones físicas y psíquicas del hombre según la disposición de los astros en la bóveda celeste.

Según los preceptos de esta doctrina, las enfermedades y constituciones individuales, como los temperamentos o las condiciones de desequilibrio de la vida corpórea y mental, se atribuían a la influencia directa de las estrellas. El médico había de determinar el día y hora en que el enfermo debía guardar cama en relación con la configuración de los astros, con el objetivo de ponerlo en sintonía con el orden cósmico y favorecer su curación. Se observaba atentamente la posición y el aspecto de la luna, planeta de especial influencia en las enfermedades de índole humoral y en la predisposición a las inflamaciones. Los signos zodiacales también se consideraban benignos o nefastos en función de sus características principales, ya que podían equilibrar las energías físicas y los temperamentos vitales, o todo lo contrario. Acuario, por ejemplo, un signo caracterizado por la sobreabundancia de agua, se consideraba negativo para la hidropesía, mientras que Libra, expresión de la justa medida, se consideraba nefasto para los partos prematuros o fuera de plazo. Para fomentar o atemperar la influencia del astro que regía el órgano enfermo, el terapeuta prescribía una serie de curas basadas en las sangrías y el uso de hierbas y piedras con valor talismánico.

Esta iconografía se consolidó a finales de la época gótica (siglo XIV, aproximadamente), perfeccionando las imágenes estilizadas de los siglos anteriores en un sentido naturalista.

Aries protege la cabeza y el cerebro; Tauro, el cuello.

La rueda del zodíaco simboliza el dominio de los astros sobre la existencia humana.

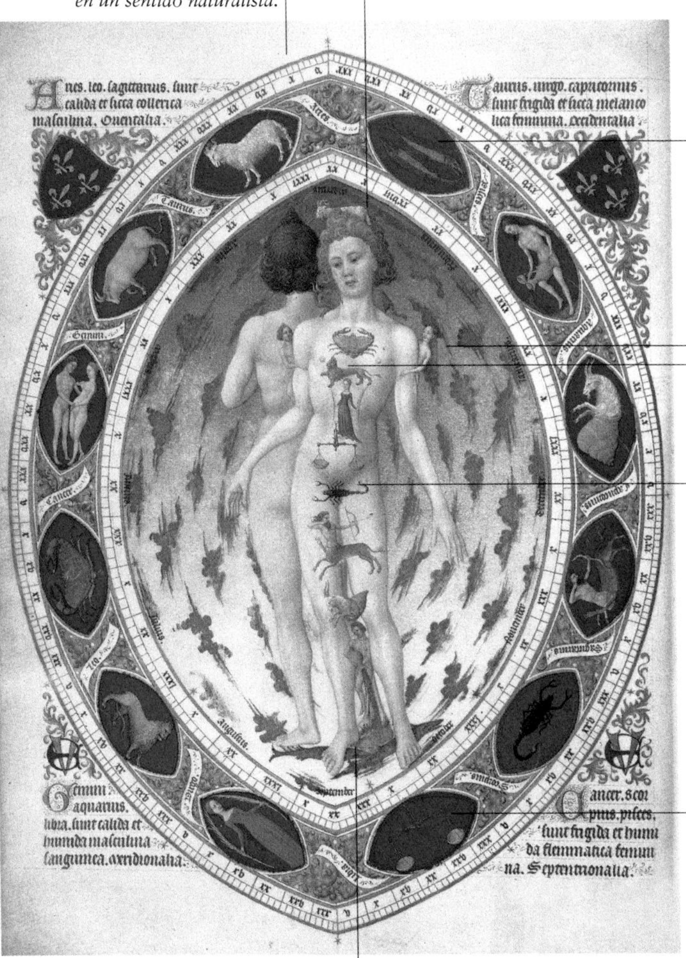

Los pulmones se asignan a Géminis y Mercurio, el hígado a Júpiter, y el bazo a Saturno.

El corazón, fuente de calor, recibe la influencia de Leo y el Sol.

Los órganos internos también quedan sometidos al dominio de un planeta y un signo zodiacal. Marte, cuyo domicilio es Escorpio, domina la vesícula biliar.

La posición de las estrellas indica el momento en que es preferible realizar una intervención o abstenerse de ello.

Los pies se asignan a Piscis, así como las enfermedades relacionadas con ellos, como la gota y la podagra.

▲ Hermanos Limbourg, *El hombre anatómico*, miniatura de *Les très riches heures du Duc de Berry*, 1410-1416, Musée Condé, Chantilly.

Por lo extraordinario de su conjunción planetaria, 1484 fue llamado annus mirabilis, *y se consideró el anuncio de una palingenesia inminente.*

Theodoricus Ulsenius Phrisius Medicus Universis litterarum Patronis in Epidimicam scabiem que passim toto orbe grassatur vaticinium dicat.

LICHNICA GENESIS

Insigni Archiatrie studio Sacrum:

Si mihi turpe putas medico componere versus
Et Musis operam carminibusque dare
Nullaque Pegasei tanquam sit gloria fontis
Metraque sint studiis inferiora meis
Falleris: Ille meas primus qui tradidit artes
Quique salutiferam condidit auctor opem
Inter Pierides cythara crepitante sorores
Phebus divino pollice ducit ebur.
Sic lustrat celos, sic clara poemata fingit
Irradiatque novem flamina docta deas.

Nurnberge Calendis Sextilibus
1496

La aparición de la sífilis, enfermedad venérea que conmocionó la Europa moderna, había sido anunciada previamente por el médico Dietrich Ulsen, basándose en la conjunción de Júpiter y Saturno en la constelación de Escorpio.

▲ Alberto Durero, *El sifilítico*, 1496, Albertina, Viena.

El color rosado del rostro de san Juan es una referencia al humor sanguíneo, al temperamento ardiente y apasionado.

Pedro, a quien se reconoce por la llave del Paraíso, representa el temperamento flemático.

Marcos, armado de una espada, con los ojos muy vivos y los dientes apretados, representa el temperamento colérico.

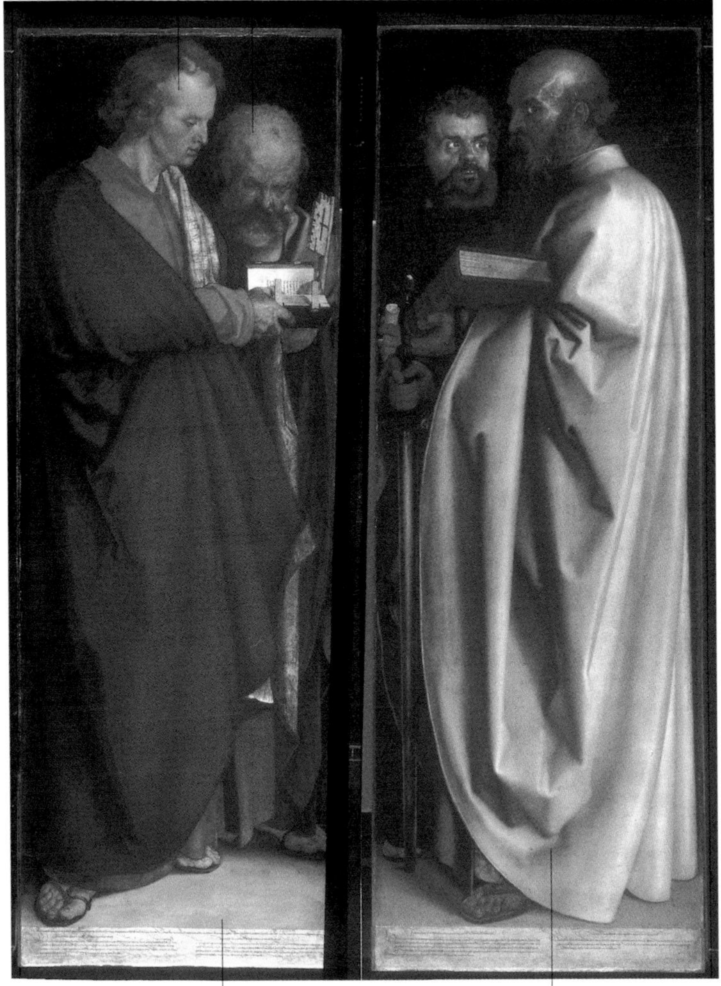

La unión de las cuatro constituciones remite a la búsqueda de la armonía espiritual (individual y civil) en una época sacudida por agrias polémicas entre católicos y protestantes.

Pálido y hierático, Pablo expresa el humor melancólico, con el que se identificaba el propio Durero.

▲ Alberto Durero, *Los cuatro apóstoles*, 1526, Alte Pinakothek, Múnich.

Los meses se representan con divinidades clásicas, u hombres de diversas edades acompañados por sus signos del zodíaco. Suelen asociarse a las imágenes de las tareas agrícolas.

Meses y tareas agrícolas

Orígenes
Las diversas concepciones de las fases de la vida humana y natural están documentadas tanto en la tradición bíblica como en el mundo griego arcaico, así como en la Antigüedad tardía

Difusión iconográfica
Edad Media y Renacimiento (arte de la miniatura y del grabado, pintura sobre tabla y al óleo, tapices y ciclos de frescos de carácter enciclopédico y didascálico)

Los meses representan la dimensión terrenal del tiempo, regida por el movimiento de la rueda zodiacal y la alternancia de las estaciones. Por eso, desde tiempos muy remotos, estuvieron vinculados a las tareas agrícolas y a las actividades comerciales y sociales que se distribuían a lo largo del año, como la siembra y la cosecha, la caza y el mercado. En la sociedad medieval, estas ocupaciones iban acompañadas por la representación de la vida de corte: los recreos y pasatiempos de los nobles, y el tributo de los vasallos al señor.

Cada mes estaba asociado a un signo del zodíaco y una divinidad astral, que emanaban influencias positivas y valiosas enseñanzas sobre esa parte de tiempo. Los dioses tutelares de enero eran Jano bifronte, señor de todos los principios y guardián de las puertas del tiempo, y Juno, divinidad protectora de las entradas, a quien estaban consagradas las calendas. Febrero estaba sometido al dominio de Saturno, protector de las fiestas carnavalescas; marzo pertenecía al dios de la guerra, Marte; abril a Venus, la diosa del amor nacida de la espuma (*aphrós*) del mar. Mayo estaba consagrado a las divinidades primaverales que presidían la renovación de la naturaleza, y posteriormente a la virgen María. En época cristiana, cada día del mes quedó ligado a un santo protector.

► Pieter Bruegel el Viejo, *Los segadores*, 1565, Metropolitan Museum, Nueva York.

La Noche y el Día rigen el curso cotidiano del tiempo.

El mes de septiembre está representado por los ritos ligados a la vendimia, siguiendo una tradición que se remonta a la época romana.

Los hilos de los que tiran las estaciones permiten la renovación cíclica del cosmos, pero también la sujeción a un orden estable.

Marzo aparece podando las plantas. También adopta el aspecto de un joven despeinado por el viento primaveral.

Dios Padre está representado como señor del tiempo y rector de cualquier cambio en el mundo sublunar.

▲ *Los meses*, miniatura del *Sacramentario de Fulda*, finales del siglo X, Staatsbibliothek, Berlín.

Acuario es el signo protector del mes.

Febrero está representado de una manera poco convencional, asando un cerdo. Suele adoptar la apariencia de un campesino que poda ramas secas.

El cerdo, símbolo de fecundidad, es un atributo de las grandes madres arcaicas. Este animal suele estar relacionado con el mes de diciembre.

▲ Pantaleone, *Mes de febrero*, 1165-1167, catedral, Otranto.

El retoño es un símbolo del despertar de la naturaleza.

El mes aparece como un joven pastor, alusión al sacrificio del cordero y a los ritos pascuales que coinciden con este período del año.

Aries es el signo del zodíaco asociado a abril. El nombre de este mes, derivado del verbo aperire *(«empezar»), señala la reanudación de la navegación tras la pausa invernal, y el primer brote de las plantas.*

► *Mes de abril*, siglo XIII, basílica de San Marco, Venecia.

Los modelos iconográficos de este ciclo son el Livre de la chasse *de Gaston Phoebus,* Les très riches heures *du Duc de Berry y el* Tacuinum sanitatis.

El Sol en Cáncer indica las características astrológicas de junio.

Los campesinos están concentrados en las actividades agrícolas típicas del mes: el ordeño y la elaboración del queso.

Los cortejos nupciales, que tradicionalmente tenían lugar en esta época del año, están representados en primer plano, en el centro de la escena.

▲ *Junio*, de *Alegorías de los meses*, siglo XV, Castello del Buon Consiglio, Torre dell'Aquila, Trento.

El carro de la Eternidad refleja la iconografía de los Triunfos *de Petrarca.*

Los heraldos anuncian la cabalgata de las parejas participantes en los juegos.

Los brotes son una referencia a las fiestas de origen pagano en honor del reflorecimiento de la naturaleza.

Las damas y los caballeros representan las diversiones cortesana típicas de este mes: los torneos de principios de mayo.

▲ *Mes de mayo*, miniatura del *Breviario Grimani*, siglo XV, Biblioteca Marciana, Venecia.

Sagitario es el signo protector de noviembre.

La franja superior contiene los signos zodiacales correspondientes a los meses del año.

Un grupo de mujeres se concentra en el trabajo de cardar la lana.

▲ Taller florentino, *Meses del año: noviembre-octubre, septiembre-agosto*, tapiz, Uffizi, Florencia.

La recolección del heno es una actividad agrícola que se desarrolla tradicionalmente al final del verano.

En los meses de septiembre y octubre están representadas la vendimia y la elaboración del vino.

Aparecen en forma alegórica a través de episodios célebres de la mitología clásica, o como personificaciones o divinidades masculinas y femeninas.

Horas y edades

Orígenes
Las diversas concepciones de las fases de la vida humana y natural están documentadas tanto en la tradición bíblica como en el mundo griego arcaico, así como en la Antigüedad tardía.

Características
Las horas y las edades se asocian a determinados hechos cósmicos, como el fenómeno de la precesión de los equinoccios y las doce secciones del zodíaco.

Variantes y otras definiciones
Edad de oro, de plata, de bronce y de hierro; Gran Año o doctrina del eterno retorno; caída y redención de la humanidad; edades del hombre

Difusión iconográfica
Edad Media y Renacimiento (arte de la miniatura y del grabado, pintura sobre tabla y al óleo, tapices y ciclos de frescos de carácter mitológico)

Las fases de la vida humana tienen su base en los ciclos naturales y las revoluciones cósmicas (estaciones, meses y horas del día). La creencia en la sucesión de varias épocas está documentada por primera vez en forma escrita en *Los trabajos y los días* de Hesíodo, donde se cuenta la caída progresiva de la humanidad a partir de un estado de perfección absoluta (la edad de oro). El recuerdo de esta época mítica se encuentra en casi todas las tradiciones religiosas y culturales, como en las imágenes del paraíso terrenal de la doctrina bíblica y cristiana (correspondiente a la región celestial conocida como «cuadrado de Pegaso»).

No ocurre así con el concepto occidental de «Magnus Annus», que nació en el marco de las doctrinas órfico-pitagóricas sobre el eterno retorno de las cosas más o menos cada 26.000 años. Astronómicamente, este fenómeno se produce cuando la misma constelación zodiacal regresa a su punto vernal (equinoccio de primavera). Algunas variantes de origen oriental son el Gran Año babilonio, de 432.000 años de duración, correspondiente a los diez reinos de Babilonia anteriores al Diluvio Universal, el Kalpa hindú, período cósmico que empieza y acaba con la alineación de todos los planetas en el punto vernal, cada 4.320.000 años, y el Gran Año zoroastriano, de 12.000 años, asociado simbólicamente a la creación del mundo. Con la aparición del cristianismo, y de la conciencia lineal del tiempo, esta doctrina fue sustituida por la de la caída del hombre tras el pecado original, y su rescate por obra del Redentor.

La edad de la juventud está representada por un grupo de jóvenes que hablan y se cortejan.

El ramo de flores es una referencia a la estación de los amores.

El Tiempo tiende una mano hacia el pasado feliz y la otra hacia el futuro incierto.

Los bastonazos y patadas son un símbolo de los achaques y dolores de la vejez, «otoño de la vida».

El juego de los niños corresponde a la infancia, serena y despreocupada.

La figura inestable del anciano encubre al dios Saturno.

◄ Tolomeo, *Tablas astronómicas fáciles*, siglos VIII-IX, Biblioteca Apostolica Vaticana, Ciudad del Vaticano.

▲ Taller francés, *Alegoría del Tiempo*, principios del siglo XVI, Museum of Art, Cleveland.

El carro del Sol está rodeado por las personificaciones de las estaciones.

La virgen Astrea vela por el equilibrio natural y civil de la edad de plata.

La balanza simboliza la justicia y el equilibrio entre el castigo y la culpa.

La deidad con una manzana en la mano es una referencia al juicio de Paris y al nacimiento del mito.

Con el advenimiento de las estaciones, y el fin de la edad de oro, la humanidad se ve obligada a trabajar la tierra para su sustento.

El dios Mercurio, con caduceo, orejas de burro y aspecto femenino, simboliza los engaños y subterfugios que llevarán a la edad de bronce.

▲ Jacopo Zucchi, *La edad de plata*, h. 1560-1570, Uffizi, Florencia.

La imagen de la gruta, símbolo de la vida en gestación y lugar de encuentro de las almas al final del proceso de reencarnación, está tomada de La gruta de las ninfas *de Porfirio.*

La serpiente que se muerde la cola es el símbolo del retorno periódico de todas las cosas, también llamado Gran Año de las Pléyades o Año Platónico.

Demogorgon aparece en el Renacimiento como guardián de la renovación cíclica del cosmos, función que en la época romana desempeñaba el dios Mitra.

Las Parcas entregan a Demogorgon la trama del destino asignado a todas las personas en su nacimiento.

▲ Luca Giordano, *Cueva de la eternidad*, h. 1685, National Gallery, Londres.

NEMO SIBI ASSVMM
AT HONOREM NISI
VOCATVS A DEO
TANQVAM ARON

Magia

Orígenes fabulosos
Relato bíblico
Antiguo Egipto
Mundo griego
Caldea y Persia

Los grandes temas
Simpatía universal
Sabiduría
Hombre hermético
Amor
Mal de amor

Personajes y prácticas
Magos y charlatanes
Profetas y sibilas
Magia negra
Hechizos y sortilegios
Talismanes y simulacros
Animales mágicos
Plantas y frutos mágicos
Prácticas adivinatorias
Juegos esotéricos
Tarot

Mente y cuerpo
Arte de la memoria
Lenguaje del cuerpo
Números mágicos
Alfabetos y jeroglíficos
Figuras esotéricas

Lugares y pasajes encantados
Puerta mágica
Ciudad mágica
Sociedades secretas
Novelas esotéricas

◄ Sandro Botticelli, *El castigo de los rebeldes* (detalle), 1481-1482, Capilla Sixtina, Ciudad del Vaticano.

Los episodios mágicos de las Sagradas Escrituras se plasman en los actos de los patriarcas, o en los mitos de la caída de los ángeles rebeldes y la expulsión del paraíso terrenal.

Relato bíblico

Protagonistas y episodios relacionados
Set (jardín del Edén), Moisés (serpiente de bronce, agua de la roca), Jacob (milagro de los rebaños), David (curación de Saúl, milagro de los huesos), Salomón (construcción del templo, visita de la reina de Saba), Cristo (curación del endemoniado)

Difusión iconográfica
Edad Media y Renacimiento (arte de la miniatura, mosaicos, ciclos parietales al fresco, pintura sobre tela)

En las tradiciones bíblicas, el nacimiento de la magia, es decir, de una forma de ser capaz de llevar a los hombres a la comprensión de los pensamientos y el modo de actuar de Dios, está ligado al episodio de la caída de los ángeles rebeldes. Estos hijos del cielo, enamorados de unas jóvenes mortales, decidieron revelar a sus esposas los secretos para dominar el mundo natural. Fue así como nacieron las artes mágicas, el conocimiento de las estrellas y el de las propiedades terapéuticas de los minerales y las plantas, que durante milenios estuvo en manos de las mujeres.

El mito del pecado original también está relacionado con la profanación de un saber iniciático: a través del fruto prohibido, Adán y Eva adquirieron el conocimiento del bien y del mal, separándose psíquicamente del Creador. La conquista de la autonomía espiritual condujo a un cambio en la condición existencial en la que habían vivido hasta entonces, que les obligó a peregrinar por la Tierra y trabajar para conseguir alimentos. Por su parte, Set, tercer hijo de Adán y único hombre que fue aceptado nuevamente en el jardín del Edén, encarna el mito de la reconquista de la sabiduría divina y su transmisión a las generaciones venideras, representadas por Abraham, Moisés, David, Salomón y Cristo. La búsqueda del paraíso perdido corresponde a la armonía espiritual que poseían antes del pecado.

► Maestro Boucicaut y taller, *La historia de Adán y Eva*, 1415, The J. Paul Getty Museum, Los Ángeles.

Satanás, representado con aspecto de héroe de la mitología clásica, incita a los que le han seguido en su rebelión contra Dios.

La actitud melancólica del ángel revela la nostalgia por el paraíso perdido.

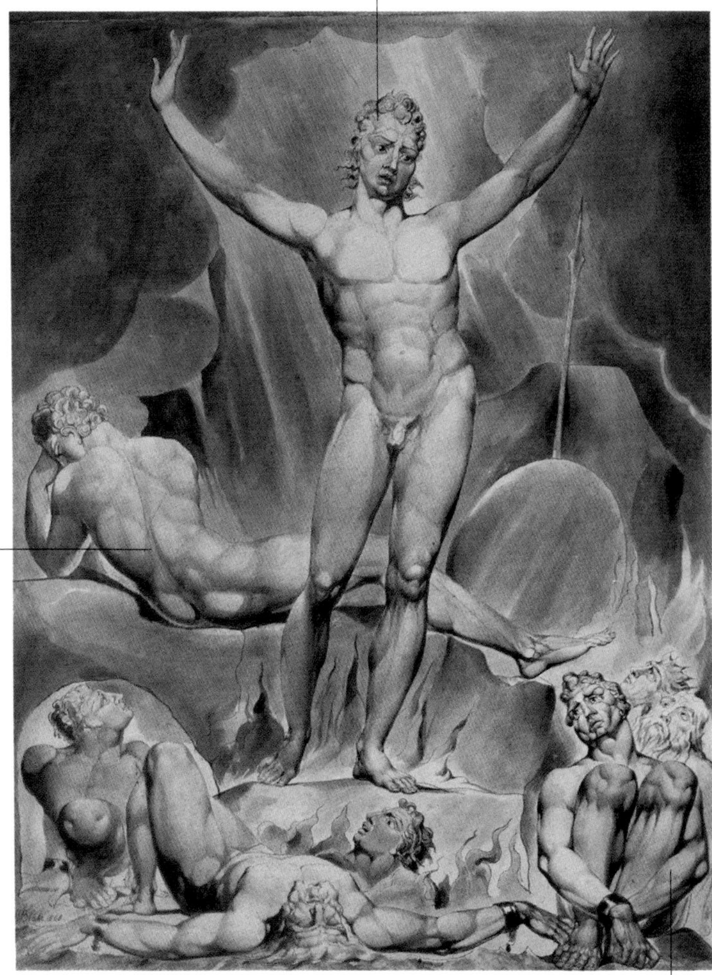

Después de su expulsión de las cohortes angélicas, estos seres se convirtieron en demonios, abocados eternamente al mal.

▲ William Blake, *Satanás incitando a los ángeles rebeldes*, 1808, Victoria and Albert Museum, Londres.

La presencia del ángel del Señor convierte una mera práctica mágica en un hecho milagroso.

La vara de Moisés procede de una rama de la zarza ardiente. Este arbusto fue plantado por Set con las tres semillas del árbol de la vida que le había dado el guardián del Edén.

▲ Tintoretto, *Moisés haciendo brotar agua de la roca*, 1577, Scuola di San Rocco, Venecia.

El patriarca aparece en el momento de hacer brotar un manantial de la piedra.

La multitud se lanza atropelladamente a recoger el líquido en sus ánforas.

La multitud dirige la mirada al sagrado talismán.

La serpiente de bronce, símbolo de fuerza espiritual, libera al pueblo elegido del flagelo divino.

Los reptiles han sido enviados por Dios para castigar los pecados.

La cruz en forma de «tau» es un símbolo esotérico de gran poder. Representa la victoria sobre la muerte a través del sacrificio, la síntesis y la medida de los diversos órdenes espaciotemporales del cosmos, y el eslabón entre el cielo y la tierra.

▲ Orazio Riminaldi, *Moisés levantando la serpiente de bronce*, 1625, catedral, Pisa.

El rey Saúl, sumido en una profunda melancolía, está expiando el castigo divino por haber practicado la magia negra.

El instrumento, cuya iconografía varía en función de las épocas, recuerda la lira mágica de Orfeo.

David, dotado de virtudes proféticas y taumatúrgicas de origen celestial, intenta curar el alma del soberano mediante el poder de la música.

▲ Rembrandt y taller, *David tocando el arpa delante de Saúl*, 1656, Mauritshuis, La Haya.

La puerta del templo tiene una función mágica, ya que veda la entrada a los profanadores y los infieles.

Salomón manifiesta toda una serie de características mágicas, apreciables en la fabricación de su sello (dos triángulos equiláteros que se intersecan) y sus dotes proféticas.

Las columnas proceden de la madera de la vara de Moisés, plantada por David en el monte Sión a la muerte del profeta. También la cruz de Cristo fue extraída de este árbol sagrado.

La reina de Saba, poseedora de conocimientos esotéricos, aparece tradicionalmente en compañía de magos persas.

▲ Escuela de Brujas, *Encuentro de Salomón y la reina de Saba*, finales del siglo XV, miniatura del Breviario Grimani, Biblioteca Marciana, Venecia.

La magia egipcia se encarna en las figuras de Isis y Hermes Trismegisto, representado con frecuencia en la figura de un sabio o con el aspecto del dios grecorromano Mercurio.

Antiguo Egipto

Divinidades y tradiciones esotéricas relacionadas
Isis, Tot, Amón, Anubis, esfinges; Enoc; Hermes (Mercurio), Asclepio; virgen María; san Cristóbal; Arlequín; hermetismo

Difusión iconográfica
Edad Media y Renacimiento (arte de la miniatura, mosaicos y ciclos parietales al fresco)

Tradicionalmente, el origen del arte de la magia se remonta a los sacerdotes egipcios, detentores de una forma superior de sabiduría que permitía el contacto directo del iniciado con la divinidad. Las figuras más significativas del panteón esotérico son Isis y el dios Tot, inventor de la escritura y depositario del conocimiento oculto, identificado posteriormente con el Hermes-Mercurio grecorromano. Un error de interpretación debido a la incorrecta datación de los principales textos mágicos de la Antigüedad (que están fechados en los siglos II-III d.C.) hizo que la cultura renacentista atribuyera a Hermes, definido como Trismegisto, una función determinante en la difusión de las ciencias esotéricas en el mundo antiguo, así como un papel clave en lo tocante a la posibilidad de una justificación teológica de la magia por el cristianismo. Algunos tratados herméticos contienen analogías con pasajes de las Sagradas Escrituras, y con los textos filosóficos de los grandes pensadores paganos, integrados por los Padres de la Iglesia en el sistema del saber medieval. El *Pimander* describe la creación del mundo en términos similares a los del Génesis, mientras que el *Asclepius* parece contener una profecía sobre la llegada del Redentor. Las esfinges, estatuas parlantes que solo revelaban los arcanos sagrados a condición de mantenerlos en secreto, también se consideraban depositarias de la sabiduría oculta.

► Pinturicchio, *Isis entre Horus y Mercurio*, 1492-1495, Appartamento Borgia, Sala de los Santos, Palazzi Vaticani, Ciudad del Vaticano.

El sistro, instrumento musical apotropaico, es un atributo de Isis.

La corona de espigas (símbolo del ciclo vida-muerte-renacimiento) indica la naturaleza maternal de la diosa, protectora de la fertilidad de la naturaleza y la mujer.

El pelo largo es una referencia al influjo de la luna en el crecimiento de las plantas.

La media luna es un sello mágico para fertilizar la tierra.

La luminosa túnica de estrellas expresa la función lunar de Isis como señora del firmamento.

El cubo recuerda la crecida del Nilo, señalada por la desaparición de la estrella Sirio, morada del alma de la diosa.

Los pies, apoyados en la tierra y el agua, remiten al dominio de la diosa sobre los diversos reinos de la naturaleza.

ISIDIS
Magnæ Deorum Matris
APVLEIANA DESCRIPTIO.

Nomina varia Isidis.

Isis
Minerua
Venus
Iuno
Proſerpina
Ceres
Diana
Rhea ſeu Tellus
Peſſinuncia
Rhramnuſia
Bellona
Hecate
Luna
Polymorphus dæmon.

Explicationes ſymbolorum Iſidis.

A Diuinitatem, mundum, orbes cœleſtes
BB Iter Lunæ flexuoſum, & vim fœcundatiuam notat.
CC Tutulus, vim Lunæ in herbas, & plantas.
D Cereris ſymbolum, Iſis enim ſpicas inuenit.
E Byſsina veſtis multicolor, multiformem Lunæ faciem.
F Inuentio frumenti.
G Dominium in omnia vegetabilia.
H Radios lunares.
I Genius Nili malorum auerruncus.
K Incrementa & decrementa Lunæ.
L Humectat. vis Lunę.
M Lunæ vis victrix, & vis diuinandi.
N Dominium in humores & mare.
O Terræ ſymbolũ, & Medicinæ inuentrix.
P Fœcunditas, quæ ſequitur terram irrigatam.
Q Aſtrorum Domina.
R Omnium nutrix.
S M } Terræ mariſque Domina.

Ἀκεφ' Θεῶν Μήτηρ ταύτη πολυώνυμος ΙΣΙΣ.

▲ *Isis,* ilustración del *Oedipus aegyptiacus* de A. Kircher, 1653.

En el libro están descritas las principales funciones de Hermes: legislador, inventor de la escritura, filósofo y sacerdote.

El sombrero del sabio es una reformulación con referencia al casco alado de Mercurio.

Según la tradición hermética renacentista, basada en una datación errónea, Hermes Trismegisto, considerado coetáneo de Moisés, era el primer representante de la prisca theologia.

La inscripción reproduce el pasaje del Pimander *(uno de los textos del Corpus Hermeticum) sobre la profecía en torno al nacimiento de Cristo.*

▲ Giovanni di Stefano, *Hermes Trismegisto*, h. 1482, catedral, Siena.

Las mariposas simbolizan la volatilidad del pensamiento, y el arco iris es el emblema de la evanescencia de las ideas.

La figura de Júpiter, que aparece pintando, remite al hecho de que cualquier principio ordenador precisa una fuente inspiradora de naturaleza ideal.

Este gesto es una referencia al don de la inspiración y al silencio iniciático que precede la creación espiritual, natural y artística. Se trata de una iconografía que también aparece en las Simbolicae questiones *de Achille Bocchi, así como en el* Emblematum liber *de Andrea Alciato, dos de los repertorios de imágenes más difundidos de la época renacentista y barroca.*

Mercurio es el intermediario entre las dimensiones de lo manifestado y lo no manifestado. El mercurio, metal líquido capaz de adoptar todas las formas, es el elemento que mejor caracteriza su condición voluble.

El caduceo dorado expresa la función esotérica del dios. Tiene el poder de despertar o dormir a los vivos.

▲ Dosso Dossi, *Júpiter pintor de mariposas o Mercurio y la Virtud*, h. 1523-1524, Kunsthistorisches Museum, Viena.

En el mundo griego, la magia se plasmaba en las empresas de una serie de divinidades y héroes iniciados, empresas que se narran en los poemas épicos, cosmológicos y mitológicos.

Mundo griego

Protagonistas, mitos y misterios relacionados
Orfeo (descenso a los infiernos), Cadmo (fundación de Tebas) y Anfión (conquista de Tebas), Jasón (vellocino de oro), Prometeo (robo del fuego), Teseo y el Minotauro, Dédalo y el laberinto, Odiseo; orfismo

Difusión iconográfica
Renacimiento y barroco (pintura sobre tela)

Orfeo, hijo de Eagro y la musa Calíope, está considerado como uno de los principales detentores de la sabiduría oculta de la Antigüedad, y como el iniciador de los misterios conocidos por su nombre. Es uno de los protagonistas del mito iniciático más célebre del mundo griego, la conquista del vellocino de oro (símbolo de las energías solares dominadas por el hombre) por los Argonautas. Orfeo, gran conocedor de la medicina astral, presenta algunas características de Hermes Trismegisto y Mercurio psicopompo, como la facultad de obtener la piedra filosofal y la de entrar y salir incólume del reino de los muertos. Para llevar a buen puerto sus empresas, el cantor tracio usaba un instrumento tan poderoso que influía en las energías psíquicas del universo: la música. Se dice que el sonido de su lira podía hechizar a todas las fuerzas de la naturaleza, desde los animales hasta las plantas, pasando por los minerales y las divinidades del infierno y el cielo. Muchos otros relatos, como la conquista de Tebas por Anfión, visten con los ropajes del mito las propiedades mágico-apotropaicas de esta arte divina, inventada por Mercurio para alegrar las almas de los dioses y de los mortales. En las doctrinas neoplatónicas, el titán Prometeo, castigado por Zeus por revelar a los hombres el conocimiento del fuego, también tiene papeles y funciones mágicos. Los poemas homéricos están plagados de episodios sobre ritos iniciáticos y prácticas adivinatorias del Mediterráneo arcaico.

El titán se apresta a robar el fuego celeste (símbolo de la claridad intelectual), vehiculado a la tierra por el sol. En las doctrinas esotéricas, Prometeo es asimilado a la figura del demiurgo, el dios que dibuja el universo (Platón, Timeo*).*

Un águila o un buitre devora a diario el hígado de la víctima. Dicho órgano tenía el poder de recuperarse durante la noche, a fin de que el suplicio jamás terminara.

Gracias al fuego (símbolo del espíritu vital) y al conocimiento de las artes mágicas, Prometeo logra dar vida a una serie de estatuas de arcilla, sustituyendo a la divinidad como principio creador.

Esta imagen refleja el castigo del titán tras el robo del fuego.

◄ Giorgio de Chirico, *La partida de los argonautas*, 1909, colección particular, Roma.

▲ Piero di Cosimo, *Historias de Prometeo*, 1515-1520, Musée des Beaux-Arts, Estrasburgo.

El héroe ha bajado a los infiernos para llevarse viva a su mujer Eurídice.

Orfeo es el puro detentor de la sabiduría edénica. Esta forma de conocimiento, que fue dada a los padres por Dios, aporta al hombre la conciencia de ser señor y maestro de los animales. Según la doctrina neoplatónica, representa la pacificación de los instintos y la armonía del alma.

En la tradición esotérica, los animales salvajes están considerados como encarnaciones de la luz cósmica sometidas al dominio espiritual de la razón humana. Por eso son sensibles a la fascinación de los magos, los sabios y todo aquel que sepa comunicarse mediante un lenguaje de tipo psíquico, gestual y energético.

Las siete cuerdas mágicas de la lira de Orfeo derivan del septenario caldeo, un calendario astral basado en los siete planetas.

▲ Savery Roelant, *La leyenda de Orfeo*, primera mitad del siglo XVII, Museo di Castelvecchio, Verona.

La muerte de Orfeo por las bacantes corresponde al desmembramiento sagrado de los antiguos cultos mistéricos.

Zoroastro es representado como un sabio o un mago vestido a la oriental. Los magos suelen aparecer como reyes ricamente vestidos que rinden homenaje al Señor.

Caldea y Persia

Divinidades y tradiciones esotéricas relacionadas
Zaratustra; Ahura Mazda (Ormazd), Ahrimán; Cristo; zoroastrismo, gnosticismo, neoplatonismo, mitraísmo, maniqueísmo, cristianismo, catarismo

Difusión iconográfica
Desde la época paleocristiana hasta el Renacimiento, la iconografía de los magos sufrió notables variaciones. Pasaron de ser astrólogos con atuendo oriental a soberanos y sacerdotes. La iconografía de Zoroastro, por el contrario, es muy limitada (grabados, retratos ideales)

Zoroastro, figura legendaria a caballo entre el mito y la historia, es el profeta de la revelación caldea, meda y persa (según la cual los principios del Bien y del Mal están destinados a enfrentarse hasta el final de los tiempos). Este personaje encarna las leyes ordenadoras del cosmos en la tríada divina, y es el iniciador del culto del Sol y de la concepción lineal del tiempo. Su figura presenta algunas afinidades con la de Cristo, como ser hijo de la Luz emanada del Verbo creador, y tener un sosia antagonista a quien se debe la divulgación y tergiversación de la verdad revelada por Dios. Zoroastro es también el inspirador de los magos medos y persas, sacerdotes que tenían el arte de dominar y usar en su provecho las fuerzas ocultas de la naturaleza, gracias al conocimiento y dominio del fuego. El rey romano Numa Pompilio, que conocía el secreto de formar y dirigir el rayo, fue uno de los últimos guardianes de esta forma de sabiduría. El pueblo hebreo también entró en contacto con los misterios de los magos, que confluyeron en la cábala gracias a Abraham. El viaje de los tres reyes a Belén documenta el cumplimiento de una profecía sobre la regeneración del cosmos bajo la guía de un Salvador, custodiada durante siglos por los sabios caldeos.

► Giuseppe Quaglio, *Templo de Zoroastro*, boceto de escenografía para *La flauta mágica*, de W. A. Mozart, 1793, Deutsches Theatermuseum, Múnich.

La estrella es la señal divina que indica a los magos el camino hacia la cueva de Belén. El viaje de los sacerdotes dura nueve meses, el tiempo de la gestación dentro del útero materno.

Cristo es el último restaurador de la luz divina, es decir, de la energía primordial a partir de la cual se generó el cosmos.

Gaspar, cuyo nombre significa «conquistador de la luz», era un experto en astrología y alquimia.

Las ofrendas de los magos (de la palabra persa mag*) reflejan la superación de la dimensión corpórea y la conquista de la iluminación espiritual. La mirra es un atributo de Cristo en su función de sabio y médico del alma. El oro es un símbolo de realeza, y el incienso, de su naturaleza divina.*

Los tres reyes encarnan las tres edades de la vida (pasado, presente y futuro) y las tradiciones esotéricas de la Antigüedad: india (Baltasar), meda (Gaspar) y persa (Melchor).

▲ El Bosco,
La Adoración de los Magos,
1485-1500, Museo del Prado,
Madrid.

Puede plasmarse en la imagen de Apolo rodeado por las musas, o inspirándose en los diagramas musicales y celestes (esferas planetarias) de procedencia pitagórica y neoplatónica.

Simpatía universal

Orígenes
Elaborada hacia los siglos IV-III a.C. por el filósofo griego Zenón, dentro del estoicismo

Variantes y otras definiciones
Magia simpática, magia natural, iatromatemática

Tradiciones filosóficas y esotéricas relacionadas
Pitagorismo, platonismo, estoicismo, aristotelismo, neoplatonismo, gnosticismo, neoplatonismo florentino

Difusión iconográfica
Renacimiento (ciclos parietales de tipo mitológico), siglo XVII (grabados)

La magia natural del Renacimiento deriva del concepto estoico de «simpatía universal», es decir, de la doctrina de la correspondencia entre el ser humano y el mundo que lo rodea. Esta creencia se basaba en la convicción de que todo el universo estaba imbuido de un cuerpo finísimo llamado neuma, cuya función era enlazar la dimensión material y sensible de la realidad con la dimensión espiritual y celeste. Según este principio, la misión del mago es conocer los vínculos o lazos secretos que unen las partes de la realidad, a fin de poder intervenir en ellas para reunir lo que fue separado o disolver los aspectos no armónicos de lo creado. Las imágenes talismánicas y las invocaciones son los instrumentos concretos que permiten a los agentes de lo oculto transmitir sus poderes al cuerpo del universo, controlando el influjo del espíritu en la materia. El concepto de simpatía universal también remite a la doctrina pitagórica de la armonía cósmica, según la cual todos los seres están ligados entre sí en virtud de relaciones numéricas basadas en la escala musical (octava). Esta concepción está expuesta en el mito griego de Apolo Musageta, que ordena el universo tocando una tras otra las cuerdas de su lira.

En la Antigüedad tardía, la doctrina del neuma fantástico se unió al motivo gnóstico con referencia a la caída del alma racional a través de las esferas planetarias durante el proceso de encarnación en un organismo mortal.

► Jacopo Ligozzi, *Mesa de las musas*, 1603-1607, Palazzo Pitti, Florencia.

La mano de Dios mueve y gobierna toda la creación, concebida como un organismo vivo dotado de un alma racional e imperecedera (las esferas celestes) y de un cuerpo (los elementos y los reinos naturales).

Las cadenas representan los vínculos que unen las diversas partes del cosmos.

En el Empíreo están representadas las jerarquías angélicas.

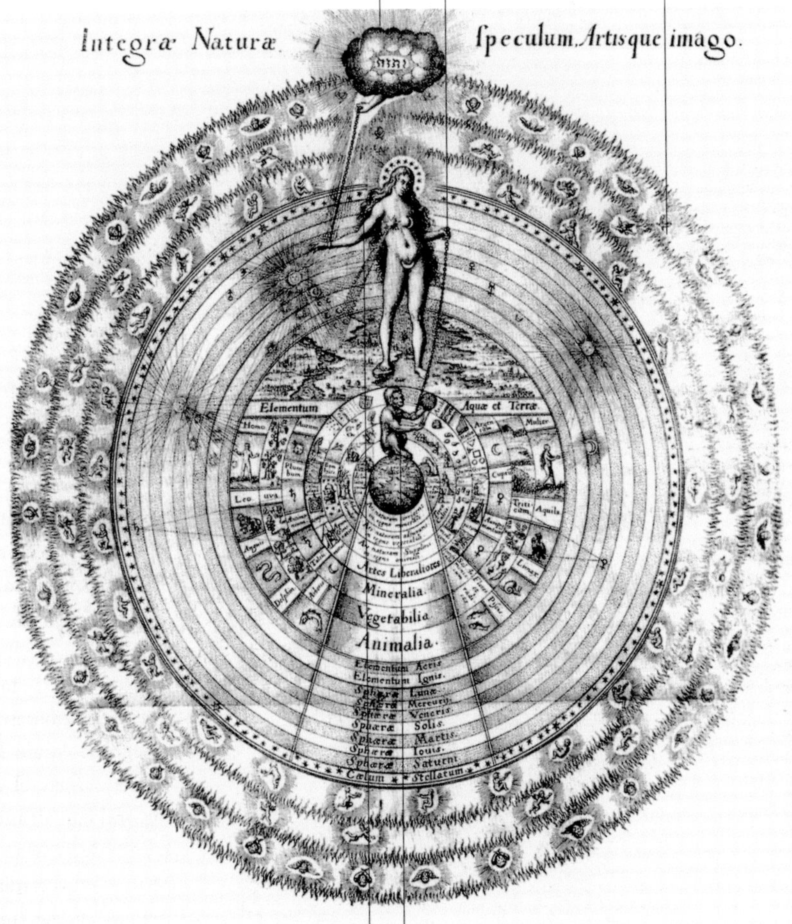

La naturaleza adopta el aspecto de Isis, gobernadora de los ciclos biológicos y señora de las mareas.

El mono (con un globo del mundo y un compás en las manos) es una transfiguración del hombre-microcosmos y del artista creador. La tradición esotérica da un significado positivo a este animal, por su capacidad de imitar la obra de Dios.

▲ *La naturaleza como espejo del arte*, grabado de *Utriusque cosmi historia*, de R. Fludd, 1617-1621.

Apolo Musageta (conductor de las musas) es el principio ordenador del cosmos. Impone una secuencia racional a lo existente a través del mágico sonido de su lira. En este fresco, el instrumento adopta el aspecto de una viola de brazo, muy difundida en la época renacentista.

Las nueve musas corresponden a las esferas de las que está compuesto el universo, un gigantesco organismo en vibración perpetua.

▲ Rafael, Parnaso, 1509-1510, Sala de la Signatura, Palazzi Vaticani, Ciudad del Vaticano.

Talía (comedia) y Clío (historia) están asociadas a la Tierra y la Luna.

*Erato (poesía erótica),
Euterpe (poesía lírica)
y Polimnia (pantomima)
indican las esferas
de Marte, Júpiter y Saturno.*

*Urania, protectora
de la astronomía,
representa la esfera
de las estrellas fijas,
movida
directamente por
la divinidad.*

*Calíope (poesía épica), Terpsícore
(danza) y Melpómene (tragedia)
son las personificaciones mitológicas
de los cielos de Mercurio, Venus y el Sol.*

Matrona rodeada de libros y símbolos del saber; puede encarnarse en la diosa Minerva, o reflejarse en los motivos de la «escalera del conocimiento» y el «monte de la virtud».

Sabiduría

Nombre griego
Sofia

Orígenes
Filosofía y mitología griegas

Características
La Sabiduría es la capacidad de recomponer la multiplicidad de los fenómenos naturales en un todo armónico, y ascender por la gran cadena de los seres hasta los principios que rigen la realidad

Divinidades, mitos y misterios relacionados
Minerva, musas, Venus Urania, escalera del conocimiento, monte de la virtud, monte de los filósofos

Dentro del sistema clásico, la Sabiduría representa la síntesis y el necesario cumplimiento de todas las disciplinas intelectuales y artísticas. Para Platón, consiste en la «virtud de la mente» capaz de hacer que el hombre recupere el contacto con las realidades inteligibles que gobiernan la realidad, mientras que Cicerón la define como «madre de todas las artes». En la iconografía medieval y renacentista, la Sabiduría suele representarse en la figura de Minerva, pero también puede adoptar el aspecto de Venus Urania, máxima divinidad del panteón neoplatónico, correspondiente al amor espiritual y a la tensión hacia el conocimiento de las verdades últimas de lo real. En ocasiones puede ser identificada con la Teología, siguiendo una tradición que se remonta a la *Divina comedia* de Dante y a la figura de Beatriz, que inspira el deseo de la verdadera belleza contenida en las cosas divinas. En el Renacimiento, la sabiduría coincide con la virtud del «justo medio», con la capacidad de conciliar el impulso y la razón en el ejercicio de nuestras funciones. Este concepto, plasmado por Andrea Mantegna en un fresco del palacio ducal de Mantua, se expresa en el lema «festina lente» («apresúrate despacio»), adaptado como divisa del círculo de Lorenzo el Magnífico. Citemos, entre las representaciones más famosas de la Sabiduría, la personificación de la *Causarum cognitio* (el conocimiento de las causas primarias) y la Escuela de Atenas pintada por Rafael en la Stanza della Segnatura del Vaticano.

► Sandro Botticelli, *Palas y el centauro*, h. 1485, Uffizi, Florencia.

La corona de laurel y los sarmientos representan la síntesis de las ramas del saber, personificadas en Sofía.

Los vientos son el soplo de la inspiración divina, y el dominio de la Sabiduría sobre las cuatro esquinas de la tierra.

Los medallones contienen las principales tradiciones filosóficas y herméticas de la Antigüedad: egipcia, caldea, griega, romana y germánica.

La Sabiduría es una mujer austera y madura, con un cetro y un libro en las manos. Esta iconografía se remonta al De consolatione Philosophiae *de Severino Boecio.*

Las incisiones están escritas en todos los idiomas de la tradición sapiencial: jeroglíficos egipcios, caracteres hebreos, letras griegas y latinas.

▲ Alberto Durero (escuela), *Alegoría de la filosofía*, grabado del *Quatuor libri amorum* de C. Celtes, 1502.

El cuadro representa la elevación espiritual del hombre mediante el ascenso al monte de la virtud.

La imagen de la montaña se representa como alegoría de la vida humana está tomada del diálogo filosófico Pinax *(siglo I d.C.).*

La obtención de la Sabiduría, reconocible por el libro en la mano, coincide con la conquista de sí mismo (el corazón puro, o mens, *de los místicos cristianos) o con el camino del alma tras la muerte del cuerpo.*

El itinerario místico, que culmina en el encuentro con la Sabiduría y la salvación eterna, está plasmado en el motivo de la espiral.

A la entrada del laberinto, Venus ofrece al aspirante una bebida embriagadora, símbolo del poder de los sentidos.

► Quentin Varin, *Tabula Cebetis*, 1600-1610, Musée des Beaux-Arts, Ruán.

Las virtudes ayudan
a quien lo merece a salvar
la empinada senda
que conduce al templo
de la Felicidad.

Fortuna, en precario equilibrio
sobre una bola que rueda,
y con un péndulo en la mano
(símbolo de mutabilidad
e inconstancia), refleja
los caprichos de la suerte
y los obstáculos que puede
encontrar el hombre
en su camino.

El motivo del hombre hermético desarrolla en clave iniciática el concepto de microcosmos de la tradición médico-astrológica de la Antigüedad tardía.

Hombre hermético

Nombre griego
Anthropos

Orígenes
Deriva del *Anthropos* gnóstico y del Adán qadmon de los cabalistas.

Variantes y otras definiciones
Gran milagro, hombre universal, microcosmos, *copula mundi, simia Dei*, artista creador, vicario de Dios en la Tierra, síntesis y cumplimiento del cosmos

Divinidades, mitos y tradiciones sapienciales relacionadas
Jacob (lucha con el ángel), Cristo (resurrección), Orfeo (descenso a los infiernos), Acteón (Diana bañándose), Edipo (enigma de la esfinge), Apeles, Zeuxis, Fidias, Pigmalión y Galatea, Dédalo y el laberinto, Vertumno; orfismo, gnosticismo, cábala

Dotado de un alma de origen divino e inmortal, y de un cuerpo material y perecedero, el hombre hermético es el iniciado por excelencia en las doctrinas esotéricas, aquel que ha sido capaz de liberarse del dominio de los sentidos para, gracias a los ojos de la mente, participar en la vida inteligible que alienta el universo.

En el Renacimiento, este tema quedó estrechamente vinculado a las figuras del artista creador y de la *simia Dei* (el «mono de Dios»), capaces de reproducir el gesto divino que dio origen a la cosmogénesis; y es que la obra de arte, como la creación natural, es un organismo vivo cuyas partes participan en la armonía del conjunto. Esta doctrina se basa en un célebre pasaje del *Asclepius*, donde el hombre es definido como «magnum miraculum» («gran milagro») por su capacidad de contemplar el cielo, conocer lo divino y practicar las artes de Dédalo (es decir, la construcción de estatuas animadas dotadas de poderes mágicos).

El motivo del hombre universal, cuyo ingenio se identifica con el pensamiento del artífice divino, fue encarnado a la perfección por Miguel Ángel, Rafael y Leonardo.

► Donato Bramante, *Heráclito y Demócrito*, h. 1487, Pinacoteca di Brera, Milán.

El Anthropos *es el único ser vivo que participa en todos los niveles de lo real, de la dimensión inteligible a la sensible.*

Rodolfo-Vertumno representa la síntesis de las energías psíquicas y vitales de todo lo creado.

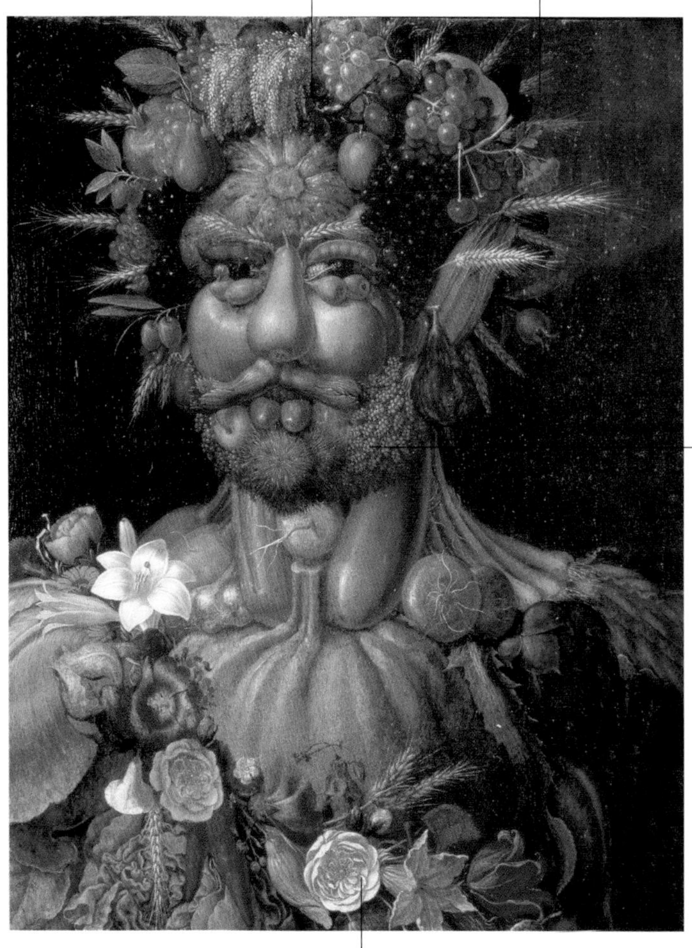

Las facciones del soberano están dibujadas mediante la composición antropomorfa de los frutos de las cuatro estaciones.

▲ Giuseppe Arcimboldi, *El emperador Rodolfo II de Habsburgo como Vertumno*, 1590-1591, Skoklosters Slott, Balsta.

La identificación del cuerpo humano con el jardín florido y con la tierra se basa en la presunta raíz etimológica de la palabra homo, *próxima al término* humus, *«tierra».*

La luz expresa la reunión de los elementos en la totalidad originaria, y el paso a una dimensión existencial que trasciende la realidad sensible.

Cristo resucitado es el iniciado por excelencia en los misterios divinos, aquel que se despojó de su naturaleza sensible para convertirse en puro espíritu.

El sudario y la aureola remiten a la síntesis de los cuatro elementos cósmicos.

▲ Mathis Grünewald, *Resurrección*, del *Políptico de Isenheim*, 1515-1516, Musée d'Unterlinden, Colmar.

La energía desencadenada por la Resurrección ciega a los guardianes y hace que caigan al suelo.

La tela es una referencia al fenómeno de la revelación.

El mito representa en clave esotérica la metamorfosis del aspirante (Acteón) en iniciado (ciervo descuartizado).

Acteón capta con la vista el fantasma de lo divino (Diana). Sin embargo, a causa de los límites de la condición humana, se ve obligado a abandonar su naturaleza sensible y convertirse en espíritu para contemplar directamente la verdad.

La imagen pictórica de Diana tiene la misma función que los simulacros mágicos de la Antigüedad y las «estatuas de la memoria» renacentistas (activadoras de procesos cognoscitivos fantásticos) descritas por Ficino y Bruno.

▲ Tiziano, *Diana y Acteón*, h. 1559, National Gallery, Londres.

El conocimiento de las leyes de la perspectiva y la matemática es lo que aproxima la acción del artista y el mago a la de Dios.

Esta imagen ilustra la síntesis de los diversos componentes del saber: metafísica, filosofía de la naturaleza, teología y magia.

El basamento de la columna indica que la revelación órfica constituye el cimiento de la filosofía.

Heráclito adopta una actitud típicamente melancólica, con la cabeza apoyada en una mano. Tiene las facciones de Miguel Ángel, encarnación del genio creador asociado a Saturno.

▲ Rafael, *La escuela de Atenas*, Sala de la Signatura, Palazzi Vaticani, Ciudad del Vaticano.

La figura de Platón como artista filósofo, volcado en la contemplación del bello ideal.

La obra de arte es una «segunda naturaleza», es decir, una corrección y compleción de lo creado. Representa el primer grado del furor platónico. El último es el éxtasis del amor sagrado.

Rafael encarna el mito del artista universal, considerado como un deus in natura *por su capacidad de prolongar la cosmogénesis, es decir, el gesto divino que convierte el universo en una obra maestra absoluta.*

Zoroastro, el legendario autor de los Oráculos caldeos, *sostiene el globo celeste. Los magos conciben el conocimiento de las estrellas como una forma de purificación del alma y de elevación espiritual.*

Edipo entiende el enigma cósmico y temporal encarnado por la esfinge gracias al dominio de la sabiduría iniciática. Representa al Anthropos *hermético, eje y centro de la creación.*

Las alas de la esfinge se asocian a las constelaciones del Águila y de Escorpio, así como al equinoccio de otoño (vejez).

Las patas traseras, representadas antiguamente como patas de toro, son una referencia al principio del año babilonio durante el equinoccio de primavera (juventud).

La cola de león indica la posición ocupada por el Sol en el solsticio de verano (madurez).

▲ Gustave Moreau, *Edipo y la Esfinge*, 1864, Metropolitan Museum, Nueva York.

La cabeza del funámbulo ha sido sustituida por la imagen de un gallo, animal mágico de origen solar, ligado al mito de Circe y a las deidades egipcias Horus y Tot.

El malabarista encarna el concepto de hombre hermético, artista-mago que actúa dentro de un territorio sagrado comparable al mundo al revés del carnaval y el circo.

El perímetro de la pista de circo remite al motivo del círculo mágico.

Durante el siglo XX, el tema del hermetismo regresó a la escena artística gracias a corrientes como el surrealismo y la metafísica, y a artistas como Chagall, Man Ray y Picasso.

▲ Marc Chagall,
El malabarista, 1943,
The Art Institute, Chicago.

En sentido iniciático y filosófico, el Amor es una reconquista activa de la dimensión espiritual y divina perdida por el alma tras el proceso de la encarnación.

Amor

Nombre griego
Eros

Variantes y otras definiciones
Amor platónico, amor heroico, furor heroico

Mitos, tradiciones esotéricas y temas relacionados
Amor y Psique; Cupido ciego; Pigmalión y Galatea, Ganímedes raptada por Júpiter; orfismo, platonismo, neoplatonismo, gnosticismo, neoplatonismo florentino

El eros hermético es el instrumento que ayuda a recorrer los grados inteligibles que separan a Dios de sus criaturas. Su esencia espiritual pasa por el órgano de la visión y se difunde en torno al aparato imaginativo del amante. Este sentimiento, profundamente alejado de la pasión sensible y natural, se desarrolla como una especie de camino iniciático hacia la reconquista de la dimensión inteligible propia del alma antes de su encarnación en un cuerpo. La doctrina del amor filosófico, entendido como el impulso hacia una forma superior de conocimiento, deriva del «furor» platónico, el sentimiento de entusiasmo que experimenta el hombre por voluntad divina. En este *raptus* extático, el demonio del dios se adueña del alma del elegido y la eleva por encima de las apariencias sensibles para que vislumbre las verdades últimas de lo real.

Desde el punto de vista esotérico, el amor coincide con la magia en que ambos son operaciones fantásticas que establecen una comunicación recíproca entre las diversas manifestaciones de lo existente. De hecho, el Eros y la magia son dos técnicas de manipulación del neuma, la sustancia universal que impregna el universo. El mago y el amante actúan del mismo modo, lanzando «anzuelos» y «redes» para atraer y ganarse el aparato emotivo, psíquico y cognoscitivo de los individuos o las masas.

Eros personifica la inspiración divina (furor platónico) que hace posible cualquier forma de creación (natural, intelectual o artística).

La venda en los ojos del genio es una referencia a la visión interior, concedida a quienes se han elevado por encima de la dimensión sensible para contemplar lo inteligible.

La acción mágica se produce por contacto directo a través de los órganos de la vista y el oído, como en el fenómeno del enamoramiento.

◄ Parmigianino (atribuido a), *Cupido fabricándose el arco*, h. 1533-1534, Kunsthistorisches Museum, Viena.

▲ Giovanni di ser Giovanni, llamado Scheggia, *Triunfos de Amor*, mediados del siglo XV, Museo di Palazzo Davanzati, Florencia.

Cupido, símbolo del amor terrenal, se esconde detrás de Venus.

La figura de Amor vendado expresa el concepto de eros místico, fulgor extático situado por encima de los sentidos y de la razón. Este tema deriva de los misterios órficos.

▲ Tiziano, *Venus vendando a Amor*, h. 1565, Galleria Borghese, Roma.

El arco, instrumento regulador de la pasión, simboliza la moderación de las pulsiones instintivas; es necesario usarlo con habilidad y maestría.

En sus Eroici furori, *Giordano Bruno describe nueve tipos de ceguera de amor. La más elevada consiste en la presencia de la divinidad en el espíritu del amante.*

Las flechas simbolizan las miradas que hieren como dardos los ojos de los amantes.

El dios usa su vara mágica (el caduceo) para «quitar los velos», o lo que es lo mismo, revelar los misterios de la única manera comprensible al hombre, de modo críptico y hermético.

Mercurio es el mistagogo divino que dio a los hombres la sabiduría iniciática.

Las divinidades femeninas representan las clases o grados del amor: el amor sensible de la belleza (Pulchritudo) y la concupiscencia (Voluptas), el amor virginal de Castitas y Cloris, el amor sagrado de la generación (Flora) y el amor inteligible del conocimiento superior (Venus).

▲ Sandro Botticelli, *La Primavera*, 1582-1483, Uffizi, Florencia.

Eros, principio de la inspiración artística y personificación del deseo sensible, conduce a Mercurio (la contemplación espiritual).

El bosque frondoso es el reino de Venus, señora de la naturaleza y del amor. Este cuadro, que sigue la estructura de la octava, plasma el concepto de la armonía universal.

Venus-Humanitas encarna el principio de reconciliación entre el alma y el universo, así como la síntesis entre el deseo sensible y el éxtasis contemplativo.

El mal de amor, o muerte mágica, es una infección del aparato fantasmático del individuo, con una consunción de tipo melancólico de la persona que lo sufre.

Mal de amor

Características
El mal de amor se manifiesta cuando el fantasma del objeto amado se adueña de todo el aparato neumático del amante

Variantes y otras definiciones
Mors osculi, muerte del beso, binsica, *amor hereos*; mal de ojo, muerte mística, vampirismo

Divinidades y mitos relacionados
Amor y Psique, Diana y Endimión, Júpiter y Ganímedes, Narciso

Tradiciones filosóficas, médicas y esotéricas relacionadas
Medicina neumática; pitagorismo, platonismo, hipocratismo, galenismo, aristotelismo, neoplatonismo, gnosticismo; Fieles de Amor; neoplatonismo florentino

La muerte mágica por mal de amor es una variante negativa de la «muerte del beso» de la Antigüedad, un deceso de tipo iniciático comparable al éxtasis místico o al *raptus* intelectual, y reservado a los favoritos de la divinidad. La mitología griega ofrece muchas imágenes de esta forma de elevación espiritual, plasmada en los mitos de Amor y Psique y Diana y Endimión (cuya muerte se identifica con el sueño eterno), y en el motivo de Júpiter raptando a Ganímedes. A través del abandono de su condición corpórea, ligada al flujo temporal y al poder distorsionador de los sentidos, el hombre logra reconquistar su origen divino e identificarse plenamente con el espíritu que impregna el universo. En el Renacimiento, la muerte iniciática se insertó en el contexto de las filosofías esotéricas y estuvo muy ligado a la doctrina ficiniana del neuma fantástico, sustancia etérea presente en todo el cosmos y en el aparato psíquico del ser humano. Este cuerpo delgadísimo es la clave de la comunicación entre el alma, principio de vida y morada de la razón, y el cuerpo, instrumento de conocimiento del mundo que nos rodea a través del sistema de los sentidos. La conservación del neuma en un estado óptimo de salud es la condición que permite al hombre vivir su existencia de la mejor manera. Ahora bien, si la persona experimenta un deseo erótico no correspondido, el aparato imaginativo puede enfermar irremediablemente hasta llegar a la consunción y la muerte por desgaste.

► Hans Baldung Grien, *La joven y la Muerte*, 1517, Kunstmuseum, Basilea.

Mientras que en la «muerte del beso» la mutación existencial se produce por contacto, en el «mal de amor» el vehículo de las infecciones del neuma son los ojos. La misión del mago es reequilibrar el aparato imaginativo de la víctima, sumida en una verdadera forma de «mal de ojo».

Narciso representa el alma que, prendada de la belleza sensible, olvida contemplar la espiritual. Desde el punto de vista esotérico, este mito es una variante del mal de amor fantástico: la consunción del cuerpo provocada por el deseo erótico ante el propio fantasma.

▲ Caravaggio, *Narciso*, 1599-1600, Palazzo Barberini, Galleria Nazionale d'Arte Antica, Roma.

Lo que provoca el desequilibrio psíquico es la imagen inconsciente del objeto amado. Se trata de una forma de concentración obsesiva en un solo pensamiento.

Esta imagen visualiza un episodio de la historia de Nastagio degli Onesti, narrada por Boccaccio en el Decamerón. *La novela esotérica más famosa del Renacimiento, la* Hypnerotomachia Poliphili *de Francesco Colonna, retoma el mismo tema.*

El fantasma del objeto amado tiene existencia propia dentro del aparato psíquico del enamorado, que, poseído por él, olvida el cumplimiento de sus funciones vitales.

La joven devorada por los perros representa el destino de las personas incapaces de corresponder a un amor sincero. Su castigo es un contrapeso a la suerte de los enfermos de amor.

▲ Sandro Botticelli, *Nastagio degli Onesti en el pinar*, 1482-1483, Museo del Prado, Madrid.

Estos personajes aparecen en diversas actitudes, según sean magos «blancos» o «negros» –teúrgos u operadores de lo oculto– o simples charlatanes.

Magos y charlatanes

Protagonistas históricos y legendarios
Reyes Magos, Hefesto, Dioniso, Hermes, Edipo, Filoctetes, Perseo, Jasón, Orestes, Licurgo, Pitágoras, Empédocles, Apolonio de Tiana, Porfirio, Apuleyo, Juliano el Apóstata, Sinesio de Cirene, Pseudo-Dionisio Areopagita, Alberto Magno, Roger Bacon, Arnau de Vilanova, Marsilio Ficino, Pico della Mirandola, Tritemio de Sponheim, Agripa de Nettesheim, Paracelso, Giambattista della Porta, Girolamo Cardano, Tommaso Campanella, Giordano Bruno, John Dee, Robert Fludd

En general, la tradición atribuye a los magos y los iatromantes (adivinos-sanadores) un valor positivo y una función de reequilibrio de las energías físicas y espirituales de la naturaleza. Estos detentores de los secretos de la sabiduría hermética encaminan sus actos a restablecer la armonía cósmica y liberar al alma del dominio de los sentidos. Se contraponen a los brujos y las hechiceras, que practican las artes mágicas para obtener ventajas personales (honores, riqueza y poder), interrumpiendo u obstaculizando los vínculos armónicos que ligan entre sí a los diversos reinos de la realidad. Los mitos y leyendas (pero también importantes fuentes históricas) abundan en enfrentamientos entre los servidores del Bien y los mercenarios del Mal, cuyo destino suele ser la derrota ante el poder espiritual de sus adversarios. Un ejemplo es el antagonismo entre el mago Olimpio y el neoplatónico Porfirio; otro, la lucha de Morgana y Merlín.
En la Edad Media y el Renacimiento muchos filósofos naturales fueron expertos en prácticas ocultas, de Bacon a Cardano, y de Nicolás de Cusa a Newton. Además de los que usaban la magia como una forma de conocimiento superior capaz de comprender la estructura del universo, abundaban también los charlatanes y adivinos que iban de pueblo en pueblo para enriquecerse a costa de la credulidad y la superstición populares, o de las preocupaciones y obsesiones de los príncipes y gobernantes.

► William Blake, *Alegoría que representa a Isaac Newton durante sus investigaciones*, 1795-1805, Tate Gallery, Londres.

Simón, mago de origen hebreo, conoce y domina los poderes del fuego astral y el arte de la levitación.

La presencia de demonios revela el engaño diabólico en el que se basa el mago.

El magnetismo de Simón embruja a los asistentes, que creen presenciar milagros y prodigios.

▲ Jacobello del Fiore, *La caída de Simón el Mago*, principios del siglo XV, Art Museum, Denver.

La caída de la torre remite al desenmascaramiento del falso sabio, que se ha arrogado temerariamente los poderes de las inteligencias angélicas.

San Pedro invoca al Señor para castigar al charlatán.

El ángel del Señor impide que el animal siga las órdenes impías de Balaam.

El rebuzno tiene una función mágica, ya que, como todos los sonidos existentes, contribuyó a la creación del cosmos.

La burra es la criatura libre de pecado capaz de ver lo invisible (el precepto divino).

Balaam, identificado con el falso Zoroastro, es el prototipo del mago malvado, profanador y divulgador de los misterios sagrados.

▲ Rembrandt, *La burra de Balaam*, 1626, Musée Cognacq-Jay, París.

El pregonero arenga a la multitud con juegos de manos y un sabio uso del gesto y la palabra.

Se supone que la ampolla contiene el elixir de larga vida, extraído de la piedra filosofal de los alquimistas.

Cautivada por el magnetismo del charlatán, una multitud de espectadores y crédulos grita con facilidad ante el milagro.

▲ Giovanni Michele Granieri, *El adivino*, 1750, colección particular.

Adoptan el aspecto de hombres y mujeres con túnicas sacerdotales y reales, portadores de libros e inscripciones donde aparecen impresos los contenidos de las profecías.

Profetas y sibilas

Protagonistas históricos y legendarios
Hermes Trismegisto; Isaías, Moisés, Daniel, David, Jeremías, Salomón; sibila eritrea, sibila pérsica, sibila cumana, sibila líbica, sibila tiburtina, sibila délfica; Orfeo, Platón; Nostradamus

Tradiciones esotéricas relacionadas
Magia ceremonial o religiosa; oráculos y vaticinios

Los profetas y las sibilas son los depositarios de los designios inescrutables de la mente de Dios. A estos sabios se les atribuyen importantes profecías sobre el advenimiento del Redentor, y su número (doce, entre hombres y mujeres) ha sido asociado al de los apóstoles.

En la Grecia arcaica, el vaticinio era confiado a los sacerdotes, cuya misión era consultar los oráculos y descifrar las misteriosas respuestas de las pitias. Estas profetisas extáticas se comunicaban con el mundo infernal y el celestial en un estado de profundo *trance*, provocado por vapores y exhalaciones naturales procedentes del subsuelo. Citemos, entre las médiums más famosas de la antigüedad, a la Pitia, sacerdotisa del oráculo de Apolo en Delfos, y a la Sibila cumana, que vivía en una cueva sagrada, cerca de Nápoles. Orfeo, el legendario cantor tracio, está considerado como el padre de las artes proféticas, y el fundador de todos los misterios iniciáticos.

En el Renacimiento, Marsilio Ficino y Pico della Mirandola (dos de los máximos representantes del círculo de Lorenzo el Magnífico) resucitaron el valor del conocimiento profético pagano, dentro del complejo sincretismo cultural que fue promovido por el neoplatonismo florentino.

En la Europa moderna, sacudida por sangrientas guerras de religión y esperas milenaristas, se difundieron muchos libros de profecías, como las *Centurias* de Nostradamus, que vivió en Francia durante el siglo XVI.

Dios Padre (en actitud de bendecir, y con el globo del mundo en una mano) sanciona el valor profético de los sabios que vivieron antes del advenimiento de Cristo.

Siguiendo la iconografía clásica, los profetas de la tradición hebraica aparecen como reyes y sabios de todas las edades.

Las sibilas fueron las videntes más famosas de la Antigüedad. Se dice que gracias a su poder adivinatorio, considerado como un don de Apolo, anunciaron hechos importantes de la historia cristiana.

El nombre de las profetisas, ligado a su lugar de origen, aparece al pie.

◀ Miguel Ángel, *Sibila líbica*, 1508-1512, Capilla Sixtina, Ciudad del Vaticano.

▲ Perugino, *El Eterno entre los ángeles, con profetas y sibilas*, 1498-1500, Collegio del Cambio, Perugia.

▲ Antoine Caron,
Augusto y la Sibila,
h. 1571, Louvre, París.

La celebración de la piedad de Augusto, un adelanto de la piedad cristiana, o Augustustheologie. *La fundación del* Ara coeli *también se enmarca en este contexto exegético.*

El emperador solicita el consentimiento de la sibila tiburtina para la propuesta de deificación de su figura, avalada por el Senado.

La Virgen y el Niño revelan la inminente aparición del cristianismo al mandatario pagano. La imagen se basa en una profecía de la sexta égloga de Virgilio, según la cual el nacimiento de un niño prodigioso bajo el signo de Virgo devolvería la edad de oro al mundo.

La vidente señala a Augusto la milagrosa aparición celeste, siguiendo la interpretación de este suceso hecha por Orosio (Historias contra los paganos), *san Agustín* (De civitate dei) *y Jacobo de Vorágine* (Legenda Aurea).

Se representa con escenas de brujas y brujos practicando ritos satánicos, tales como invocaciones de espíritus, misas negras y reuniones sabáticas.

Magia negra

Características
Desde los albores de la civilización, las prácticas esotéricas se han dividido en divinas, o sapienciales, y demoníacas. Tras la aparición del cristianismo, todos los actos ligados a los antiguos cultos paganos orgiásticos y dionisíacos fueron considerados como magia negra

Protagonistas históricos y legendarios
Lucifer (Satanás), Caín, Balaam, Simón el Mago; Hécate, Circe, Medea; Merlín, Morgana; papisa Juana, Cecco d'Ascoli, Edward Kelly, Fausto

Variantes y otras definiciones
Nigromancia, goecia (evocación demoníaca de los espíritus), brujería

Según la tradición bíblica, la magia negra se remonta a Caín y sus hijos. En la antigua Grecia, la divinidad que presidía las ciencias ocultas era Hécate. El cristianismo reunió bajo el marbete infamante de la necromancia una serie de ritos antiquísimos en honor de las diosas protectoras de la naturaleza y la fertilidad. Las noches de Walpurgis (30 de abril), San Juan (23 de junio) y Todos los Santos (1 de noviembre), consagradas a la renovación cíclica del año, eran vistas como encuentros de espíritus y brujos, que reintroducían los espectros del pasado pagano en el mundo cristianizado. En esos días de tránsito entre dos dimensiones de la existencia (la natural y la cósmica), las potencias demoníacas que no habían encontrado sitio en el orden impuesto por la religión católica resurgían del limbo de la superstición. El sabat, por ejemplo, presenta algunos rastros de los ritos mistéricos en honor de Artemis y Dionisos, expresiones del aspecto subterráneo e inconsciente de la naturaleza y la psique. La invocación del diablo, de los espectros de los difuntos (psicomanteia, psicopompeia) y de los espíritus que vagan en proximidad de los cadáveres insepultos también se incluye en el ámbito de la magia negra. Estas prácticas se diferencian claramente de la teúrgia, invocación de las almas de los santos y beatos.

► *Rito mágico,* siglo XIV, Palazzo della Ragione, Salón, Padua.

El término «strega» («bruja» en italiano) deriva del latín striga, nombre de unas mujeres-pájaro legendarias que se alimentaban de las vísceras de los recién nacidos.

La corona de pámpanos es una referencia a la relación entre la brujería y los ritos dionisíacos arcaicos a favor de la fertilidad de la naturaleza.

El objetivo del rito satánico al que se dedica la anciana es recuperar la juventud perdida.

El libro contiene caracteres jeroglíficos y símbolos alquímicos.

La cueva, símbolo del útero materno, es una poderosa referencia a la sexualidad femenina.

▲ Salvator Rosa, *La bruja*, h. 1646, Pinacoteca Capitolina, Roma.

La disposición de las velas y el signo dibujado a los pies de la hechicera son referencias al círculo mágico, fundamento y preliminar de cualquier sortilegio.

▲ Bernardo Cavallino, *El alma de Samuel invocada por Saúl*, 1650-1656, The J. Paul Getty Museum, Los Ángeles.

El espíritu del profeta predice a Saúl que perderá su descendencia. Aunque prohibida por la ley, la consulta de los muertos estaba muy difundida en el antiguo Israel.

La bruja de Endor hace que el fantasma de Samuel vuelva a la tierra. La invocación de las almas de los difuntos está considerada como una práctica demoníaca, incluida en la magia negra.

Saúl pide al espectro información sobre la inminente batalla contra los filisteos. Se coloca así al margen de la ley del Señor, que lo castigará con la muerte de sus descendientes.

El gaitero es una referencia al poder encantador de la música.

El mago de la varita está a punto de hacer un conjuro.

La lechuza escondida detrás de la columna es un ave asociada a la noche y las artes oscuras.

El criado parece estar sufriendo un maleficio.

Los invitados, metáfora de los vicios de la humanidad, parecen por completo indiferentes a la presencia del Redentor.

La mesa blanca en forma de escuadra representa la rectitud moral y espiritual.

El oficiante de espaldas, que parece un enano, es la encarnación del Anticristo. La cinta que lleva en la cintura es una referencia a la herejía. Su mano izquierda levantada delata familiaridad con las prácticas de la magia negra.

Cristo aparece en actitud de bendecir, mientras se dispone a cumplir la milagrosa conversión del agua en vino.

▲ El Bosco, *Las bodas de Caná* (detalle), 1516, Museum Boijmans van Beuningen, Rotterdam.

El macho cabrío negro, oficiante e ídolo del rito satánico, es una transfiguración del demonio.

El sabat es un reencuentro nocturno de brujas y brujos, que acuden a la reunión prohibida montados en animales reales (asnos y machos cabríos) y fantásticos (dragones y basiliscos), o bien volando en palos de escoba. Para realizar sus vuelos mágicos, las brujas untaban el palo, y a sí mismas, con un aceite narcótico y alucinógeno.

Los participantes llevan máscaras y disfraces para ocultar su identidad a los demás. Bajo los mantos podían esconderse representantes de cualquier sector social (aristócratas, sacerdotes, reyes, burgueses y seres al margen de la comunidad).

▲ Francisco de Goya, *Aquelarre*, 1797-1798, Museo del Prado, Madrid.

El pequeño monstruo que levanta un huevo (símbolo de la piedra filosofal) es una referencia al homunculus *alquímico.*

El prestigitador con laúd (símbolo del poder embrujador de la música) y lechuza (emblema de la herejía) dirige el fenómeno de la levitación del vaso dorado.

► El Bosco, *Las tentaciones de san Antonio*, del *Tríptico de las tentaciones de san Antonio*, Museu Nacional de Arte Antiga, Lisboa.

Esta imagen remite a la inversión de los valores espirituales, y de las fuerzas energéticas que gobiernan el cosmos.

La figura pálida y evanescente es un espíritu invocado en el rito demoníaco.

Los comensales del banquete mágico han sido vinculados a las fases del proceso alquímico: nigredo (la criada negra), albedo (el plato blanco con el huevo), citrinitas (la dama amarilla) y rubedo (el joven vestido de rojo). La referencia a la alquimia es de signo negativo, y se contrapone a la oración y la fe verdadera de Cristo.

El oficiante simboliza la corrupción moral de la Iglesia. Está celebrando una misa sacrílega alrededor de la mesa embrujada.

Son instrumentos de los magos y los nigromantes para manipular las fuerzas naturales y las energías psíquicas de los hombres a cambio de determinados beneficios.

Hechizos y sortilegios

Protagonistas históricos y legendarios
Hécate, Circe, Medea; Melusina, Morgana, Merlín; Melisa, Alcina

Características
Gracias a estas prácticas, que inciden en los mecanismos imaginativos del hombre, los magos logran dominar la mente de sus víctimas, manteniéndolas en vilo entre el deseo y la saciedad

La hechicera del mundo griego tiene como prototipos a Circe y Medea. Estos dos seres hermosísimos, representados antaño con aspecto de sirenas, llevan a cabo una acción demoníaca respecto al orden natural, subvirtiendo los designios del hado (Medea) o modificando el aspecto de los individuos (Circe).

Las brujas de la Antigüedad ofrecían sus poderes como tributo a Hécate, señora de las artes oscuras y guardiana de las encrucijadas (símbolos de los caminos reservados a las almas tras la muerte del cuerpo). Esta diosa terrible, que según las creencias se aparecía a los hombres en forma de mula o loba, era una transfiguración de Isis, la gran madre egipcia que dispensaba la vida y la muerte y ofrecía alimentos a las almas de los difuntos.

En las sagas medievales y corteses, mujeres misteriosas, dotadas de poderes arcanos, protegen a los caballeros durante sus empresas, o les ponen obstáculos con toda suerte de encantamientos y sortilegios. Es el caso de Melusina y Morgana, encarnaciones del valor ambiguo (positivo y demoníaco) de la magia.

Las médium y los vampiros también están considerados como seres nocturnos e intermediarios conscientes o inconscientes en el traspaso de energías mortíferas al mundo de los que permanecen vivos.

► William Holman Hunt, *La dama de Shalott*, 1886-1905, City Art Gallery, Manchester.

El joven personifica el deseo masculino todavía no saciado.

El pavo real es un símbolo de la lujuria. Refleja el poder de los sentidos y las tentaciones del vicio, al igual que los objetos de la cómoda.

La joven enciende la llama de la pasión con una caja de cerillas.

En la Edad Media, las brujas rapaces de la mitología griega se convirtieron en seres seductores capaces de incidir en los deseos eróticos de sus víctimas para adueñarse de su imaginación.

▲ Maestro renano, *El sortilegio de amor*, 1470-1480, Museum der Bildenden Künste, Leipzig.

El corazón ensangrentado evoca el poder de encantamiento de la mujer sobre el aparato psíquico del hombre.

Las magas y las hechiceras aparecen con frecuencia en compañía de animales.

La tabla contiene símbolos arcanos que deben recitarse y transcribirse en los encantamientos.

La figura femenina ha sido interpretada como Circe, la famosa hechicera de la Odisea, *o como Melisa, la maga blanca que aparece en el séptimo canto del* Orlando furioso.

El círculo mágico (la delimitación del territorio donde tiene lugar el encantamiento) forma parte de las fases preliminares de cualquier acto de magia.

La antorcha es un atributo de la diosa Hécate, fundadora y protectora de las artes mágicas.

▲ Dosso Dossi, *Circe* (o Melisa), 1515-1516, Galleria Borghese, Roma.

Los encantamientos y los sortilegios se hacen a la luz de la luna, una de las epifanías de Hécate.

El viejo Esón es conducido al altar consagrado a la diosa. Esta imagen recrea un episodio de las Metamorfosis *de Ovidio (libro VIII).*

El carro tirado por dragones es un típico atributo de Medea, nieta del dios Sol.

La maga se dispone a rendir homenaje a las divinidades de las artes ocultas.

Dentro del brasero encendido se prepara el filtro de la eterna juventud.

Antes de ejecutar el rito mágico para rejuvenecer al padre de Jasón, Medea se somete a un baño purificador.

▲ Ludovico Carracci,
Los encantamientos de Medea,
1584, Palazzo Fava, Bolonia.

Esta imagen procede del Sueño de una noche de verano *de Shakespeare.*

El jugo de la flor mágica sume en un sueño encantado a Titania, reina de las hadas y esposa de Oberón. Al despertarse se enamorará locamente del primer ser que aparezca ante sus ojos.

Tras el rey de los elfos entrevemos a Puck, el duende travieso que se encarga de servir a Oberón.

▲ Johann Heinrich Füssli, *Oberón moja los ojos de Titania, que duerme, con el zumo de una flor*, 1793, Kunsthaus, Zúrich.

Oberón, personaje legendario del folclore medieval alemán, encarna el poder profanador de las artes ocultas, hasta el punto de que ha sido emparentado con Hellekin (Arlequín) y Erlkönig, el temible dios de la caza salvaje.

Todo sortilegio se hace con la ayuda de fórmulas mágicas y una gestualidad de tipo ritual.

Morgana, alumna predilecta de Merlín, representa el poder demoníaco de la magia.

Los jeroglíficos de la túnica tienen una función importante, ya que favorecen el éxito de los encantamientos.

Los libros y los recipientes con pociones y venenos son instrumentos de trabajo de las magas y los brujos.

▲ Frederick Sandys, *El hada Morgana*, 1864, Museum and Art Gallery, Birmingham.

Los talismanes son objetos rituales con los que es posible capturar el espíritu de un demonio astral y conducirlo a la tierra. Los simulacros son estatuas de arcilla con poderes mágicos.

Talismanes y simulacros

Orígenes
Se remontan al antiguo Egipto

Características
Hacen que las energías espirituales procedentes del cielo confluyan en el mundo natural. Para construirlos es necesario conocer las propiedades ocultas de las sustancias, y su correspondencia con los demonios astrales. Las estatuas animadas pueden predecir el futuro y enfermar –pero también curar– a las personas

Tradiciones religiosas y sapienciales relacionadas
Hebraísmo, hermetismo, zoroastrismo, magismo, orfismo, platonismo, gnosticismo, neoplatonismo florentino, arte de la memoria mágica

Lapidario mágico
Ojo de gato, ojo de tigre, ojo de halcón, piel de león, ópalo arlequín, obsidiana, crisopraso, turquesa; jade; coral; bezoar

Difusión iconográfica
Edad Media (miniaturas y lapidarios)

Los amuletos y los talismanes son instrumentos que permiten a los magos y otros operadores de lo oculto captar los poderes de los astros para proteger del influjo negativo de los demonios planetarios a la persona que recibe su ayuda. El eco de esas prácticas se encuentra, por ejemplo, en las gemas gnósticas, monedas jeroglíficas de origen alejandrino acompañadas de palíndromos y basadas en una correspondencia cifrada entre números y letras.

También se atribuían poderes apotropaicos a las piedras preciosas engastadas en los anillos, como la virtud de alejar el mal de ojo y la capacidad de incrementar o mitigar las energías físicas y espirituales de su portador. La elección de la piedra propicia seguía un complejo *iter* sapiencial, basado en el cálculo de las genituras y en el estudio de las propiedades astrológicas de cada mineral. El ágata, por ejemplo, se usaba en los ritos mágicos y las invocaciones de los espíritus de los muertos, mientras que las esmeraldas, los berilos y las amatistas servían para curar enfermedades como la epilepsia y los dolores hepáticos. El sello de Salomón, un anillo con un dibujo geométrico compuesto por un cuadrado dividido por dos diagonales, es uno de los amuletos más famosos de la Antigüedad. Las leyendas sobre la fabricación de los androides y del golem también pertenecen a la magia talismánica, y proceden de antiguos mitos cosmogónicos, religiosos (hebraísmo, mitología griega) y filosóficos (platonismo hermético) que describen al primer hombre como una mezcla de agua y arcilla.

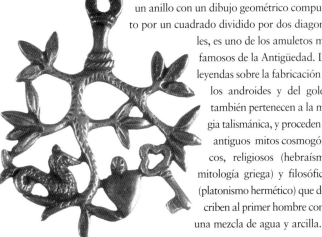

Los céfiros representan el hálito de la pasión. El filósofo neoplatónico usa el mito en clave alegórica con fines educativos y sapienciales.

Venus está asociada al demonio planetario homónimo. El objetivo de este astro de influjo benigno es contrarrestar la influencia de Marte (símbolo de los impulsos agresivos) y de Saturno (emblema de la melancolía) en el joven Pierfranco de Médicis, mecenas de Botticelli.

Siguiendo la doctrina estética de Marsilio Ficino, el cuadro ha sido interpretado como un talismán astral concebido para fomentar la virtud del justo medio en el espíritu del destinatario de la obra.

La gestualidad de la diosa, representada en la postura clásica de la Venus púdica, expresa el doble aspecto del amor, a la vez sensual y casto.

◄ «*Cimaruta*», amuleto contra el mal de ojo, Museo Nazionale delle Arti e Tradizioni Popolari, Roma.

▲ Sandro Botticelli, *El nacimiento de Venus*, 1484-1486, Uffizi, Florencia.

Al bajar de la montaña con las tablas de la Ley, el patriarca decide dar a los hebreos un objeto de culto concreto, con el objetivo de evitar nuevas formas de idolatría.

La adoración de este ídolo se remonta al antiguo Egipto, y está ligada a la transformación de Osiris en la figura del buey Apis. Para la tradición hebrea, el becerro de oro fue fabricado por Aarón durante el retiro de Moisés en el Sinaí.

En ausencia de Moisés, los israelitas retoman prácticas paganas y costumbres lascivas.

▲ Lucas de Leiden,
La adoración del becerro de oro,
1528, Rijksmuseum, Amsterdam.

El mecanismo neoplatónico del amor se produce dentro del aparato psíquico, mediante la animación de una serie de fantasmas o simulacros captados por los ojos y convertidos en seres reales por el deseo. En la práctica mágica, la imagen sustituye plenamente a la cosa, siempre y cuando respete fielmente su apariencia.

Cupido dispara una flecha al corazón de Pigmalión, perdidamente enamorado de su propia creación artística. El androide de Alberto Magno, el homunculus *de Paracelso y el golem del rabino Löw también se inscriben en el ámbito de las leyendas sobre estatuas inanimadas.*

El instrumento del escultor es comparado al martillo divino, que golpea violentamente el alma gracias al amor y al deseo de la belleza ideal.

▲ Jean-Léon Gérôme, *Pigmalión y Galatea*, 1880, Metropolitan Museum, Nueva York.

Los animales mágicos aparecen como atributos de magos y hechiceras, o asociados a figuras iniciáticas como Orfeo, Cristo, los evangelistas y la virgen María.

Animales mágicos

Tradiciones religiosas y sapienciales relacionadas
Orfismo, misterios de Eleusis, misterios dionisíacos, hebraísmo, cristianismo

Bestiario mágico
Oruga, basilisco, macho cabrío, langosta, lechuza, dragón, fénix, gallo, gato, mosca, rana, sapo, mono, escorpión, serpiente, unicornio

Difusión iconográfica
Edad Media (miniaturas, bestiarios y ciclos religiosos), Renacimiento y Barroco (ciclos mitológicos y alegóricos)

Dentro del complejo sistema de correspondencias entre las dimensiones de la realidad en que se basan la magia y sus prácticas, los animales tenían un papel emblemático, ya que se creía que eran encarnaciones de las almas de los muertos, o formas en las que se manifestaba la divinidad a los hombres. Por eso los antiguos magos se abstenían de comer carne y llevaban a cabo minuciosos ritos de purificación siempre que entraban en contacto con la sangre. El neoplatónico Porfirio, por el contrario, creía que ciertas dotes adivinatorias se adquirían comiendo cuervos y gavilanes, aves rapaces vinculadas a Saturno. En las religiones arcaicas eran sobre todo las serpientes, símbolos del renacer de la vida tras la muerte, las que desempeñaban un papel fundamental en los ritos mágicos e iniciáticos, como se aprecia en muchos mitos clásicos (Apolo y la serpiente Pitón) y en su presencia en los lugares de culto, o junto a los profetas y sibilas (Moisés, Pitia). Aparte del dragón, el macho cabrío y el basilisco, el asno es una de las figuras más importantes del bestiario hermético. Venerado como símbolo de sabiduría y realeza entre los pueblos indoeuropeos, fue rebajado a icono del mal, el vicio y la estupidez por los egipcios y los griegos, como demuestran los mitos de Osiris y Midas, el rey frigio con orejas de burro. Su ambivalencia llevó a Giordano Bruno a erigirlo en un símbolo de la sabiduría esotérica.

► *Animales fantásticos,* miniatura del *Livre des Merveilles* de Marco Polo, siglo XV, Bibliothèque Nationale, París.

El basilisco es un animal fantástico compuesto por una cabeza de gallo, un cuerpo de serpiente y unas patas de ave rapaz. Su nombre, del griego basileus *(«rey»), era el de la serpiente coronada. En el Renacimiento era frecuente confundirlo con el grifo.*

El joven tiene ante sus ojos un cuenco lleno de agua. Este espejo rudimentario estaba considerado como el único instrumento eficaz para protegerse del monstruo, dotado del poder de matar con la mirada o simplemente con el aliento.

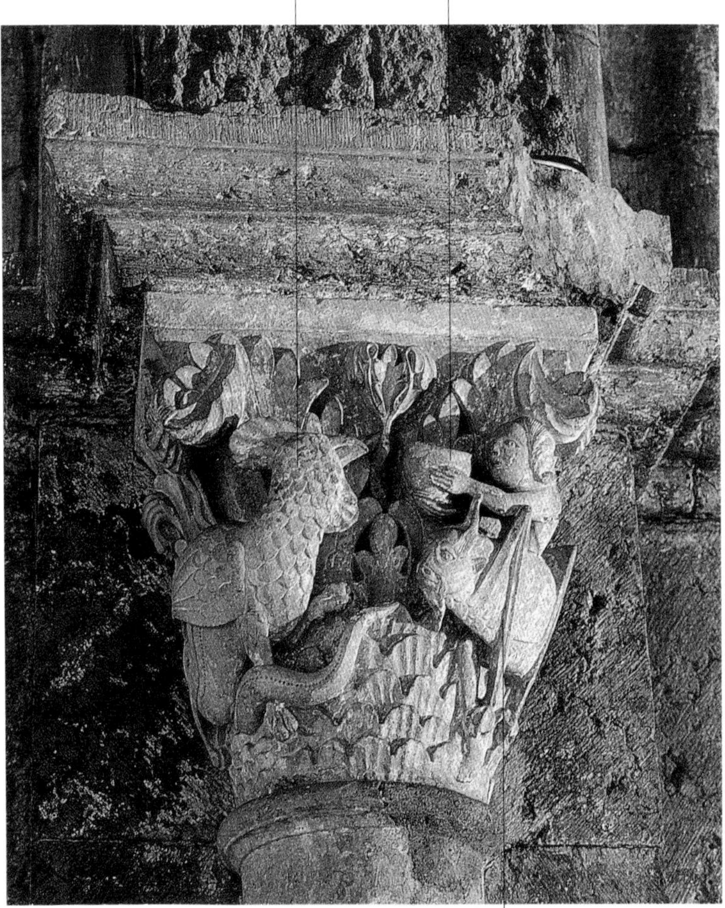

▲ *El basilisco,* capitel, h. 1125-1140, Sainte-Madeleine, Vézelay.

La langosta también puede tener connotaciones malignas, y estar asociada al demonio.

San Jorge simboliza la razón derrotando al inconsciente.

La correa es una referencia al dominio de las pulsiones inconscientes por el principio psíquico femenino.

El dragón es la representación alegórica de la cárcel del alma y de las cadenas que impiden su elevación espiritual. Este animal y el basilisco eran utilizados por las brujas y los brujos como monturas para acudir a las reuniones sabáticas.

▲ Paolo Uccello,
San Jorge y el dragón, h. 1455,
National Gallery, Londres.

El sabat deriva de los cultos arcaicos en honor de Diana Infera, una de las epifanías de la luna.

El macho cabrío, con corona de hiedra, es una referencia a los misterios iniciáticos celebrados en honor de Dioniso, divinidad orgiástica asimilada por la Iglesia a Satanás. Este ídolo presidía todos los rituales sabáticos como símbolo del diablo.

El rito también incluía sacrificios humanos y banquetes monstruosos, como el ofrecimiento de recién nacidos al demonio.

Los bastones y las escobas remiten al órgano sexual masculino y a los ritos propiciatorios en honor de la fertilidad de la naturaleza, como las bacanales y las fiestas druídicas del primero de mayo.

▲ Francisco de Goya, *El aquelarre*, 1797-1798, Museo Lázaro Galdiano, Madrid.

Revisten la forma de atributos de divinidades iniciáticas (Isis, Deméter, Proserpina, Dioniso, Hécate), y de ingredientes para la preparación de pócimas y venenos.

Plantas y frutos mágicos

Tradiciones religiosas y sapienciales relacionadas
Orfismo, misterios de Eleusis, misterios dionisíacos, hebraísmo, cristianismo

Herbario mágico
Romero, enebro, olivo, laurel, higo, nuez; hierbas de san Juan: helecho, ajo, cebolla, corazoncillo, artemisa, ruda, espliego, menta; mandrágora (contra brujas, maleficios y demonios); cardo, mejorana, valeriana, salvia, verbena, avellano (para propiciar el amor), muérdago, acebo, brusco, saúco (contra encantamientos, sortilegios y enfermedades); perejil, salvia, tomillo (para comunicarse con seres encantados y predecir el futuro); estramonio (hierba de los magos), *solanum nigrum* (campo del diablo)

Difusión iconográfica
Edad Media (miniaturas, herbarios), Renacimiento y Barroco (ciclos mitológicos y fantásticos)

Dentro de la concepción mágica de la vida y el cosmos, las plantas curativas y benéficas tenían una función determinante. De hecho, se creía que los órdenes espirituales o las divinidades transmitían su impronta psíquica al mundo sublunar a través de los seres vegetales, minerales o animales. Basándose en esta convicción, la ciencia de la medicina utilizó hierbas y extractos vegetales durante milenios para curar el cuerpo enfermo y aliviar las fatigas del espíritu. Existen plantas con poderes ocultos muy marcados, como la mandrágora, la enredadera y las hierbas de san Juan (corazoncillo, artemisa, verbena, grosella, ajo), que deben cogerse durante la noche mágica del solsticio de verano (23 de junio), dominio de las hadas, las brujas y los duendes, y que poseen grandes virtudes adivinatorias, apotropaicas y terapéuticas. Las plantas navideñas también se distinguen por su profundo valor simbólico, como el abeto, asociado al árbol de la vida del paraíso terrenal, el acebo, símbolo del renacimiento del sol durante el solsticio de invierno, y el muérdago, símbolo de inmortalidad. Por lo que respecta a los frutos esotéricos, merece citarse la granada, que tenía la propiedad de atar eternamente el alma de los muertos al reino de los infiernos. Fue este alimento encantado la causa de que Proserpina, esposa de Plutón, se viera obligada a permanecer durante una tercera parte del año en el reino del más allá.

Tomado en grandes dosis, el extracto mandrágora se convierte en un potente alucinógeno y en un veneno mortal; también tiene propiedades curativas, soporíferas y anestésicas.

Esta raíz antropomorfa tiene fama de ser afrodisíaca y propiciar la fecundidad. Por eso estuvo asociada a Afrodita, la maga Circe, las brujas del folklore medieval y el episodio bíblico de las mujeres de Jacob. También es un emblema del homunculus, *el primer hombre-vegetal nacido de la tierra del paraíso.*

La cabeza, de virtudes proféticas, emite un grito mortal cuando es cogida sin las precauciones necesarias, como tener el viento de espaldas para no inhalar el perfume ponzoñoso de la planta.

El perro, animal consagrado a Hécate, era empleado en la recogida de la planta. Después de la extracción, con la ayuda de una cuerda atada al cuello del animal, este moría de inmediato.

El campesino se dispone a coger la raíz mirando hacia el oeste, hacia el inframundo, y tapándose las orejas. En algunos lugares existe la creencia de que la raíz está debajo de las horcas de los ajusticiados sin causa.

◄ El Bosco, *El jardín de las delicias* (detalle), tabla central del *Tríptico de las delicias*, 1503-1504, Museo del Prado, Madrid.

▲ *Mandrágora*, miniatura del *Tacuinum sanitatis*, siglos XIV-XV, Österreichische Nationalbibliothek, Viena.

Silvio entrega a su padre la planta de la inmortalidad para protegerlo durante la bajada a los infiernos. Su túnica es una referencia a la nigredo.

El muérdago, o «rama de oro», consagrado a Perséfone, permite bajar al averno y garantiza la posibilidad de salir de él. Este simbolismo también estuvo presente entre los celtas, que asociaban la planta al rayo, símbolo de regeneración.

Eneas, con túnica roja, personifica la rubedo. Esta alegoría del proceso alquímico sigue un episodio del libro VI de la Eneida.

▲ *El árbol filosófico*, miniatura del *Splendor Solis* de S. Trismosin, siglo XVI, British Museum, Londres.

El padre de Eneas, Anquises, señala la fase alquímica de la albedo.

La corona de oro, símbolo del poder divino, identifica el árbol sefirótico del Zohar.

El vástago de hiedra, planta consagrada a Dioniso, es una referencia al nacimiento de la granada, surgida de la sangre del dios. Por su asociación a esta divinidad iniciática, la fruta remite al origen de la muerte y del sacrificio.

Para la tradición bíblica, la granada es una señal de bendición divina, rectitud moral y realeza. Para los cristianos representa a la Iglesia, que une a varios pueblos en una sola fe, y el amor universal del Redentor. En la Iconología *de Cesare Ripa representa la concordia social y las afinidades intelectuales.*

La granada se asocia a las grandes diosas arcaicas ligadas a los ciclos del nacimiento, muerte y renacimiento de la naturaleza. Atributo de Proserpina, reina de los infiernos, representa la putrefacción de la semilla en las vísceras de la tierra, la regeneración periódica del cosmos y el eterno retorno de las cosas. Considerado como alimento de los muertos, impedía el regreso al mundo de los vivos a aquel que lo comía.

▲ Dante Gabriel Rossetti, *Proserpina*, 1873-1877, colección particular.

Se representan en ciclos de carácter religioso o mitológico, y se asocian a los motivos de la observación de los astros y a la interpretación de los sueños.

Prácticas adivinatorias

Variantes y otras definiciones
Geomancia (adivinación por la lectura de los signos del terreno), hidromancia (adivinación mediante observación de las ondas del agua), piromancia, aeromancia; aruspicina (adivinación a partir del vuelo de los pájaros), consulta de los oráculos, alectomancia (adivinación por el picoteo de los pollos), mántica, telepatía, interpretación de los sueños

Las prácticas adivinatorias y los cultos religiosos están íntimamente entrelazados en todas las culturas arcaicas. De hecho, la misión del sacerdote era descifrar los mensajes arcanos procedentes del cielo –en forma de fenómenos atmosféricos o astronómicos– y de la tierra para ganarse el favor de los dioses y conjurar sus iras. El relato bíblico también está lleno de episodios sobre el arte de la adivinación. José, por ejemplo, tenía la capacidad de interpretar los sueños, y el don divino de entender las relaciones naturales que hay entre las imágenes y las cosas. También practicaba la hidromancia, el arte de predecir el futuro a través de la observación del agua.
En la antigua Grecia, la clarividencia se consideraba un don celeste, señal tangible del favor de los dioses. En contrapartida, la conquista de la visión interior podía pagarse con la ceguera, como atestiguan las figuras del adivino Tiresias (*Ilíada*) y Edipo. En el mundo clásico, nadie conectó tan íntimamente la astrología y la adivinación como los romanos, que añadieron a las antiguas prácticas de observación de los fenómenos naturales y psíquicos (como el vuelo de los pájaros o la interpretación de los sueños) una auténtica obsesión por los mensajes procedentes de la bóveda celeste, o de las vísceras de los animales.

► Paul Delvaux, *El enigma*, 1940, colección particular.

Los astrólogos están enfrascados en la observación del cielo y sus señales. La astrología y la geomancia figuran entre las principales formas de adivinación.

Los geománticos usan largas ramas de fresno para dibujar símbolos mágicos en la superficie terrestre.

Los bastones de los magos derivan de la vara de Hermes psicopompo. Los rabdománticos usan el mismo instrumento para encontrar agua, metales y minerales escondidos en el subsuelo.

▲ *Astrónomos en la cumbre del monte Athos*, de *Los viajes de sir John de Mandeville*, h. 1410-1420, British Library, Londres.

La luna y las estrellas se aparecen a José para anunciarle la conquista de su futuro cargo de virrey de Egipto.

Envidiosos del don profético de José, los jóvenes escuchan las palabras de su hermano menor.

▲ Rafael y taller,
José explicando los sueños a sus hermanos, 1518-1519,
Estancia de Heliodoro, Palazzi Vaticani, Ciudad del Vaticano.

Este círculo contiene los objetos misteriosos que José vio en sueños. Se trata de diez gavillas de grano inclinadas ante la undécima. El episodio onírico es una alusión a la supremacía del joven sobre sus hermanos. Por eso será vendido por ellos a unos mercaderes de esclavos con destino a Egipto.

Las túnicas, pobres y sin mangas, delatan el humilde oficio de los hijos de Jacob: pastores.

José, hijo predilecto de Jacob y Raquel, recibió del Señor el arte de la interpretación de los sueños. Por haber predicho las siete plagas de Egipto, obtendrá el favor del faraón y se le encomendará la administración de una parte de la economía del país.

La caña, el aro dorado y la cinta son una referencia al carácter imprevisible y voluble de la casualidad.

El geniecillo alado está descifrando los designios misteriosos del destino.

El juego de los astrágalos, inventado por el dios griego Hermes, permitía adivinar el futuro en la disposición de una serie de piedrecitas que se dejaban caer al agua.

▲ Antonio Canova,
Las jugadoras de astrágalos, 1798,
Gipsoteca Canoviana, Possagno.

La luz tenue de la llama parece un álter ego del espíritu de Bella, que ha venido a iluminar el alma de su marido.

El acróbata, con una esfera parecida al disco lunar (sede de las almas de los muertos), representa la subversión de valores y perspectivas propia del circo.

La pareja de recién casados y el ramo de hojas de muérdago son un homenaje a la eternidad del amor.

Bella, la mujer de Chagall, fallecida en verano de 1944, aparece como una visión en el imaginario del pintor.

El pintor se representa a sí mismo con la cabeza al revés, referencia a la esfera del sueño o a la de la alucinación. El «mundo al revés» presenta afinidades extraordinarias con la dimensión onírica y subterránea.

La imagen de Vitebsk, localidad natal de Bella y Marc, aparece en una esfera de cristal, típico instrumento adivinatorio de los magos.

▲ Marc Chagall, *Alrededor de ella*, 1945, Centre Georges Pompidou, Musée National d'Art Moderne, París.

Los juegos esotéricos suelen representarse como prácticas demoníacas y pecaminosas, dentro de ciclos pictóricos de carácter moralizante.

Juegos esotéricos

Variantes y otras definiciones
Astrágalos, peonzas, tablas reales, ajedrez, dados, tómbola, juegos de azar, juego de la oca, juegos circenses y carnavalescos

Desde tiempos remotísimos, el juego se ha considerado una dimensión sacra (limitada en el espacio y el tiempo) en cuyo seno el hombre, sujeto a las leyes de los astros y a la ineluctabilidad de la muerte, tiene la posibilidad de ser el artífice de su propio destino y ponerse en contacto con la esfera de lo divino y lo oculto. En la antigua Roma, por ejemplo, las fiestas saturnales, celebradas en honor de Saturno, tenían la función de propiciar la renovación cíclica del cosmos a través de la subversión del orden establecido. El carnaval y las características del circo y del teatro son la herencia de estas celebraciones. La guadaña del dios, señor de los juegos de azar, puede ser asimilada al bastón de los vaticinadores, el *lituus*, símbolo de realeza y de sabiduría.
Por su parte, la función adivinatoria atribuida al lanzamiento de los dados, uno de los primeros ejemplos de oráculo de culto, deriva de la analogía entre este rito lúdico y la estructura del sistema cosmológico arcaico, basado en la naturaleza cíclica del tiempo y en la tripartición de la realidad en los reinos celeste, terrestre y subterráneo. A través de esta práctica, el jugador pretendía descifrar el recorrido existencial que le había asignado el destino y conocer su lugar dentro del universo. El juego de la tómbola es otra herencia de las ceremonias en honor de la renovación cósmica que se desarrollaban en proximidad del solsticio de invierno.

► Sebastiano Filippi, llamado Bastianino, *El juego de las peonzas*, Castello Estense, Sala de juegos, Ferrara.

El tablero reproduce la estructura del universo en forma geométrico-matemática, mientras que las fichas son una herencia de las estatuillas de arcilla que intercambiaban los romanos durante las saturnales.

La mano cortada es una referencia a la figura del tahúr, y el dado un símbolo de la casualidad, del desorden de los acontecimientos y de los comportamientos humanos carentes de guía moral y espiritual.

Los naipes franceses se asimilan a las artes ocultas. Totalmente distinta es la postura del Bosco ante los arcanos mayores del tarot, llenos de valores sapienciales y esotéricos.

La jarra tiene un significado demoníaco, ya que está considerada como la puerta de comunicación entre el infierno y el mundo de los vivos durante el sabat.

▲ El Bosco,
El juego de azar (detalle),
del *Tríptico de las delicias*,
1503-1504, Museo del Prado,
Madrid.

El juego adivinatorio del tarot encarna la naturaleza inagotable y móvil de la vida en sus múltiples manifestaciones (biológicas, psíquicas y espirituales).

Tarot

Nombre
La palabra *tarot* podría ser un anagrama de *rota*, palabra de origen caldeo que significa «rueda», «círculo», «seno de la vida», «eje celestial»

Orígenes
Fue introducido en Europa entre los siglos XIII y XIV

Características
Se divide en veintidós arcanos mayores y 56 menores; después en diamantes, tréboles, picas y corazones (cartas semifrancesas) o copas, bastos, oros y espadas (cartas españolas e italianas)

El juego del tarot deriva de la ciencia jeroglífica contenida en el *Libro de Tot*, una modalidad de saber esotérico que los hebreos hacen remontarse hasta Abraham. Sus cuatro emblemas principales corresponden a los cuatro reinos de la naturaleza (bastos), a la estructura de la bóveda celeste (copas) con el Sol y los astros (oros), y a las energías ígneas que vivifican el universo (espadas).

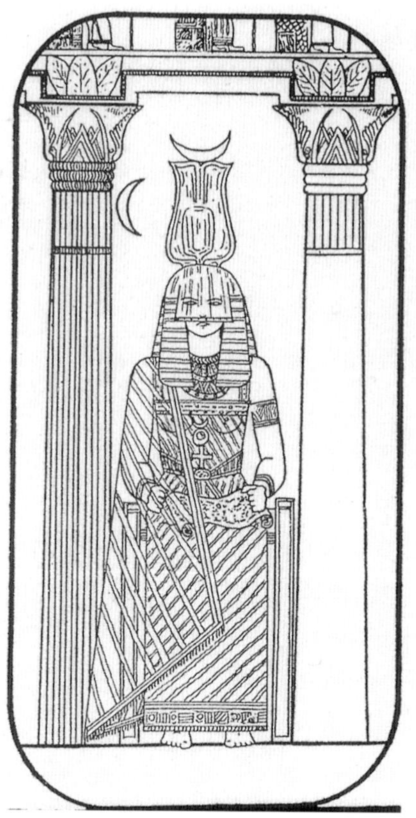

► Maurice Otto Wegener, *Papisa*, de *Les XXII Lames Hermétiques du Tarot Divinatoire*, 1896.

Uno de los arcanos más famosos, la Papisa, correspondiente al número dos, representa a la diosa Isis coronada por una tiara con el símbolo de la luna creciente. Según el padre jesuita Athanasius Kircher, esta carta contenía la clave de los alfabetos sagrados, el esquema de las correspondencias entre los tres reinos que rigen el universo (el cielo, la tierra y los infiernos). Entre las barajas más célebres destacan el tarot Visconti (miniaturas) y el tarot llamado «de Mantegna» (grabados).

El primer arcano corresponde al Aleph hebreo, el principio que gobierna cualquier inicio, y a la sabiduría.

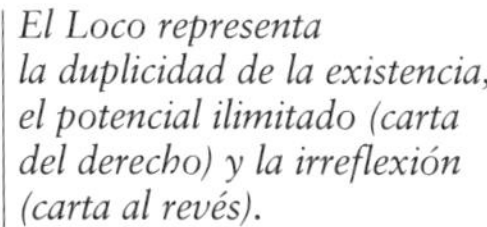

El Loco representa la duplicidad de la existencia, el potencial ilimitado (carta del derecho) y la irreflexión (carta al revés).

▲ Bonifacio Bembo, *Mago* y *Loco*, del *Tarot Colleoni-Baglioni*, siglo XV, The Pierpont Morgan Library, Nueva York.

Los veintidós arcanos mayores marcan las etapas de la iniciación en los misterios sagrados y en la sabiduría oculta. Su número permite un acercamiento puntual a las letras del alfabeto hebreo y a las sefirot *cabalísticas.*

Esta obra ha sido interpretada en clave esotérica como una representación del séptimo arcano del tarot: el Carro, símbolo de progreso (del derecho) y de comportamientos inmorales (del revés).

▲ El Bosco,
El carro del heno, 1500-1502,
Museo del Prado, Madrid.

Estas hechiceras reúnen características propias de las antiguas vaticinadoras y de las brujas modernas.

La gente acudía a las cartománticas para solucionar toda clase de problemas, desde cuitas amorosas hasta asuntos económicos.

La lectura del tarot y de las cartas brindaba indicaciones de gran valor sobre el destino del individuo, en sintonía con la estructura divina del cosmos.

▲ Lucas de Leiden,
La cartomántica, siglo XVI,
Louvre, París.

Se representa con figuras emblemáticas o jeroglíficas, mediante la reproducción de planos de ciudades o jardines o a través de imágenes astrológicas, mitológicas y artísticas.

Arte de la memoria

Orígenes
Esta disciplina esotérica tiene su origen en las técnicas retóricas clásicas y medievales para memorizar el discurso o ganarse al auditorio, así como en el arte combinatorio luliano

Variantes y otras definiciones
Mnemotecnia; teatro de la memoria; *ars combinatoria, ars inveniendi*

Protagonistas históricos y legendarios
Hermes Trismegisto, Moisés, Zoroastro, Salomón, Metrodoro de Scepsis, Hipias, Ciro, Escipión, Mitrídates, Apolonio de Tiana, Cristo, Agustín de Hipona, Alberto Magno, Tomás de Aquino, Raimundo Lulio, Giordano Bruno, Giulio Camillo Delminio, Robert Fludd, William Shakespeare

La mnemotecnia renacentista, disciplina esotérica cuyo objetivo era el dominio de todo lo que podía saber el hombre y de la estructura física y espiritual del cosmos (desde el alma individual hasta los diversos reinos de la naturaleza), se basa en la idea de que todas las invenciones culturales (desde los objetos a los números, y desde las letras al pensamiento) están en sintonía con el mundo natural y celestial. Esta técnica de aprendizaje adopta un repertorio inagotable de imágenes y motivos filosóficos de la mitología clásica, como se ve en las obras de Giordano Bruno, el iniciador de la memoria mágica renacentista, y en el famoso «teatro» de Giulio Camillo Delminio, construido a imagen y semejanza del cosmos y poblado por las principales figuras del panteón grecorromano (el concilio de los dioses, Mnemosine rodeada por las musas, Diana y Anfitrite, Pasífae y el toro, Hércules y Anteo). Bruno también usó imágenes astrológicas (los signos del zodíaco), talismánicas (los planetas) y artísticas (los motivos de Fidias esculpiendo y de Zeus pintando) como soportes mnemotécnicos para potenciar los poderes del mago, cuya finalidad era la fundación de un sistema de saber universal capaz de abarcar todos los aspectos de lo existente. Las «ruedas de la memoria», esquemas compuestos por retratos ideales de los hombres ilustres de la Antigüedad, también se enmarcan en esta disciplina.

► *Figura mnemotécnica,* del *Hexasticon* de S. Brant, 1509.

La cara del artista representa el pasado y la vejez, la de su hijo el presente y la madurez, y la de su nieto el futuro y la juventud.

En el Teatro de la Memoria *de Delminio aparece una imagen como la virtud de la prudencia (memoria, inteligencia y prevención).*

El objetivo de la mnemotecnia mágica es la formación de la personalidad del buen mago, o del hombre universal.

La mnemotecnia es una forma de alfabeto visual o de «escritura en imágenes». Visualizar habitaciones y elementos arquitectónicos de un edificio, asignando un concepto a cada objeto, es otra técnica útil para memorizar discursos y contenidos de libros.

▲ Tiziano,
Alegoría de la prudencia, 1566,
National Gallery, Londres.

El motivo médico-filosófico del cuerpo como «espejo» del alma se representa con la imagen de la lectura de la mano o de la indagación fisionómica en los diversos «tipos» humanos.

Lenguaje del cuerpo

Variantes y otras definiciones
Fisonómica, quiromancia, metoposcopia (lectura de las líneas de la frente), adivinación por los lunares, arte espagírica (tratamiento de las sustancias químicas con fines terapéuticos)

Protagonistas históricos y legendarios
Melampo, Giambattista Della Porta, Girolamo Cardano, Paracelso, Ciro Spontini

Dentro de la concepción mágica de la naturaleza y de la vida, el cuerpo humano es una especie de mapa esotérico que al sabio le puede revelar muchos arcanos sobre el destino del individuo y la estructura del cosmos.

En este contexto de pensamiento, cualquier anomalía de la piel o los miembros se interpreta como un signo portador de un mensaje divino, que hay que descifrar basándose en el conocimiento del lenguaje secreto del cuerpo. Los lunares, las líneas de la mano y la posición y estado de los órganos sirven al mago o taumaturgo para formular diagnósticos, devolver el equilibrio a las energías psicofísicas de los pacientes o juzgar el carácter del aspirante a iniciado. La metoposcopia, por ejemplo, es una técnica adivinatoria que funde los conocimientos astrológicos con la lectura de las líneas de la frente. En cuanto a la fisionómica, se basa en la correspondencia entre los rasgos somáticos y caracteriales de una persona y los de un animal o una planta. Según esta doctrina, cualquier forma animal representa un instinto, actitud o vicio. El máximo representante de esta ciencia oculta fue Giambattista della Porta (1538-1615), que asociaba las facciones de la cara con los humores y los temperamentos humanos.

Otra de las principales técnicas de adivinación es la quiromancia, es decir, la lectura de las líneas impresas en la palma de la mano para conocer el carácter de una persona y el destino que tiene reservado.

Con los ojos cerrados, y una expresión de sufrimiento, el Redentor soporta con paciencia su calvario.

El ladrón ha sido asociado a la figura de Jesús, debido a la actitud arrepentida y piadosa con la que asiste a la escena.

También la Verónica está sumida en el dolor y la resignación por la pasión de Cristo. El Bosco plasma su participación en el sufrimiento del Hijo del Hombre con una mirada baja y unas facciones dulces y amables.

Siguiendo la tradición clásica del kalós k'agathós *(«bello y bueno»), el aspecto exterior del individuo es un reflejo de su condición espiritual y moral. La deformidad se considera señal perceptible de la fealdad del alma, correspondiente al vicio y a la difusión del mal en lo creado.*

◀ Ilustración del *De humana physiognomia* de G.B. Della Porta, 1650.

▲ El Bosco, *Cristo con la cruz*, 1515-1516, Museum voor Schone Kunsten, Gante.

La maga se representa cuando convierte a los hombres en animales. La metamorfosis del cuerpo revela la auténtica naturaleza de un individuo a la persona que la realiza.

Los encantamientos y los sortilegios se hacían con la mano izquierda.

Ulises, con la espada desenvainada, se dispone a vengar a sus amigos.

Mercurio, reconocible por el caduceo y el pétaso, ha entregado al héroe una hierba mágica que le hará inmune a cualquier encantamiento, y lo protegerá del sortilegio.

Por haber abandonado la razón por el instinto, los compañeros de Ulises han sido convertidos en los animales correspondientes a sus pasiones. Al rey bíblico Nabucodonosor le estuvo reservada la misma suerte.

▲ Pellegrino Tibaldi, *Circe convirtiendo en animales a los compañeros de Ulises*, 1554, Palazzo Poggi, Bolonia.

La ingenuidad y las connotaciones morales del joven se vuelven todavía más explícitas gracias a la incorporación de las inscripciones «amor» y «fe» en las cadenas de su cuello.

Distraído por la quiromántica, el viajero no se da cuenta de que le roban la bolsa de dinero.

La importancia de la mano en el sistema esotérico se debe a su función mediadora entre la mente y el cuerpo, y a la unicidad irrepetible de sus signos.

En quiromancia cada línea corresponde a un sector de la vida humana: familia, amor, muerte, éxito y posición social, instinto e inteligencia. Las partes hundidas (o «montes») se relacionan con los siete planetas.

▲ Georges de La Tour, *La buenaventura*, h. 1632-1635, Metropolitan Museum, Nueva York.

Los números mágicos representan los arquetipos de la realidad, así como las dimensiones del tiempo y del espacio, y cualquier pensamiento contenido en la mente de Dios.

Números mágicos

Tradiciones esotéricas relacionadas
Magia cabalística, cábala práctica; *mathesis* pitagórica

Principales cifras mágicas
Uno (la causa primera), dos (la oposición), tres (la síntesis), cuatro (el orden material), cinco (el hombre y la vida), seis (la perfección cósmica), siete (la sabiduría), ocho (la fortuna), nueve (lo sagrado), diez (lo divino), doce (el eterno retorno), treinta (la justicia), treinta y tres (la compleción)

Los significados y poderes esotéricos que se han atribuido a los números versan sobre la organización racional del cosmos y la representación (conceptual y figurada) de la divinidad por el hombre. El uno (principio creador), el dos (multiplicidad) y el tres (síntesis armónica entre la unidad y lo múltiple) son los arquetipos de lo real, pilares en los que descansa cualquier disciplina intelectual. Pitágoras de Samos, considerado como el iniciador de la *mathesis* (la magia matemática), basaba su sistema filosófico en la *tétraktis* (1+2+3+4), símbolo de la totalidad del cosmos y cifra de la creación. El número cuatro está asociado a la imagen del Tetramorfo cristiano, en cuyo interior confluyen las divinidades solares y lunares de las religiones arcaicas. Es la misma simbología de la figura de la Esfinge, cuyo cuerpo, y cuya adivinanza, esconden una concepción cuatripartita del universo basada en los puntos cardinales del cielo (solsticios y equinoccios) y en el movimiento cíclico del tiempo (estaciones, rueda del zodíaco). Además de los números con valor positivo, hay cifras que se consideran nefastas y portadoras de desgracias, como el 11 (la docena del diablo) y el 666, código del Anticristo (Apocalipsis, 13, 18).

El culto de los significados esotéricos de los números tiene su máxima expresión en la cábala hebrea, fundada por Adán y transmitida por Set a sus descendientes. Esta doctrina se basa en las correspondencias infinitas entre las letras que componen el nombre de Dios y todo lo que existe en la naturaleza.

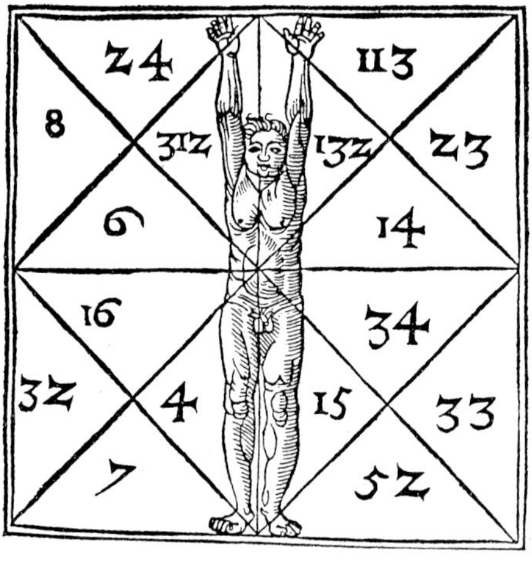

► *Las proporciones del hombre y sus números ocultos,* del *De occulta philosophia libri III* de E.C. Agripa, 1533.

El tres designa el ritmo ternario que rige el universo, síntesis armónica de lo uno y lo múltiple (brazos de la cruz). La función mágica del número también se refleja en la práctica del conjuro, que hay que repetir tres veces.

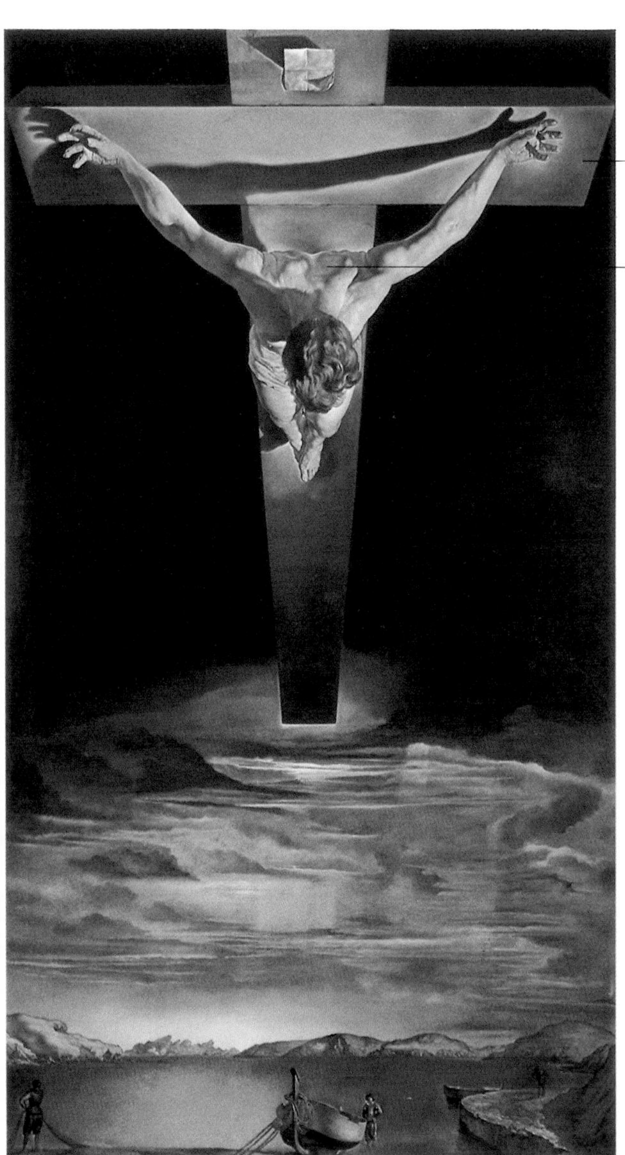

El triángulo equilátero, formado por el cuerpo y los brazos de Cristo, es la forma geométrica correspondiente a la Trinidad. La tríada indica el arquetipo numérico en el que se funda y subdivide el cosmos: reino animal, vegetal y mineral; cielo, tierra e infierno; estado sólido, líquido y gaseoso.

◄ Salvador Dalí, *El Cristo de san Juan de la Cruz*, 1951, Art Gallery, Glasgow.

La simbología cristiana convierte las divinidades de los cultos astrales paganos en los cuatro animales consagrados a los evangelistas: el toro o buey de san Lucas (símbolo de la Pasión), el león de san Marcos (símbolo de la Resurrección), el águila de san Juan (símbolo de la Ascensión) y el pavo real, u hombre alado, de san Mateo (símbolo de la Vida).

Otros aspectos vinculados al cuatro son las estaciones, los puntos cardinales y la organización espacial, simbólica y energética de la Tierra.

▲ Giovanni Pietro da Cemmo, bóveda de la capilla del Santísimo Salvador, Sant'Agostino, Cremona.

► Marc Chagall, *Autorretrato con siete dedos*, h. 1912-1913, Stedelijk Museum, Amsterdam.

Los nombres de París (ciudad de residencia del pintor) y de Rusia (su patria natal) aparecen transcritos en caracteres hebreos.

El cuadro es A Rusia, a los asnos y a los demás, *una composición cargada de valores mágicos ligados a las antiguas divinidades iniciáticas egipcias (Hator) y griegas (Afrodita).*

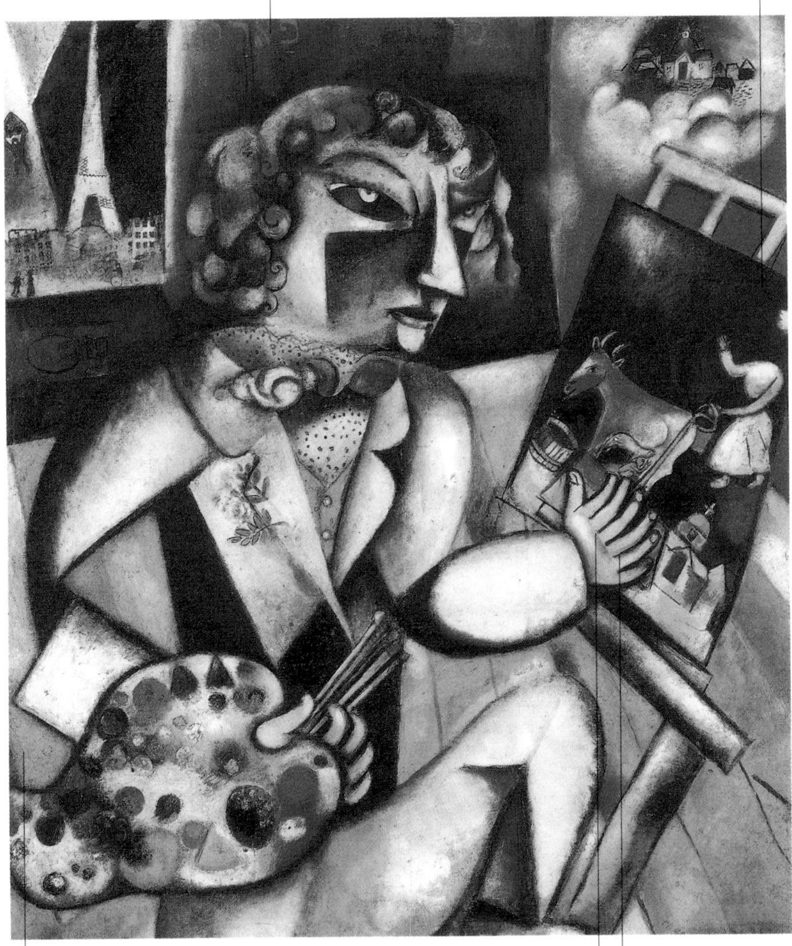

Chagall se autorretrata de modo esotérico, como emblema del artista creador que conoce y domina las leyes de la vida y la organización del cosmos.

Como el candelabro hebreo, la mano es una referencia a la iluminación mística y a las siete columnas o escalones de la sabiduría.

El siete, fuente de vida y mutación, es un pentáculo de la matemática esotérica, asociado al sello y a las clavículas de Salomón.

Los filósofos pitagóricos concebían la estructura del universo en clave matemática, haciéndola coincidir con la proporción de la sección áurea. La concepción estética clásica erigió este número en el fundamento del arte, entendido como mimesis *(«imitación») de la creación divina.*

▲ Piero della Francesca, *Flagelación de Cristo*, 1450-1460, Galleria Nazionale delle Marche, Urbino.

La altura de Cristo tiene un significado esotérico, ya que coincide con la estatura atribuida tradicionalmente al Redentor: 178 centímetros.

El número de oro (proporción áurea), considerado como el código aritmético correspondiente a la luz divina, es utilizado por el pintor como una expresión de la naturaleza mística y espiritual de Cristo, y como el principio organizador del espacio pictórico.

Indican la capacidad perdida de comunicarse de modo directo e inmediato con la esfera de lo divino. Se representan como signos lingüísticos arcanos e incomprensibles.

Alfabetos y jeroglíficos

Orígenes
La creencia en las propiedades mágicas de las letras y las palabras se remonta a la época anterior a la destrucción de la torre de Babel, cuando la humanidad hablaba un idioma universal. Según algunos rabinos, la cábala fue idea de Enoc, que se la transmitió a Abraham. Ficino atribuye la invención de los jeroglíficos a Hermes Trismegisto

Tradiciones esotéricas relacionadas
Magia cabalística, cábala práctica; arte combinatoria; esteganografía, emblemática; arte de las empresas

Protagonistas históricos y legendarios
Adán qadmon, Abraham, Enoc, Moisés, Leon Battista Alberti, Marsilio Ficino, Pico della Mirandola, Johann Reuchlin, Giovanni Pistorio, Cornelio Agripa, Guillaume Postel, Robert Fludd, John Dee, Athanasius Kircher

Los jeroglíficos se basan en la correspondencia que se establecía antiguamente entre la divinidad, las letras y los números. La comprensión inmediata de estos signos por los iniciados revela su origen sagrado, ya que es una forma de aprendizaje análoga al conocimiento de la verdad por los seres angélicos. Moisés, que aprendió la escritura esotérica de los sacerdotes egipcios, la usó en la fundación de la cábala hebrea, un sistema combinatorio de diez números y veintidós letras que permite remontarse a la comprensión de las leyes de todo el universo, y de los pensamientos de Dios. La invención de las fórmulas mágicas también está basada en la similitud entre los planos de la realidad, y en el uso del nombre de una persona como clave de acceso a sus energías psíquicas y vitales. En el antiguo Egipto, y en la Biblia, la palabra se consideraba principio creador de todas las cosas. Una condición *sine qua non* para aprovechar del todo su poder es pronunciarla y escribirla correctamente, evitando traducirla y basándose en lo que recogen los textos esotéricos. La reproducción exacta de la fórmula es una etapa importantísima del ritual mágico, basado en la capacidad del actuante de repetir gestos y palabras siguiendo un código muy preciso.

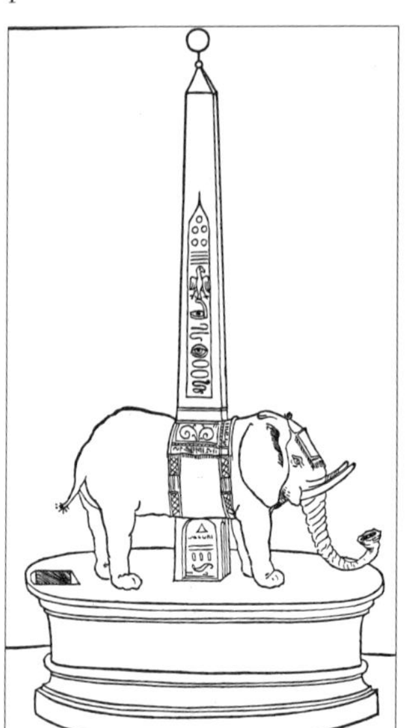

A menudo se trataba de términos de origen antiquísimo, transmitidos a lo largo de los siglos sin haber conservado su sentido original.

El triángulo de Dios lleva impreso el término bereschith, *«al principio». Para el cabalista, el alfabeto hebreo contiene los nombres (*sefirot*) de Dios (el* Ensoph, *es decir, el innombrable) y todos los arquetipos de las cosas.*

El dios egipcio Eneph, con el huevo cósmico en la boca, representa el Verbo creador. Gracias al poder de la palabra, los magos animaban cualquier materia inerte, infundiendo la vida en estatuas de arcilla y androides.

*La serpiente que se muerde la cola es un símbolo del carácter cíclico del tiempo y de la totalidad del cosmos (*concordia oppositorum*). La imagen jeroglífica corresponde a la sabiduría intuitiva de Adán antes de ser expulsado del paraíso terrenal.*

◀ Xilografía de la *Hypnerotomachia Poliphili* de F. Colonna, 1499, Venecia.

▲ Ilustración de *Jeroglíficos o símbolos de los antiguos*, de R. de Hooghe, 1744.

Este episodio representa el banquete organizado por Baltasar durante el asedio de Babilonia por Ciro.

Los comensales, turbados, ven aparecer la visión prodigiosa.

► Rembrandt,
El festín de Baltasar, h. 1635,
National Gallery, Londres.

El soberano simboliza la decadencia moral y cognoscitiva del antiguo Irán, tierra originaria de los magos y los sabios caldeos.

La mano misteriosa traza una inscripción incomprensible en caracteres hebreos. La fórmula mágica, posteriormente descifrada por el profeta Daniel, contiene las palabras «Mene (medido), Tekel (pesado), Phares (dividido)». El sentido de esta frase misteriosa es el siguiente: Dios ha medido el reino de Baltasar y le ha asignado un límite temporal, a cuyo término será dividido entre los medos y los persas.

La criada derrama el vino de la copa de oro robada del templo de Jerusalén por Nabucodonosor, antepasado de Baltasar.

Se representan con imágenes de diagramas matemáticos y sólidos geométricos inscritos en contextos pictóricos cargados de sentidos ocultos.

Figuras esotéricas

Tradiciones esotéricas relacionadas
Hebraísmo, cábala; pitagorismo, platonismo, hermetismo, alquimia, masonería

▼ Jacopo de' Barbari, *Retrato del matemático fray Luca Pacioli y un joven desconocido*, 1500-1525, Capodimonte, Nápoles.

Las principales figuras de la geometría simbólica y esotérica son el triángulo, el círculo y el cuadrado, ya que representan las tres dimensiones constitutivas del cosmos: los reinos espiritual y celeste y el mundo sublunar. El triángulo equilátero se asocia a la idea de la Trinidad, es decir, al equilibrio armónico entre la acción (Padre), la redención (Hijo) y la santificación (Espíritu Santo). Para la masonería, esta figura es el emblema del conocimiento. La función del círculo, símbolo del eterno retorno de las cosas y del movimiento incesante de la vida, es importantísima en las ciencias ocultas, puesto que delimita el territorio y la dimensión temporal del sortilegio. El cuadrado, por su parte, representa la perfección del paraíso y la estabilidad del cosmos tras la intervención de la divinidad creadora. Por eso las ciudades sagradas del mundo antiguo estaban fundadas sobre una planta cuadrada, cuyos ángulos corresponden a los puntos cardinales terrestres y celestes (solsticios y equinoccios). La cuadratura del círculo, plasmada también en la imagen de la piedra filosofal, indica la obtención de la sabiduría suprema y el conocimiento de las leyes superiores que gobiernan lo creado. Por último, la cruz, símbolo de la unión del cielo y la tierra, representa la síntesis de la naturaleza animal y espiritual del hombre.

Los cuadrados mágicos son diagramas compuestos por cifras o letras cuya suma siempre arroja el mismo número (al margen de que se lea vertical, transversal u horizontalmente).

Estos esquemas están compuestos siguiendo los valores numéricos de cada planeta, y tienen el poder de atraer su influencia. Aquí se representan los llamados «cuadrados de Marte», formados por veinticinco campos o secciones.

Las Gracias son el símbolo de la armonía universal que rige el cosmos.

La pirámide (emblema de la montaña sagrada y puente entre el cielo y la tierra) y el cono (símbolo de la feminidad) son figuras esotéricas recurrentes.

◄ Man Ray, *Blanco*, 1933-1971, colección particular.

Suelen representarse flotando en el aire o rodeadas de agua, en una densa cortina de nubes o protegidas por altas y recias murallas.

Puerta mágica

Puertas simbólicas, míticas y reales
Trópico de Cáncer y trópico de Capricornio; solsticio de verano y solsticio de invierno; puerta del Edén, puerta del Infierno, torre de Babel, gruta de las ninfas de Ítaca; siete puertas de Tebas; cueva de la pitia de Delfos; cueva de la sibila de Cuma; cueva de Belén; Sefira Chochma de la tradición cabalística; puerta mágica de la plaza Vittorio, en Roma

Divinidades, personajes y símbolos relacionados
Zeus, Dioniso, Hermes, Apolo, Pitia, sibila cumana, Cristo; cabaña, pesebre, útero

Tradiciones religiosas y sapienciales
Hermetismo, orfismo, neoplatonismo, alquimia, cábala

Difusión iconográfica
Estas imágenes aparecen con frecuencia en las pinturas que representan el nacimiento de divinidades iniciáticas

Antiguamente, la gruta se consideraba una membrana de paso entre el mundo sublunar y la dimensión celestial, la puerta por la que llegaban a la tierra las divinidades o las almas inmortales. Muchos mitos arcaicos sitúan el nacimiento de los dioses iniciáticos dentro o cerca de una caverna, cuya función esotérica se mantuvo en el cristianismo, con la imagen de la cueva de Belén. A esa tradición se remitió Leonardo da Vinci en la *Virgen de las rocas*, asociando directamente el misterio de la natividad de Cristo con el mundo subterráneo y acuático de las grutas y los minerales.

Entre los griegos, los solsticios correspondían a las dos puertas celestes (trópico de Cáncer y trópico de Capricornio) que comunicaban la esfera de lo humano con la de lo divino, y a las almas destinadas a encarnarse en cuerpos con las almas desvinculadas del proceso de los renacimientos terrenales. En la *Odisea*, Homero sitúa estos pasajes esotéricos en una cueva de Ítaca, atribuyendo a la figura de Ulises una función iniciática de héroe solar capaz de unir la dimensión del tiempo con la de la eternidad. En las fiestas solsticiales cristianas –la de san Juan Bautista, en verano (24 de junio), y la Natividad, en invierno (25 de diciembre)– aparecen ecos de estos cultos astrales. También ellas reciben la consideración de lugares de paso entre las diversas dimensiones de la naturaleza y la existencia.

En la cábala hebrea, la puerta mágica corresponde al punto original, síntesis de luz y tinieblas, que dio vida al universo.

El turbante, sustituido a veces por un gorro frigio, forma parte de la iconografía paleocristiana de los magos, astrólogos y sabios de origen iranio.

La gruta, símbolo del cosmos, es el lugar donde los sacerdotes persas conservaban los libros de Set, con la profecía del advenimiento del Salvador.

El filósofo (con una escuadra, mirando el cielo) interpreta los motivos de las estrellas y los secretos de la naturaleza.

El aspecto del sabio, de indumentaria oriental, y la presencia de pergaminos con cálculos astronómicos y oscuros jeroglíficos son referencias a la historia de los Reyes Magos.

◀ Xilografía de la *Hypnerotomachia Poliphili* de F. Colonna, 1499, Venecia.

▲ Giorgione, *Los tres filósofos*, 1505, Kunsthistorisches Museum, Viena.

La ciudad mágica suelen representarse flotando en el aire o rodeada de agua, en una densa cortina de nubes o protegida por altas y recias murallas.

Ciudad mágica

Características
Son lugares iniciáticos a los que solo el sabio tiene derecho a acceder

Ciudades simbólicas, míticas y reales
Atlántida, Babilonia, Semíramis, Jerusalén, Adocentyn, Heliópolis, Cnosos, Tebas, Citeres, Ciudad del Sol, Utopía, Laputa, Macaria, Christianopolis; Siete maravillas del mundo (pirámide de Giza, coloso de Rodas, templo de Diana en Éfeso, estatua de Zeus en Olimpia, tumba de Mausolo en Halicarnaso, murallas y jardines de Babilonia, palacio de Semíramis, templo de Salomón en Jerusalén, faro de Alejandría)

Tradiciones religiosas y sapienciales
Zoroastrismo, hermetismo, platonismo, neoplatonismo, alquimia, cábala

En el mundo antiguo, la fundación de las ciudades iba acompañada de complejos rituales mágicos y religiosos, cuya función era proteger a la comunidad de ciudadanos y sus gobernantes (reyes y sacerdotes) y aprovechar al máximo las características energéticas del territorio elegido. Por lo general, el recinto amurallado se trazaba siguiendo un esquema cuadrangular, ya que la figura del cuadrado se consideraba el símbolo de la perfección y la estabilidad del mundo. También era habitual esconder amuletos y talismanes apotropaicos en lugares significativos, y ocultar el nombre secreto de la ciudad en documentos reservados a poquísimos elegidos. El objetivo de estas prácticas era impedir la conquista o decadencia de los centros urbanos por causas externas, como los asedios, o razones internas, como las revueltas populares o las catástrofes naturales.

La primera ciudad de tipo mágico es la egipcia Adocentyn, fundada por Hermes Trismegisto a imagen del universo. En el mundo griego, la ciudad dotada de características esotéricas es Tebas. Rodeada por siete inexpugnables murallas, franqueadas por otras tantas puertas doradas, Tebas es el símbolo de la ciudadela iniciática que custodia los secretos de la sabiduría hermética. Las siete maravillas del mundo, en fin, corresponden a los siete astros planetarios que gobiernan la región sublunar, y esconden en su propia estructura geométrica los arcanos de la sabiduría divina.

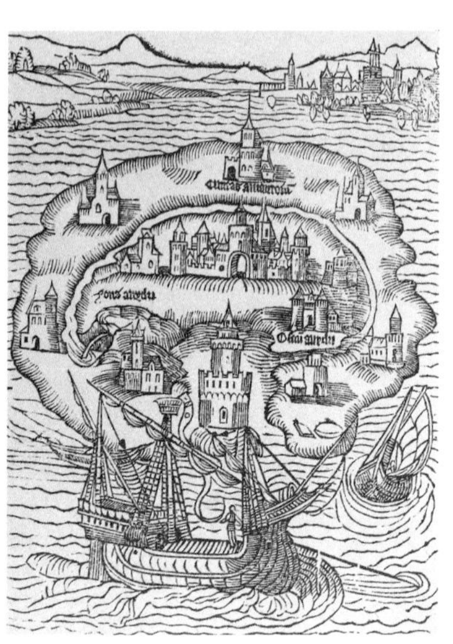

Para la tradición bíblica, la torre de Babel representa la confusión de la humanidad, mientras que el mundo antiguo la veía como una construcción llena de valores mágicos y simbólicos. Su nombre significaba «puerta de Dios».

Su descomunal altura tenía por función representar el puente y eslabón entre la dimensión divina y celestial y la humana y terrestre. En su cumbre, astrólogos y magos observaban los signos astrales y canalizaban hacia la tierra las energías espirituales procedentes de las estrellas.

La composición en franjas concéntricas, inspirada en los zigurats sumerios, sirve para reflejar la estructura del cosmos en la tierra. A cada planta le correspondía una esfera planetaria o un signo del zodíaco.

◄ *La isla de Utopía*, grabado de la *Utopía* de Tomás Moro, 1516.

▲ Pieter Bruegel el Viejo, *La torre de Babel*, 1563, Kunsthistorisches Museum, Viena.

Se representan con imágenes cifradas, densamente pobladas de emblemas y jeroglíficos, o a través del motivo de la reunión de artistas, literatos y filósofos.

Sociedades secretas

Protagonistas históricos y legendarios
Guillaume de Lorris, Jean de Meung, Dante Alighieri, Lorenzo el Magnífico, Marsilio Ficino, Pico della Mirandola, Paracelso, Christian Rosencreutz, J. Valentine Andreae, Robert Fludd, J. Kaspar Lavater, Giuseppe Balsamo (conde de Cagliostro), conde de Saint-Germain

Símbolos relacionados
Espada y paleta (templarios); rosa de cinco pétalos (Fieles de Amor); compás y escuadra (masonería)

Las sociedades secretas y los círculos esotéricos nacieron con el objetivo de fomentar la renovación espiritual de una pequeña elite a través de la recuperación de formas arcanas de conocimiento y de la prohibición absoluta de divulgar a las masas los principios y el alfabeto de la doctrina a la que se estaba adscrito.
Los templarios, cuya finalidad secreta era la reconstrucción del templo de Salomón, fueron una de las primeras órdenes esotéricas del occidente cristianizado. La sociedad de los rosacruces, derivación de los Fieles de Amor –a los que pertenecieron los autores del *Roman de la Rose* y Dante Alighieri–, se proponía liberar el espíritu de sus miembros de cualquier sujeción a formas de poder terreno y temporal (desde los sentidos hasta las pasiones, y desde las ambiciones públicas hasta las instituciones políticas). La flor mística de esta secta, la rosa, símbolo de belleza, amor y vida, expresa la tensión hacia la elevación espiritual y la aspiración de refundar una religión natural basada en el conocimiento de las correspondencias armónicas que impregnan los reinos del cosmos. Por último, los francmasones profesaban el culto de la luz, la igualdad y la hermandad entre los hombres.
En el Renacimiento, muchos círculos políticos y culturales escondían intereses de tipo esotérico, como la Academia Neoplatónica de Careggi y la corte de Isabel I Tudor, reina de Inglaterra.

El compás y la escuadra son los símbolos de la masonería.

El nacimiento de esta fraternidad está envuelto en sombras y leyendas, como el de muchos círculos esotéricos. Lo cierto es que heredó el mensaje espiritual de los templarios y los rosacruces, erigiéndose en depositaria de las verdades reveladas en el Apocalipsis y de los secretos contenidos en los textos cabalísticos.

Las columnas remiten a los pilares del templo de Salomón, Jakin y Boas.

◄ Domenico Ghirlandaio, *Zacarías en el templo* (detalle), 1486-1490, basílica de Santa Maria Novella, capilla Tornabuoni, Florencia.

▲ *Emblema masónico*, siglo XIX, Museo del Risorgimento, Milán.

Son la fuente de inspiración de muchos ciclos pictóricos de carácter profano, del Renacimiento a la Ilustración. A finales del siglo XIX fueron el tema favorito de los prerrafaelitas.

Novelas esotéricas

Divinidades y mitos relacionados
Isis y Osiris, buey Apis; Amor y Psique

Difusión iconográfica
Renacimiento y barroco (tapices, miniaturas, grabados, ciclos parietales al fresco, pinturas sobre tela, vidrieras, obras escultóricas), siglos XVIII y XIX (pinturas e ilustraciones)

Los poemas y narraciones esotéricos se difundieron por el mundo antiguo desde la aparición de la escritura. La *Ilíada* y la *Odisea*, las *Argonáuticas* y la *Eneida* contienen numerosos episodios de naturaleza mágica, como el descenso del héroe al inframundo, la conquista de talismanes capaces de otorgar la inmortalidad o el poder, y la presencia de encantamientos y sortilegios. En la Antigüedad tardía, el interés manifestado por los filósofos y literatos hacia Egipto y sus cultos mistéricos inspiró a Plutarco y Apuleyo dos novelas, el *De Iside et Osiride* y las *Metamorfosis*, cuya larga fortuna las llevó posteriormente a ser utilizadas como fuentes de inspiración de muchos ciclos pictóricos. Los principales textos iniciáticos de la Edad Media son el *Roman de la Rose* de Guillaume de Lorris y Jean de Meung y la *Divina Comedia* de Dante Alighieri, que abordan en clave alegórica la elevación espiritual del alma humana a través del conocimiento y la observación de los preceptos de los rosacruces. Estos poemas dan fe del nexo entre las ciencias ocultas y la esfera del poder (secular o religioso), reservando a los iniciados el descubrimiento del mensaje oculto bajo los meandros de la narración alegórica.

La *Hypnerotomachia Poliphili* (que cuenta la iniciación de un joven en los misterios del amor), el *Paraíso perdido* de Milton y el *Fausto* de Goethe completan la serie de los textos iniciáticos más prestigiosos que tiene la tradición occidental.

El rico, sentado y con la mesa puesta, ofrece vino a Lucio.

En la cámara nupcial, una mujer noble se entrega al animal.

El sacerdote hace comer al falso asno la flor de la iniciación; gracias a la corona de rosas recibida de Isis, Lucio es liberado del hechizo y recupera su apariencia.

El asno también es el símbolo de la teología negativa, la doctrina que llega a la prueba de la existencia de Dios basándose en la exclusión del mal y del no ser. En la tradición hebrea corresponde a Tartac, divinidad de cabeza de asno asociada al dios de los cristianos por los paganos de la Antigüedad tardía.

El asno, que ha entrado en la cocina de un hombre rico, empieza a comer carne. Maravillados, los criados lo llevan ante su señor.

▲ Rafael (escuela de), *Historias del Asno de oro*, h. 1530, Castello dei Rossi, estancia del Asno de Oro, San Secondo (Parma).

◀ Johann Heinrich Füssli, *El sueño del pastor*, 1793, Tate Gallery, Londres.

Las bodas de Amor y Psique aluden a la unión del deseo y el amor. Su enlace fructificará en un hijo llamado Placer, metáfora del Sumo Bien.

▲ Jacopo del Sellaio,
Fábula de Psique, h. 1475,
Fitzwilliam Museum, Cambridge.

Psique (o sea, el alma) se ve obligada a someterse a una serie de pruebas iniciáticas para expiar la ofensa a Amor.

El dios, símbolo de la belleza ideal y la sacralidad de los misterios iniciáticos, abandona a Psique para volver al Olimpo. Esta fábula representa los peligros de las iniciaciones sacrílegas, donde el aspirante a iniciado desvela (y profana, por lo tanto) los misterios eróticos y religiosos.

Todos los episodios de la historia están plasmados a la vez dentro del cuadro, formando una representación del ascenso espiritual del alma desde el mundo terreno y material (regido por los cinco sentidos y los elementos) hasta el mundo celeste y espiritual.

Faltando a su promesa, la joven mira la cara del amado mientras duerme; a causa de este gesto, Amor desaparece.

Polifilo cae en un estado de profunda catalepsia, una especie de muerte aparente causada por el amor no correspondido que siente por Polia. Su viaje onírico culminará en la conquista de la amada.

Polia, la parte casta y racional del alma de Polifilo, asiste a la flagelación de dos mujeres jóvenes por Cupido.

Las jóvenes son un desdoblamiento de Polia. Representan su álter ego psíquico, sordo todavía a los requerimientos amorosos de Polifilo.

Amor encarna el principio que alienta el universo y hace respetar el justo equilibrio.

▲ Xilografías de la *Hypnerotomachia Poliphili* de F. Colonna, 1499, Venecia.

El diabólico Mefistófeles representa la voluntad de superar los límites psíquicos, intelectuales y físicos asignados a las criaturas mortales.

Fausto ha recibido poderes mágicos prodigiosos a cambio de entregar su alma al diablo.

Según la tradición popular, el caballo es un animal asociado al inframundo y la noche.

▲ Mijaíl Vrubel,
El vuelo de Fausto y Mefistófeles,
h. 1890-1900,
Galería Tretiakov, Moscú.

Alquimia

Alegorías y personificaciones

Alquimia
Luz y sombra
Viaje
Dios arquitecto
Adán alquímico
Cristo-lapis
Rebis
Mercurio hermético
Saturno hermético
Melancolía

La naturaleza y sus elementos

Naturaleza
Quintaesencia
Elementos
Agentes
Metales
Animales

El magisterio y sus fases

Magisterio
Fases y claves
Bodas químicas
Piedra filosofal

Emblemas, instrumentos y protagonistas

Fuente alquímica
Árbol filosófico
Fortaleza alquímica
Huevo filosófico
Vaso hermético
Atanor
Laboratorio
Maestros y discípulos
Trabajo
Juego de los niños
Escalera
Rueda

◄ William Blake, *El origen del mundo (Metamorfosis simbólica)*, 1824, Withworth Art Gallery, Manchester.

Puede representarse en forma alegórica y antropomorfa, con jeroglíficos y cifras criptográficas e imágenes de alquimistas en su laboratorio, rodeados por los instrumentos de su oficio.

Alquimia

Nombre
De los términos grecoárabes *als*, «sal», y *kimiya*, «fluyo, fundo». Según otros, la palabra *kimiya*, del egipcio *kemet*, «tierra negra», se refiere al limo depositado en las orillas del Nilo

Orígenes
Nació en la India védica y se difundió por todo el Mediterráneo entre los siglos VIII y VII a.C.

Características
Se divide en una parte técnico-práctica (alquimia operativa) y una parte teórico-mística (alquimia espiritual).

Variantes y otras definiciones
Ars regia; scientia Dei; arte de la crisopeya; medicina espagírica; iatroquímica; arte hermética, magia natural; aurora, hora de oro

Tradiciones esotéricas relacionadas
Pitagorismo, neoplatonismo, hermetismo, gnosticismo, cábala, mnemotecnia

La alquimia es una forma de conocimiento que aspira a la transformación psicológica y espiritual del individuo a traves del dominio de las energías creativas que impregnan la naturaleza y la mente humana. Comprende una parte práctica, basada en un conocimiento detallado de la materia y sus elementos, y un recorrido de tipo iniciático, expresado metafóricamente en el mito de la transmutación de los metales viles en oro. Su origen se ha querido encontrar en una serie de figuras legendarias pertenecientes a las principales tradiciones esotéricas y religiosas de la humanidad: Adán, Tubalcaín y Salomón, Hermes Trismegisto y María la Hebrea. Según la literatura apocalíptica, fueron los ángeles rebeldes quienes enseñaron a los hombres la vía para conquistar la piedra filosofal, símbolo de la elevación espiritual del alma y emblema de la imaginación creadora. Desde el punto de vista práctico, la alquimia contribuyó al descubrimiento de las leyes que regulan la composición de las sustancias, favoreciendo también el progreso tecnológico, con el descubrimiento de la destilación del alcohol, la composición de la porcelana o la pasta de vidrio, y la invención de la pólvora. Se configura como una forma de saber universal basado en el principio de la armonía de los contrarios (*concordia oppositorum*), que da al iniciado la posibilidad de integrar armoniosamente todos los aspectos de la existencia humana.

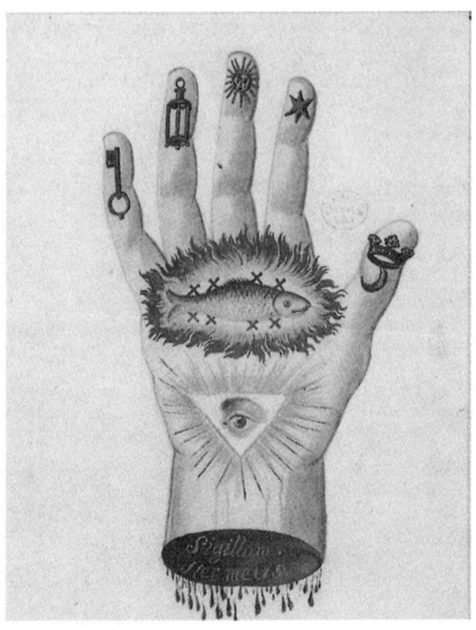

El fénix es la coronación de la obra alquímica. Representa la dimensión espiritual y divina (el oro de los filósofos) donde tuvieron su origen las almas.

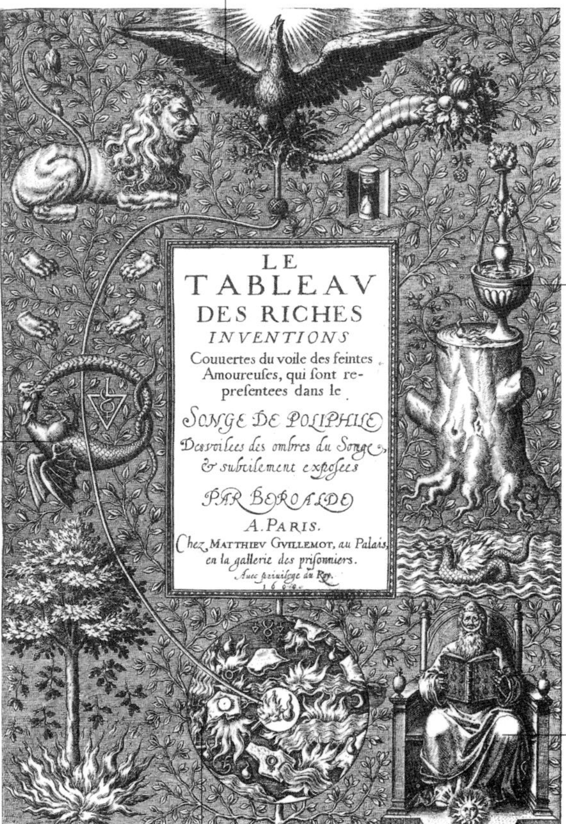
LE
TABLEAV
DES RICHES
INVENTIONS
Couuertes du voile des feintes
Amoureuſes, qui ſont re-
preſentees dans le
SONGE DE POLIPHILE
Desvoilees des ombres du Songe,
& subtilement exposees
PAR BEROALDE
A PARIS.
Chez MATTHIEV GVILLEMOT, au Palais,
en la gallerie des priſonniers.
Auec priuilege du Roy.
1600.

La serpiente y el dragón entrelazados representan la unión del azufre y el mercurio, además de ser un emblema de la totalidad universal y de la armonía de los contrarios.

La fuente, el tronco, la clepsidra, la cornucopia y el árbol son símbolos del magisterio hermético.

El artífice-filósofo hace realidad la perfección del hombre y la naturaleza, tanto desde la perspectiva física (cuidado del cuerpo) como desde la perspectiva energética y espiritual (cuidado del alma).

Del caos de los elementos, regido por las correspondencias entre planetas y metales, se extrae la materia prima. Una vez purificado, este sustrato primordial dará origen a la milagrosa sustancia (fénix) capaz de transmutar los metales viles (la impureza) en oro (la perfección).

◄ *La mano alquímica con los símbolos de la transmutación,* miniatura de la *Alchimia Hermetis, siglo* XVII, *Orzàgos Széchényi Könyvtar, Budapest.*

▲ *Alegoría alquímica,* portada de *Le tableau des riches inventions* de François Béroalde de Verville, 1600.

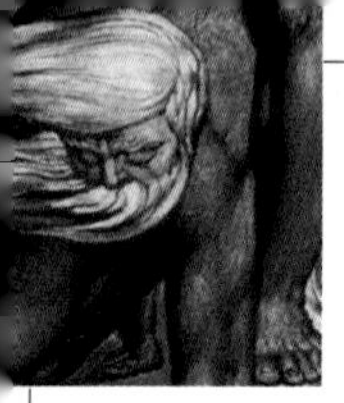

Pueden ser representadas por las divinidades correspondientes (Aurora, Día, Crepúsculo, Noche), o bien por las tonalidades cromáticas relacionadas con las fases de la obra alquímica.

Luz y sombra

Características
El paso gradual de las tinieblas nocturnas a la luz solar es una metáfora del magisterio hermético y sus principales etapas. También representa la plena realización de la personalidad a través de la integración de la «Sombra» (psicoanálisis junguiano)

Variantes y otras definiciones
Tinieblas y alba; Aurora, Crepúsculo, Noche; Sol y Luna; conciencia e inconsciente

Fases alquímicas y símbolos relacionados
Nigredo (tinieblas), *albedo* (alba, aurora), *citrinitas y rubedo* (luz solar); Sol negro, león rojo, fénix

Tradiciones culturales y esotéricas relacionadas
Regla de los esenios, maniqueísmo

Los alquimistas usan la contraposición luz/sombra como una metáfora del magisterio, y una imagen de la polaridad entre los principios energéticos que gobiernan el universo.

La luz se identifica con la energía vivificante y creadora, el soplo espiritual que infunde la perfección en los cuerpos y permite llevar la obra hermética a su cumplimiento. En la interpretación junguiana, la Aurora filosófica también representa el proceso de integración de la «Sombra». Las tinieblas designan el estado de las sustancias que aún no han sido sometidas al proceso de purificación, pero también la materia primordial (*hyle*), informe y caótica, de la que Dios extrajo el cosmos. También pueden estar asociadas a la naturaleza doble y contradictoria del Mercurio alquímico, al dragón que se muerde la cola (*ouroboros*) y al falso hijo de Dios (el arquetipo del mal), conocido con el nombre de Antimimos. La oscuridad, por último, señala el *modus operandi* de los alquimistas, obligados a mantener el más estricto secreto sobre el arte y su práctica. A este respecto es emblemático el lema «obscurum per obscurius», que designa el magisterio.

El mundo natural también está subdividido en función de la polaridad entre la luz y la sombra. La dimensión luminosa comprende animales como el gallo, el fénix, el cisne, la oca, el águila, el carnero y el león, y plantas como el heliotropo y el lupino, mientras que las lechuzas, los sapos y los basiliscos son seres de las tinieblas.

► *El Sol negro (alegoría del oro común),* del *Splendor Solis* de S. Trismosin, siglo XVI, British Library, Londres.

La Aurora («hora de oro») es un símbolo de redención y de renovación espiritual. También representa la personalidad que ha llegado al final del proceso de individuación (conquista del «sí mismo» junguiano). En la tradición hermética es una metáfora de la Sofía, el principio cognoscitivo que pone fin a la ignorancia del iniciado y a la purificación de la materia.

El hijo de la Aurora hermética es Mercurio-Cristo, la serpiente sanadora que resucita los muertos.

El Sol negro es una referencia al motivo del oscurecimiento psíquico y mental. También designa el oro común, claramente distinto a la pura esencia del oro filosofal.

▲ Philipp Otto Runge, *La mañana*, 1808, Kunsthalle, Hamburgo.

La Noche es la madre primigenia de los arquetipos que regulan el cosmos: Eros (el principio hermafrodita del deseo), el Cielo y la Tierra. Alquímicamente, simboliza la potencialidad indiferenciada: el caos de los elementos.

El paso de las tinieblas nocturnas a la luz solar indica el proceso en que lo que hay de divino en las sustancias se libera de las adhesiones corporales. Zuccari también plasma este cambio en la partición cromática del fresco (desde el amarillo anaranjado al celeste violáceo).

► Taddeo Zuccari, techo con *La Aurora*, siglo XVI, Palazzo Farnese, Stanza dei Sogni, Caprarola.

El caduceo de Mercurio, principal agente de las transmutaciones alquímicas, está formado por dos serpientes entrelazadas. Representa la unión armónica de los contrarios y la dualidad inherente a todos los seres.

La Aurora aparece en el cielo sobre un carro tirado por caballos blancos.

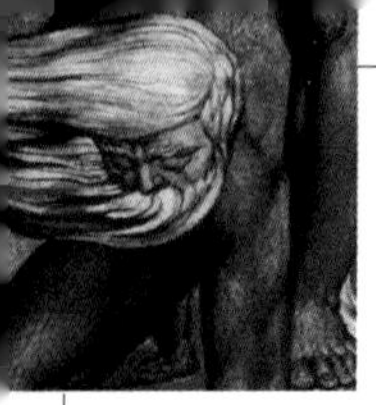

Sus representaciones van desde empresas épico-mitológicas hasta el motivo del viaje al más allá o por mar, pasando por la imagen de la peregrinación en busca de textos ocultos y maestros.

Viaje

Características
Se trata de un proceso de naturaleza espiritual en el que participa todo el aparato cognoscitivo, psíquico y afectivo de la persona que lo lleva a cabo

Variantes y otras definiciones
Búsqueda de la piedra filosofal, peregrinación mística, viaje nocturno por el mar, viaje a los infiernos, descenso del alma por las esferas planetarias, búsqueda del Santo Grial, viaje por el inconsciente, conquista del yo

Símbolos relacionados
Escalera de Jacob, escalera hermética, escalera mitraica; planetas, metales, fases de la obra

Tradiciones culturales y esotéricas relacionadas
Misterios egipcios, orfismo, platonismo, budismo, aristotelismo, zoroastrismo, gnosticismo, psicoanálisis junguiano

La alquimia es un trayecto de elevación espiritual que sigue unas etapas muy concretas (los estadios del magisterio) y acaba en la toma de conciencia de la armonía de los contrarios (masculino y femenino, luz y sombra, Sol y Luna) y de la correspondencia entre las dimensiones de la realidad (cielo/espíritu, aire/psique, tierra/cuerpo). Por eso la metáfora del viaje es una de las imágenes más difundidas para describir la articulación del procedimiento alquímico y la conquista de su objetivo: la integración de los principios psíquicos, energéticos y corpóreos que presiden la vida universal y humana. Muchos relatos míticos sobre la conquista de ciudades y tesoros en tierras lejanas expresan figuradamente este objetivo esotérico; así, los doce trabajos de Hércules y la expedición de los argonautas a la Cólquide (patria del Sol y de su descendencia) narran la iniciación del pueblo griego en los misterios egipcios, mientras que la *Odisea* describe la peregrinación iniciática del aspirante más allá de los confines del mundo conocido. La toma de Troya, cantada en la *Ilíada*, también tiene una motivación oculta: la conquista por los aqueos de un saber iniciático desconocido para ellos. Por último, la victoria de Teseo sobre el Minotauro expresa el sometimiento de unos cultos mistéricos arcaicos ligados a la concepción sagrada de la naturaleza y la mujer (Io, Pasífae, Ariadna) a la nueva organización social, religiosa y cultural basada en el patriarcado.

Los argonautas son héroes iniciáticos que han salido a conquistar la Gran Obra. El vellocino de oro, custodiado en la Cólquide, es en realidad una metáfora de la piedra filosofal. De hecho, parece que se trataba de un libro de pergamino que contenía indicaciones sobre la fabricación artificial del precioso metal.

Jasón encarna al iniciado en los misterios sagrados ligados al culto del Sol.

La nave Argos es una nueva versión del barco de Isis, señora de las aguas y de las artes ocultas. Representa el arca de la renovación, y permite la transmisión epocal del conocimiento y el poder de Oriente (Egipto, Mesopotamia) a Occidente (Grecia).

◀ Domenico Beccafumi, *Viaje de Cristo al Limbo*, 1536, Pinacoteca Nazionale, Siena.

▲ Lorenzo Costa, *La expedición de los argonautas*, 1484-1490, Museo Civico degli Eremitani, Padua.

La joven del ovillo es Ariadna, hija de Minos, rey de Creta. Encarna el elemento femenino (el alma) de Teseo.

▲ Maestro de los Cassoni Campana, *Teseo y el Minotauro*, 1510-1520, Musée du Petit Palais, Aviñón.

La victoria de Teseo sobre el Minotauro representa el dominio de la razón sobre los instintos animales.

Teseo aparece como un caballero del siglo XVI. Ambientar el relato mítico en escenarios contemporáneos era una costumbre muy extendida entre los pintores renacentistas.

El laberinto simboliza el viaje interior del héroe por su propio inconsciente.

El viaje al inframundo es un paso que dan todos los fundadores de iniciaciones cognoscitivas y espirituales: Gilgamesh, Prometeo, Odiseo, Orfeo y Jesús.

Los Campos Elíseos, el paraíso grecorromano al que estaban destinadas las almas de los héroes, representan la conquista de la meta iniciática: la felicidad y la armonía del alma.

Eneas es la encarnación del alma peregrina, que antes de alcanzar la elevación espiritual (Italia) debe pasar por las etapas de la sensibilidad (Troya) y la acción (Cartago).

▲ Dosso Dossi, *Descenso de Eneas a los Campos Elíseos* (detalle), h. 1520, National Gallery of Canada, Ottawa.

El peregrino es la imagen del alquimista en busca de la piedra filosofal. También representa al Mercurio alquímico, definido como «viajero» y «peregrino» a causa de su volatilidad.

La meta de la peregrinación es el santuario de Compostela, donde se produce el encuentro con la figura del Cristo-lapis: el conocimiento hermético contenido en los manuscritos árabes que se guardaban en la España del siglo XII.

El bastón es un atributo del apóstol Santiago, patrón de los alquimistas y los sanadores.

▲Alberto Durero, *Gerson como peregrino*, 1494, frontispicio de la *Quarta pars operum* de J. Gerson, Estrasburgo, 1502.

Al Dios arquitecto se le representa ordenando el caos, o midiendo el mundo con su compás, símbolo de racionalidad y de conocimiento superior.

Dios arquitecto

Orígenes
Deriva de la figura del demiurgo platónico y gnóstico

Variantes y otras definiciones
Anthropos, hombre hermético, hombre-microcosmos, maestro masónico

Símbolos relacionados
Compás, pentagrama, sello de Salomón, macrocosmos, pelícano

Tradiciones esotéricas y sapienciales relacionadas
Pitagorismo, platonismo, gnosticismo, masonería

Difusión iconográfica
Finales de la Edad Media y Renacimiento (arte de la miniatura y ciclos parietales al fresco); época barroca y siglo XVIII (pinturas al óleo, grabados)

La figura de Dios arquitecto, señor y creador del cosmos (el universo ordenado según pautas racionales y geométricas), fue utilizada por los alquimistas como una imagen emblemática del papel del maestro, quien ha cumplido la Gran Obra y ha conquistado la piedra filosofal (símbolo de la dimensión divina oculta en la naturaleza humana, rescatada y activada gracias a la renuncia al egoísmo individual y al alejamiento de las pasiones terrenales). Esto permitió a los iniciados establecer una ecuación entre la obra alquímica y la creación divina.

La metáfora del divino arquitecto también es la base del valor cognoscitivo y universal atribuido a las artes figurativas durante el Renacimiento. Leon Battista Alberti, Filippo Brunelleschi, Donato Bramante, Leonardo, Rafael y Miguel Ángel partieron de este tema para llevar a cabo una nueva y radical evaluación de su oficio, sustrayéndolo al reductivismo de la definición de «arte mecánica». Para la visión renacentista el arquitecto y el pintor saben leer en la naturaleza tanto como el sabio y el filósofo, y traducir en edificios o telas la presencia concreta de la forma ideal que ha dado origen a la obra. Como el demiurgo platónico, tienen la clave que permite dar vida a las sustancias inertes y extraer de la materia el elemento espiritual que impregna todo lo que ha sido creado.

Este tema iniciático, esencial también en la masonería, se convirtió en uno de los motivos predilectos de la obra de William Blake.

► William Blake, *El demiurgo*, ilustración de Jerusalén, 1804-1820.

Dios Padre es el sumo arquitecto del cosmos. Alquímicamente, esta figura se identifica con la del sabio-filósofo, señor del microcosmos y creador de nueva vida a través de la Gran Obra.

▲ *Dios padre midiendo el mundo con su compás,* h. 1220, miniatura de la Biblia moralizada, Österreichische Nationalbibliothek, Viena.

El compás simboliza la verdad y la razón, con las que el iniciado puede ponerse por encima del dominio de los sentidos y elevarse hasta la comprensión de lo inteligible.

Se representa con el motivo de la pareja adánica en el paraíso terrenal, o con la imagen del andrógino y del hombre-microcosmos.

Adán alquímico

Nombre
Del hebreo *Adamah*, palabra que designa una tierra arcillosa de color rojizo

Orígenes
Deriva de la exégesis del libro del Génesis hecha por el alquimista Zósimo de Panópolis

Variantes y otras definiciones
Adán qadmon, Adán celeste; Anthropos, hombre universal, hombre-microcosmos, Cristo pantocrátor, Mercurio, Tot; tierra virginal, tierra ígnea, tierra carnal

Fases alquímicas, mitos y símbolos relacionados
Obra al rojo, paraíso terrenal, Prometeo y Epimeteo; carne, alma, espíritu

Tradiciones religiosas y sapienciales
Mitología griega, cábala, gnosticismo, hermetismo, zoroastrismo, psicoanálisis junguiano

El Adán alquímico, síntesis de todos los contrarios y expresión de la armonía que gobierna todos los niveles del cosmos, es «el ser que genera el universo y lo contiene» (Plutarco). Nacida de la tierra y del soplo divino, guarda el secreto de la creación universal, motivo esotérico que también aparece en la imagen del androide y del *homunculus*. Coincide con el hombre-microcosmos y con el *Anthropos* gnóstico, el hombre de luz que mora en el paraíso, dando nombre a todas las cosas e interpretando todo lo que existe con su inteligencia.

La perfección adánica equivale al descubrimiento del arcano universal de la vida, y al dominio del poder sobrenatural con el que Dios dio origen al cosmos. Dicha perfección se expresa a través de la unión del alma y el cuerpo, el mito de la androginia y la armonía de los principios que rigen el universo.

Zósimo de Panópolis, uno de los mayores alquimistas alejandrinos, interpretó el nombre de Adán como una síntesis de las palabras griegas que designan los cuatro elementos y los cuatro puntos cardinales: aire (levante), agua (septentrión), tierra (poniente) y fuego (meridión). Para la cábala, el Adán celeste representa el orden espiritual contrapuesto al Adán terrestre, creado a partir de la materia primordial caótica e informe.

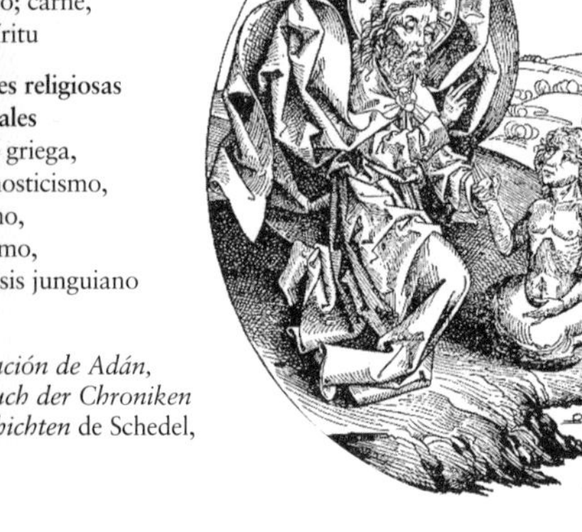

► *La creación de Adán*, de *Das Buch der Chroniken und Geschichten* de Schedel, 1493.

La serpiente de Hermes y de Asclepio, guardiana del árbol de la vida y del conocimiento, encarna la energía destructora (fuego terrestre) que escapó al control del hombre tras la culpa de los progenitores.

El pecado original es una metáfora del egoísmo radical, actitud que condujo a la caída de Adán y a la expulsión de los progenitores del paraíso terrenal.

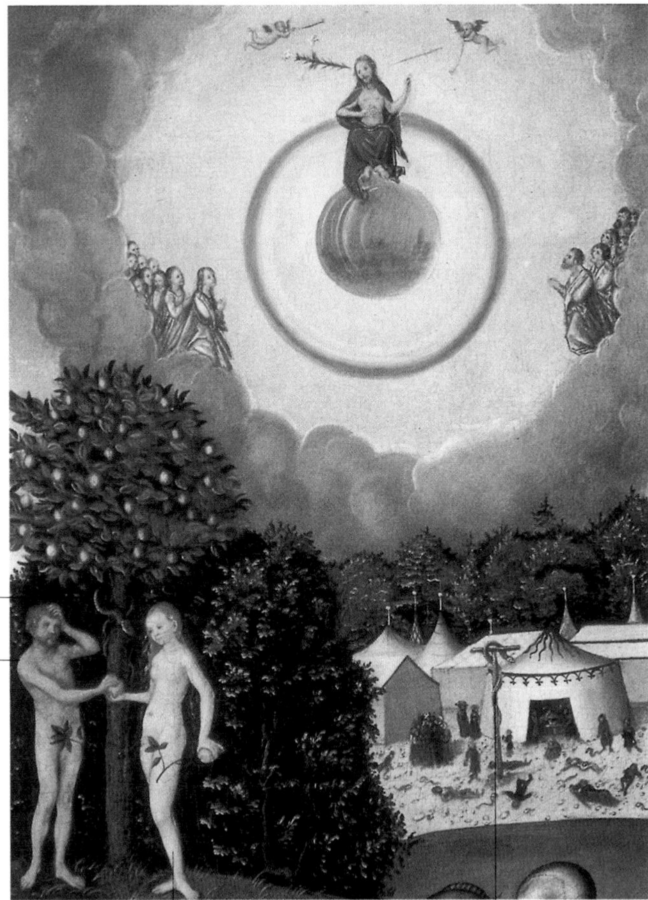

Según una tradición esotérica, Eva representa la parte cognoscitiva de Adán, la dimensión espiritual que se perdió con el pecado.

La serpiente de bronce clavada en la cruz (eje del mundo) es una referencia al dominio de la energía creadora por el mago-alquimista. También recuerda la figura de Cristo, el segundo Adán, en quien se cumple la redención de la humanidad.

▲Lucas Cranach, *Caída y redención del hombre*, 1529, Österreichische Nationalbibliothek, Viena.

La espada ardiente del querubín representa la fuerza espiritual (o luz divina) que impregna lo creado. Reconquistar el dominio de esta arma sagrada es la meta de la búsqueda alquímica.

La expulsión de Adán y Eva es una referencia a la materia prima todavía no purificada de sus adhesiones terrenales, derivadas de la caída de las almas a través de las esferas planetarias y su comercio con el cuerpo.

El paraíso terrenal tiene la forma de un pentáculo perfecto. Representa la totalidad del cosmos y la síntesis armónica de los principios que lo rigen: masculino y femenino, inteligencia y amor, acción y pasión.

▲ Escuela toscana, *Adán y Eva*, miniatura de un antifonario de principios del siglo XVI.

Eva representa la dimensión femenina del hombre universal. También es conocida con el nombre de «primera Pandora», raíz de todos los males y parte oscura (inconsciente) de nuestro aparato psíquico.

Originalmente, el primer hombre era de naturaleza andrógina, verdad de tipo esotérico divulgada a los no iniciados a través de la imagen de Eva naciendo de la costilla de Adán.

El Adán celeste es una metáfora del hombre-microcosmos, síntesis perfecta de los componentes físicos, psíquicos y espirituales que pueblan el universo. Coincide con el Anthropos *gnóstico y con el Adán alquímico. En cuanto al Adán terrestre, es la plasmación de los cuatro elementos naturales (aire, agua, tierra y fuego) sujetos a corrupción y muerte.*

▲ Marc Chagall, *Homenaje a Apollinaire*, 1911-1912, Stedelijk Van Abbe Museum, Eindhoven.

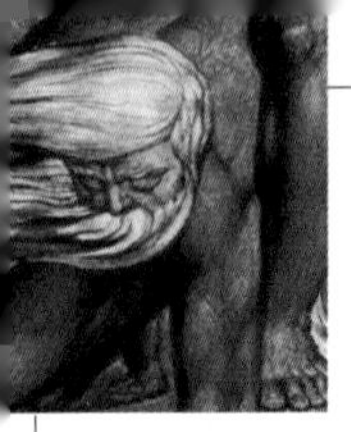

Figura en episodios de la vida de Cristo, o en los motivos de la Virgo gravida *y de la* Virgo lactans. *La lectura en clave alquímica de Jesús durmiendo en el regazo de la Virgen es controvertida.*

Cristo-lapis

Orígenes
Apareció durante el siglo XIII en el *De lapide philosophorum* de Arnau de Vilanova, y en la segunda mitad del XIV se consolidó como *exemplum* retórico en la obra de Gratheus.

Características
Describe el procedimiento alquímico mediante analogías con la historia sagrada

Otras definiciones
Mercurio de los filósofos, piedra filosofal, logos, niño filosófico; Anthropos, hombre universal, hombre-microcosmos, segundo Adán, Mercurio, Tot

Fases alquímicas y símbolos relacionados
Cruz griega, cuatro elementos, cuatro evangelistas

Difusión iconográfica
Uno de los *topoi* de la iconografía alquímica a partir del siglo XVI, tras su incorporación al *Rosarium philosophorum* y al *Libro de la santa Trinidad*

El motivo del Cristo-lapis, metáfora de la piedra filosofal y de la unión armónica de las polaridades opuestas que regulan lo real, es uno de los temas más fascinantes y sagrados del simbolismo hermético. La función redentora del Salvador es equiparada a la de la piedra de los filósofos, capaz de transmutar los metales viles en oro y liberar de adhesiones corpóreas el espíritu vital que impregna todas las sustancias del universo. El paralelismo entre la figura de Cristo y el *lapis* deriva de una serie de afinidades entre la biografía de Jesús y las vicisitudes del mercurio y el azufre durante el magisterio. Según Gratheus, alquimista medieval a quien se debe el origen de la metáfora cristológica, el nacimiento milagroso, sufrimiento, muerte y resurrección del hijo de Dios sirven para ejemplificar las fases del martirio del mercurio (separación del espíritu mercurial del cuerpo físico del metal) y de la fijación del azufre. A un nivel interpretativo más profundo, la doble naturaleza (humana y divina) de Cristo sirve para expresar la duplicidad del mercurio, síntesis perfecta de pureza (los metales nobles) y de imperfección (los metales viles) como contrapartida. El Cristo-lapis también es una metáfora del *logos* (la razón) inmanente a la materia, la chispa divina que desencadena el magisterio alquímico y cualquier proceso iniciático y creativo.

El equivalente alquímico del Espíritu Santo es el spiritus igneus *del mercurio.*

*Los alquimistas asociaron el fuego a la Trinidad, tres naturalezas en una sustancia: la luz creadora (*ignis lux*), la fuerza destructora (*ignis flama*) y la llama purificadora (*ignis carbo*).*

Cristo puede ser considerado como una personificación del carbo Dei, *el fuego renovador y redentor de origen celestial y divino. También representa el arquetipo de la liberación del alma de las cadenas de la* heimarmene, *la sujeción al destino de corrupción y muerte de las criaturas terrenales.*

◄ Piero della Francesa, *La Resurrección de Cristo*, h. 1450, Pinacoteca Comunale, Sansepolcro.

▲ Lorenzo Lotto, *Trinidad*, h. 1520, San Alessandro della Croce, Bérgamo.

La flagelación y la crucifixión corresponden al quebrantamiento y muerte del mercurio en el vaso alquímico. A través de este proceso, el espíritu mercurial se separa del cuerpo inerte de la materia.

▲ Hans Memling, *Pasión de Cristo*, 1470-1471, Galleria Sabauda, Turín.

Los brazos de la cruz representan los cuatro elementos y los cuatro puntos cardinales, las coordenadas celestes y terrenas que constituyen el cosmos.

La crucifixión remite a la fijación del azufre. Con estas imágenes se quiere subrayar el paralelismo entre la práctica alquímica y la historia del Redentor, a fin de poner en evidencia los significados sacrificiales, salvíficos y escatológicos del magisterio.

Cristo resucitado es una metáfora de la piedra filosofal, obtenida a través del martirio del mercurio. El sepulcro cuadrado es otra imagen del lapis, *formado por los cuatro elementos renovados y redimidos gracias a la acción del fuego purificador (Mercurio filosofal, agua ardiente, Cristo).*

La columna ha sido comparada al cuello de la Virgen, siguiendo una interpretación alegórica del cuadro como Inmaculada Concepción.

El Niño dormido ha sido interpretado como el Cristo-lapis, figura central de la alquimia cristiana. Según otros, en cambio, la imagen es una simple referencia al motivo tradicional de la Piedad.

El cuerpo de la Virgen recuerda la forma del atanor, matriz de la Obra alquímica.

El jarrón en forma de huevo podría representar el crisol dentro del que se convierte la materia en «oro» (Calvesi, Fagiolo dell'Arco). Otras interpretaciones descartan con firmeza cualquier referencia alquímica, interpretando el objeto como un símbolo de la pasión redentora de Cristo (Gabriel).

▲ Parmigianino,
Virgen del cuello largo,
1535-1540, Uffizi, Florencia.

El Redentor encarna la naturaleza paradójica del andrógino alquímico, síntesis perfecta de los contrarios (humano y divino) y expresión del «sí mismo» junguiano. Su unidad incorruptible se identifica con el lapis.

La presencia del velo de mármol, tomado de una receta alquímica secreta, pone de manifiesto la asociación entre Cristo y la piedra filosofal.

▲ Giuseppe Sanmartino, *Cristo velado*, 1752, capilla Sansevero, Nápoles.

Se representa con la imagen de Hermafrodito, o como un hombre bicéfalo dotado de atributos masculinos y femeninos, que en muchos casos tiene encima los símbolos del Sol y de la Luna.

Rebis

Nombre
De los términos latinos *re*, «cosa», y *bis*, «doble»

Orígenes
Aparece por primera vez en la *Aurora Consurgens* y el *Libro de la Santa Trinidad* (siglo XV)

Características
Representa la unidad de los contrarios y la conquista de una personalidad plenamente integrada

Variantes y otras definiciones
Mercurio, Hermafrodito, Cristo-lapis, Adán celeste, Anthropos gnóstico, andrógino, microcosmos, *concordia oppositorum*, *discordia concors*, nitrógeno, quintaesencia, Mercurio alquímico, piedra filosofal

Fases alquímicas, mitos y símbolos relacionados
Huevo cósmico, Eros órfico, Leda y el cisne, Adán y Eva en el paraíso terrenal, sello de Salomón, pentagrama, Sol (azufre), Luna (mercurio); leogrifo; elementos, cualidades

El Rebis alquímico, personificación alegórica del desarrollo equilibrado de las facultades cognoscitivas del hombre (sentidos, imaginación y razón), traduce en forma figurada el segundo precepto de la *Tabla Esmeraldina* («Lo más bajo es en todo parecido a lo más alto, y lo más alto es en todo parecido a lo más bajo, y esto es así para que se cumplan los milagros de una sola cosa»), identificándose con el motivo del hombre-microcosmos, medida y fin de la creación divina. A través de esta figura, los alquimistas expresan el dualismo universal (Sol/Luna, macho/hembra, cuerpo/espíritu, fijo/volátil, caliente/frío, seco/húmedo) que determina todas las manifestaciones de la vida.

En virtud de esas características, puede ser el intermediario entre lo inteligible y lo sensible, desempeñando las mismas funciones que el agente transformador (Mercurio espiritual) que impregna el cosmos.

El tema del andrógino alquímico deriva de las doctrinas órfico-pitagóricas de la filosofía platónica y de la interpretación cabalística de las Sagradas Escrituras, considerado el símbolo de la unión armónica entre las dimensiones opuestas de la realidad. El Rebis también simboliza al iniciado en la sabiduría hermética, aquel que ha pasado a ser digno de elevarse al grado de maestro tras haber vencido el cuaternario de los elementos.

El águila representa al Mercurio filosófico.

La parte masculina corresponde a la dimensión corpórea, y la parte femenina al aparato psíquico de la persona.

El andrógino es una alegoría de la piedra filosofal obtenida a través de la síntesis armónica de los elementos (físicos, psíquicos y espirituales) que forman las sustancias; la unión de los dos principios cósmicos, masculino y femenino, y de los dos estados, fijo y volátil.

La liebre (famosa por su velocidad) y el murciélago (mamífero que vuela) son dos símbolos de la fijación de lo volátil.

Las águilas en el suelo también son referencias a la fijación o «caída» de las partes volátiles de la materia.

◀ El Bosco, *Pareja alquímica en la burbuja* (detalle), del *Tríptico de las delicias*, 1503-1504, Museo del Prado, Madrid.

▲ *El andrógino*, miniatura de la *Aurora consurgens*, mediados del siglo XV, Zentralbibliothek, Zúrich.

Es posible que la barba y el bigote sirvieran a Duchamp para poner de manifiesto el contenido esotérico de la obra maestra de Leonardo. El carácter andrógino del rostro de la Gioconda, encarnación del hombre universal, podría ser una referencia a los conceptos de totalidad y perfección (natural y artística).

La inscripción inferior, «Elle hache o o qu», de significado irónico y vulgar, hace patente el sentido desacralizador de la obra de Duchamp respecto a la concepción áulica y nobilizadora de la pintura tradicional.

▲ Marcel Duchamp, *La Joconde*. L.H.O.O.Q, 1919, colección particular.

► Giorgio de Chirico, *Melancolía hermética*, 1918-1919, Musée d'Art Moderne de la Ville, París.

Se representa como un niño prendiendo fuego al compuesto alquímico, como el dios grecorromano Mercurio o como Hermes Trismegisto, Cristo y Arlequín.

Mercurio hermético

Padre de la alquimia y protector de las ciencias ocultas, Mercurio (identificado posteriormente con el egipcio Hermes Trismegisto) es uno de los pilares del magisterio.

Como el metal homónimo, tiene la facultad de adoptar la forma de cualquier sustancia, encarnando de ese modo la síntesis de las diversas dimensiones de la realidad. El papel central de esta figura deriva del aspecto andrógino del niño divino, característica que determina su naturaleza de principio de la generación y la transformación de todas las cosas. De hecho, el Mercurio de los filósofos se identifica con el fluido psíquico que está presente en todos los seres, dando origen a la cadena áurea de la simpatía universal. Su naturaleza doble y contradictoria hace que pueda adoptar el aspecto positivo de un guía, compañero o criado, pero también las figuras demoníacas del mono y del diablo, o la apariencia transgresora de Arlequín. Mercurio también desempeña una función importantísima en los rituales esotéricos, ya que sus enseñanzas permiten que el adepto cruce el límite invisible que separa el espacio y el tiempo cotidianos de la región de lo sagrado y del misterio. Este «mundo al revés», dimensión energética y espiritual reservada a unos pocos elegidos, es la vía de acceso a la comprensión de los arcanos que gobiernan la vida y la creación, tanto natural como artística.

Orígenes
Deriva del dios egipcio Tot, fundador de la escritura y depositario de la sabiduría mistérica

Características
Es el agente activo de la transmutación alquímica, capaz de aunar la simbología del círculo y del cuadrado, del cielo y de la tierra. Como Hermes Trismegisto representa al sabio que puede gobernar el fuego creativo, la sustancia espiritual que unifica las polaridades cósmicas (Sol/Luna)

Fases alquímicas y símbolos relacionados
Sublimación, solidificación; verbo, espíritu, aire, agua mercurial, vitriolo, goma arábica; Rebis

Metal
Mercurio

Animales
Serpiente, dragón, *ouroboros*, águila, buitre, leona alada, león verde, ciervo

Las nueve águilas con arcos y flechas en sus garras representan el elemento volátil de la materia.

La iglesia es una referencia a la casa-templo de los misterios egipcios, el lugar sagrado donde se cumple la iniciación.

El recipiente de líquido dorado (elixir de larga vida) es un símbolo de la alquimia.

Hermes Trismegisto es el iniciado por excelencia en los misterios de la Gran Obra, aquel que sabe extraer el oro (la dimensión espiritual) del vil metal (la materia) y llevar a su perfección la obra de la naturaleza.

La Tabla esmeraldina *contiene los principales preceptos de la sabiduría hermética. Este texto, aparecido en el siglo* VII *en lengua árabe, fue atribuido al legendario profeta.*

Los tres sabios recuerdan el motivo de la turba philosophorum *(reunión iniciática).*

▲ *Hermes Trismegisto con la «Tabla Esmeraldina»*, miniatura de la *Aurora consurgens*, mediados del siglo XV, Zentralbibliothek, Zúrich.

El caduceo es el símbolo de la longissima via, *tortuosa y laberíntica, que lleva al iniciado hasta la piedra filosofal. También representa el eje del mundo.*

Mercurio es el primus agens *del magisterio hermético, el principio disolvente que comunica el organismo individual con la fuente de la vida cósmica, y que también se halla en el origen de las operaciones mágicas y la medicina oculta.*

Las serpientes entrelazadas remiten a la doble espiral cósmica, símbolo del acuerdo de los contrarios (cielo y tierra, norte y sur, ascensión y puesta del Sol).

▲ Jacopo Zucchi, *Mercurio*, segunda mitad del siglo XVI, Uffizi, Florencia.

El animal es un emblema del Mercurio hermético. Asociado al diablo y a la simia Dei, *refleja la paradoja de la* concordia oppositorum *(unión del vicio y la virtud, el bien y el mal, lo divino y lo demoníaco).*

La inversión de la norma, manifestada en la acrobacia y el disfraz, es la base de la acción mágica y del rito esotérico.

▲ Pablo Picasso, telón para el ballet *Parade*, 1917, Centre Georges Pompidou, Musée National d'Art Moderne, París.

La bola con estrellas es un símbolo del cosmos.

Pegaso, el caballo alado, representa la síntesis del cielo y de la tierra.

Arlequín ha sido interpretado (Clair) como una transfiguración de las principales divinidades iniciáticas del mundo antiguo: el griego Hermes psicopompo, guía de las almas de los muertos, y los egipcios Tot y Nabu, guardianes de los misterios e inventores de la escritura. Como Hermes Tetracefalus y Mercurio Termaximos, señala la correspondencia de todos los planos de la realidad y la presencia de la energía creadora (divina y espiritual) en todos los grados de la escala de los seres.

Adopta el aspecto de un anciano meditando, o sometiéndose a un baño purificador; también de un soberano devorando una piedra, o a sus propios hijos.

Saturno hermético

Orígenes
Deriva de la filosofía neoplatónica antigua y renacentista

Características
Su atributo es una muleta rematada en un dragón que se muerde la cola. Esta iconografía equipara a Saturno con el *Mercurio senex* de los alquimistas. También está considerado como una trasposición mitológica del *nous* neoplatónico, el intelecto en el que tienen su origen todas las cosas

Variantes y otras definiciones
Primera materia, oro escondido, piedra sin labrar, cadáver en putrefacción, lobo gris, hombre negro, moro, etíope, cuerpo, *Mercurius senex, nous, mens,* espíritu

Fases alquímicas y símbolos relacionados
Nigredo, baño del rey, disolución, putrefacción, noche saturnina, vejez, muerte, tierra; siete

Metal
Plomo

Animal
Ciervo

Padre de la melancolía, de las facultades imaginativas y de la contemplación intelectual, Saturno es el astro inspirador de los alquimistas y los nigromantes, y la divinidad protectora de los artistas y los pensadores (de Marsilio Ficino a Lorenzo el Magnífico, y de Miguel Ángel a Durero). Tanto es así, que en el Renacimiento gozó de mucha popularidad la idea de que estar bajo el dominio de este planeta garantizaba una gran propensión a las disciplinas intelectuales, además de ser un elemento determinante de la categoría del genio artístico.

La fase inicial del magisterio alquímico, la *nigredo* o «puerta» de la obra, en la que la materia se purificaba y se elevaba a una forma de existencia superior, está ligada a Saturno. Para referirse a esta divinidad, astrológicamente contrapuesta a Júpiter, los adeptos usaban el nombre *Mercurius senex*, en virtud de su naturaleza andrógina plasmada en la guadaña curva (asociada al elemento tierra y a la dimensión de la gestación creativa). En el ámbito de los metales, Saturno corresponde al plomo, símbolo de oscuridad y muerte (la caída de la conciencia en el mundo caótico de los sentidos). Alquímicamente, la imagen del dios devorando a sus propios hijos coincide con la reabsorción del alma en la indistinción originaria.

La paloma blanca simboliza el espíritu vital (o neuma) separándose del cuerpo. También es definida como «sal de los metales» y reina de Saba.

Saturno representa la materia prima sometida al proceso de purificación en el agua mercurial.

El baño alquímico se produce en la fase de la nigredo, *y marca el paso a la etapa posterior del magisterio: la* albedo.

A través de la obra alquímica, el adepto logra descomponer el caos elemental y recomponerlo en una unidad superior.

◄ *Saturno,* del llamado *Tarot de Mantegna,* siglo XV, Uffizi, Gabinetto Disegni e Stampe, Florencia.

▲ *El baño alquímico,* de *La Toyson d'Or* de S. Trismosin, siglo XVIII, Bibliothèque Nationale, París.

Puede ser representada como una mujer triste y doliente (a veces con niños jugando alrededor), o mediante la imagen de un hombre adormilado o pensativo.

Melancolía

Nombre
Del griego *melaina* («negra») y *cholé* («bilis»)

Orígenes
La revaloración cognoscitiva de este temperamento se remonta a Aristóteles, que unificó la codificación médica hipocrático-galénica y el concepto socrático-platónico de furor (*daimon*)

Características
Como Saturno, preside la contemplación intelectual y la creación artística

Variantes y otras definiciones
Bilis negra; humor saturnino

Fases alquímicas y símbolos relacionados
Nigredo, muerte, llaves, bolsa, calavera, tierra, geometría, avaricia, bola

Metal
Plomo

Animal
Perro, cerdo

► Miguel Ángel, *Tumba de Lorenzo de Médicis* (detalle), h. 1524, San Lorenzo, Sacristía Nueva, Florencia.

Hija predilecta de Saturno, la Melancolía hermética es la fase preliminar y necesaria de cualquier proceso creativo. Es un síntoma de dotes intelectuales y artísticas fuera de lo común, ligadas a la categoría del genio, o a la doctrina del hombre universal. El principal responsable de la revaloración moderna del concepto de melancolía fue el filósofo florentino Marsilio Ficino (1433-1499),

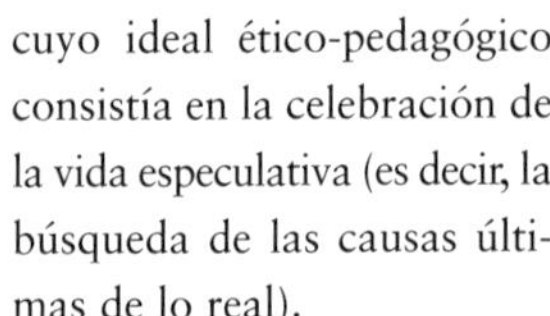

cuyo ideal ético-pedagógico consistía en la celebración de la vida especulativa (es decir, la búsqueda de las causas últimas de lo real).

En líneas generales, la imagen de la Melancolía sirvió a los artistas del Renacimiento para transmitir enseñanzas esotéricas concretas mediante un lenguaje cifrado, o bien, según algunas interpretaciones (Calvesi, Fagiolo dell'Arco), para ilustrar la primera fase del magisterio alquímico: la *nigredo*. La dama Melancolía puede ser retratada en compañía de niños jugando, motivo que podría aludir a la metáfora del *ludus puerorum*.

Con esta imagen, los adeptos solían subrayar la analogía entre la gestación de la piedra filosofal y el juego de los niños.

La cabeza reclinada es el principal atributo de la Melancolía, provocada por un exceso de bilis negra en el cuerpo humano. Esta postura puede indicar el sufrimiento del alma que aflige al melancólico, o la actitud contemplativa propia de este temperamento.

El cuadrado mágico es un objeto recurrente en la iconografía hermética.

El color oscuro de la cara (la llamada facies nigra*) podría remitir a la* nigredo, *primera fase de la Obra alquímica.*

La bolsa y las llaves son atributos de Saturno, protector de los temperamentos melancólicos.

Los instrumentos que aparecen en la escena, atributos tradicionales de la Geometría, han sido interpretados como signos de las diversas etapas del magisterio. Algunos autores ven el paralepípedo como una imagen de la materia prima, y la escalera de siete peldaños como un símbolo de las fases de la Obra (Calvesio).

Los objetos tirados por el suelo son avíos típicos de las casas de artesanos. Además de los artistas, los filósofos y los teólogos, los artesanos también estaban considerados como una categoría social predispuesta al temperamento melancólico.

▲ Alberto Durero, *Melancolía I*, grabado, 1514.

Adopta la apariencia de una mujer desnuda impartiendo consejos a los alquimistas), o las de las divinidades arcaicas protectoras de la vida y la fertilidad.

Naturaleza

Orígenes
El concepto de naturaleza de los alquimistas deriva de la filosofía platónica

Características
Principio femenino, de índole dinámica y activa, que acoge en su seno la semilla espiritual para dar nacimiento a la vida

Variantes y otras definiciones
Tierra nodriza, gran madre

Fases alquímicas, divinidades y símbolos relacionados
Materia prima (*hyle*), psique, *nous* platónico; Isis, Shakti hindú, Maya, Medea, Eva, Pandora (en su aspecto oscuro y terrible), Sofía, Sabiduría (en su aspecto benévolo y espiritual); mujer, útero, caverna, agua, bosque frondoso, océano, serpiente, dragón, mercurio; espiral, círculo

La Naturaleza es el modelo operativo del magisterio alquímico, el punto de partida indiscutido para cualquier proceso práctico y especulativo. La relación entre la alquimia y la dimensión natural se resume en la siguiente divisa: «el arte imita a la naturaleza en su modo de actuar». Es una relación que se consuma con reserva y silencio, adoptando el alquimista (que se limita a insertirse en los procesos naturales, acelerando su curso) una actitud de muda contemplación. Por otro lado, también hay adeptos que consideran el magisterio como una vía de perfeccionamiento del orden cósmico. En este contexto, la obra alquímica y la obra de arte se erigen en «segundas naturalezas» leonardescas, término que indica la dimensión natural redimida y sublimada por la mano, el ojo y la mente del genio creador.

En su aspecto externo, la naturaleza representa la matriz primigenia en la que tiene su origen cualquier transmutación; desde una perspectiva interior, coincide con la fuerza materna que impulsa a la psique a desear el pleno despliegue de sus potencialidades (Jung). Este proceso de elevación espiritual sigue un camino tortuoso, erizado de obstáculos y pruebas que es preciso superar. Por eso la naturaleza puede ser considerada al mismo tiempo madre y madrastra de los alquimistas.

► *La tierra nodriza amamantando al lapis,* grabado de la *Atalanta fugiens* de M. Maier, 1618.

El respaldo es una referencia al motivo de la doble espiral cósmica y del «solve et coagula» alquímico, expresiones del continuo unirse y separarse de la generación natural (ciclo vida-muerte-renacimiento).

La Naturaleza representa el aspecto femenino y materno de la creación. Como generadora de lo múltiple, es un principio ambivalente, ni bueno ni malo, que contiene la chispa divina, pero también el engaño y la ilusión.

El alquimista debe respetar las leyes y los ritmos de la naturaleza para poder conquistar el magisterio. Aun así, su acción se configura como un perfeccionamiento y una aceleración de los fenómenos naturales.

▲ Jean Perréal, *La Naturaleza y el alquimista*, miniatura, 1516, Musée Marmottan, París.

El rayo (símbolo del elemento ígneo) y el manantial (símbolo del elemento húmedo) han sido interpretados como etapas de la sublimación de la materia.

El hombre representa el principio masculino y uránico que fecunda la tierra. De esta unión nacerá la piedra filosofal (el niño).

La mujer es una alegoría de la Tierra nodriza amamantando al lapis *(Calvesio).*

▲ Giorgione, *La tempestad*, Gallerie dell'Accademia, Venecia.

La relación entre naturaleza y fisionomía humana se remonta a los textos bíblicos (Midrain), en los que el cuerpo de Adán aparece como un contenedor de toda la creación.

*La mezcla entre el paisaje natural y el rostro apunta a uno de los temas fundamentales del conocimiento hermético: el concepto de hombre-microcosmos (o micro-*anthropos*), reflejo y síntesis del universo (macrocosmos o macro-*anthropos*).*

▲ Matthäus Merian, *Paisaje antropomórfico*, primera mitad del siglo XVII, Colección Mrs. Alfred H. Barr Jr., Nueva York.

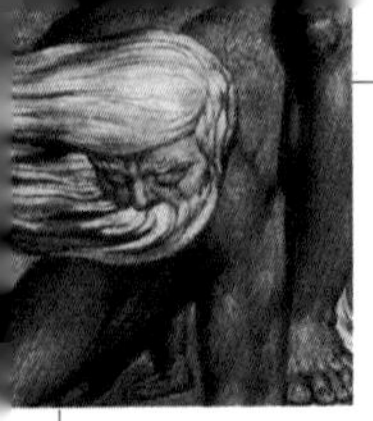

Puede representarse con el motivo de la cuerda de oro que une los diversos reinos de lo real; también con el emblema del Mercurio filosófico, o como el elixir de larga vida.

Quintaesencia

Nombre
Significa esencia pura de cinco destilaciones

Orígenes
Nació dentro de la filosofía aristotélica, estoica y neoplatónica. Posteriormente fue retomada en el ámbito médico y espagírico (siglos XI-XIII)

Variantes y otras definiciones
Mercurio de los filósofos; agua de mercurio, agua de vida, agua ardiente, oro potable, piedra bendita, cielo de los filósofos, cadena áurea; elixir de larga vida, panacea, triárica; neuma

Mitos y símbolos relacionados
Cadena áurea homérica, estrella llameante, sello de Salomón, escalera de Jacob, cueva neoplatónica, dodecaedro; elementos

Con la palabra quintaesencia, los alquimistas designan el elemento etéreo que vivifica el universo, así como la clave filosófica y operativa de cualquier transmutación física y espiritual.

Al equipararse con la vida misma, la quintaesencia contiene y armoniza las diversas polaridades que alientan lo real («no es caliente, ni húmeda, ni fría, ni seca, ni masculina ni femenina»). Incorruptible e inmutable, su función primordial es enlazar el macrocosmos con el microcosmos, garantizando la cadena de correspondencias entre los astros, los animales, los minerales y las plantas. Como intermediaria entre el mundo sublunar y las esferas celestes, se la compara a la escalera de Jacob y a la cueva sagrada de los neoplatónicos, en cuyo seno se reúnen las almas antes y después de su encarnación en los cuerpos. Según Paracelso, esta agua milagrosa podía extraerse de cualquier sustancia presente en la naturaleza para curar las enfermedades, alimentar y acrecentar la vida. Este bálsamo universal, que aporta equilibrio y dinamismo psíquico y físico, también es conocido con el nombre de «elixir de larga vida», a causa de su propiedad de rejuvenecer los cuerpos. Su afinidad con el elemento aéreo y volátil hizo que la quintaesencia se identificara con el Mercurio alquímico (matriz de todos los metales) y con el alma del mundo.

► Girolamo da Cremona, *Presentación del elixir a un papa*, h. 1475, de la *Opera alchemica* de R. Lulio, Biblioteca Nazionale Centrale, Florencia.

La muerte del rey representa la muerte del cuerpo en clave metafórica. A través de la putrefacción de la materia, la sustancia espiritual o quintaesencia queda libre y adquiere la capacidad de redimir (llevar hacia una nueva vida) el residuo corporal.

La figura del rey resucitado tras el proceso de purificación es una referencia a la perfecta unión del cuerpo (materia prima), el alma y el espíritu. Corresponde al oro filosofal y al león rojo de los alquimistas, vehículos de la transmutación universal. El mito del rey-oro describe el viaje espiritual del alma por las siete esferas planetarias.

▲ *La resurrección del rey*, miniatura del *Splendor Solis* de S. Trismosin, siglo XVI, British Library, Londres.

Los elementos (agua, aire, tierra, fuego) pueden representarse con esquemas y signos criptográficos, o como las divinidades grecorromanas correspondientes.

Elementos

Nombre
Agua, aire, tierra, fuego

Orígenes
La teoría de los elementos como principios compositivos de los cuerpos, a través de las combinaciones entre las cualidades cósmicas (caliente, frío, seco, húmedo), deriva de la física aristotélica.

Características
Pueden transformarse los unos en los otros mediante una simple alteración de alguna de sus cualidades

Fases alquímicas y símbolos relacionados
Destilación, bodas químicas, huevo filosófico; planetas, metales; signos del zodíaco, estaciones, vientos, cuerpo humano, animales apocalípticos, evangelistas, colores; sello de Salomón, esvástica; cuadratura del círculo, *lapis*; icosaedro (agua), octaedro (aire), pirámide (fuego), cubo (tierra); hombre-microcosmos

En el abigarrado sistema de correspondencias (físicas, espirituales y cosmológicas) en que se basa la sabiduría hermética, cada elemento tiene asociada una parte del cuerpo, un temperamento psíquico, un signo zodiacal, un metal y una estación del año: la tierra, los testículos, el humor melancólico, Capricornio, el invierno y el plomo; el agua, el cerebro, el temperamento flemático, Cáncer, el verano y el cobre; el aire, el hígado, el humor sanguíneo, Libra, el otoño y el estaño; el fuego, el corazón, el temperamento colérico, Aries, la primavera y el hierro. Si nos ceñimos a la alquimia, hay que diferenciar entre los principios energéticos originarios que dieron forma a la materia primordial en el momento de la creación y los simples elementos naturales que pueden observarse en la naturaleza. La esencia espiritual de los primeros, expresada por su matriz común, remite a una de las afirmaciones básicas de la alquimia: la posibilidad de que cada sustancia adopte todas las formas existentes sin alterar su propia naturaleza.

El cuaternario de los elementos también está representado por el sello del rey Salomón, formado por dos triángulos que se intersecan (la estrella de seis puntas).

El triángulo que apunta hacia arriba designa los principios cósmicos de índole activa, masculina y celestial (aire y fuego), y el que apunta hacia abajo, el componente femenino, receptor y terrenal de la materia (agua y tierra).

La piedra filosofal está compuesta por los cuatro elementos, sublimados y purificados en las diversas fases del magisterio y recompuestos en un vínculo (o forma) de orden superior (unión armónica de uno/círculo y cuatro/cuadrado).

Sustraerse al poder de los astros y dominar el cuaternario de los elementos, aprendiendo a conocer sus propiedades de transmutación y superando las pruebas impuestas por ellos, son los deberes del alquimista-filósofo.

◄ Giacomo Balla, *Fuego*, h. 1910-1920, colección particular.

▲ *Emblema con los cuatro elementos*, grabado de M. Maier, 1618.

Esta imagen manifiesta la armonía de los elementos cósmicos, en sintonía con la aportación teórica de los círculos humanistas venecianos. La doctrina pitagórica también veía el universo como un todo ordenado por relaciones armónicas matemático-musicales.

La mujer de la fuente ha sido interpretada como una personificación del Agua (Calvesio) y como una alegoría de la Templanza.

El intérprete de laúd podría representar el Fuego.

El hombre despeinado por el viento ha sido identificado con el Aire.

La mujer de espaldas podría ser una personificación de la Tierra.

▲ Tiziano, *Concierto campestre*, h. 1510, Louvre, París.

La muleta, y el hecho de que el personaje devore a un niño de tierna edad, son características iconográficas de Saturno, el padre de los elementos y de las divinidades asociadas a ellos: a Neptuno, dios del mar, le corresponde el agua; a Juno, la tierra; a Júpiter el aire, y a Plutón el fuego.

▲ Jan van Den Hoecke, *Los cuatro elementos*, 1651-1680, tapiz, Villa medicea della Petraia, Florencia.

En el sistema de correspondencias entre macro y microcosmos, cada elemento tiene asociado un planeta, un color, un vicio o virtud y un astro planetario.

Los personajes y sus atributos. El cetro y el águila caracterizan a Júpiter, el pavo real a Juno, el tridente a Neptuno y Cerbero a Plutón.

Los cuatro elementos se asocian a las fases principales de la Obra alquímica: nigredo, albedo, citrinitas y rubedo. *Estas fases representan la estabilidad del orden cósmico y la potencialidad de todas las transmutaciones dentro de él.*

Júpiter, señor de la armonía cósmica, toca el globo del mundo con la mano abierta (instrumento de su poder creador).

Piscis, Aries, Tauro y Géminis, los signos zodiacales de la primavera, se asocian tradicionalmente a la cosmogénesis y la creación alquímica.

▲ Caravaggio, *Plutón, Neptuno Júpiter* (*Alegoría de la creación alquímica*), h. 1597, Casino de Villa Ludovisi, Roma.

Las divinidades se inspiran en el motivo de la tripartición cósmica (cielo, tierra y mundo subterráneo) elaborado dentro de la doctrina neoplatónica de Proclo. Júpiter corresponde al aire, Plutón a la tierra y Neptuno al agua.

La lámpara de petróleo es una referencia al fuego alquímico, generador y destructor al mismo tiempo, agente que acelera el proceso de perfección neutralizando todas las diferencias en la indistinción de la ceniza.

El manantial representa el elemento acuático (líquido amniótico) que alimenta y da forma a la vida en gestación.

El motivo de origen prehistórico de la diosa acéfala sirve para representar a la Madre Tierra.

La Madre universal aparece tumbada, en una posición que antecede al parto o a la unión sexual.

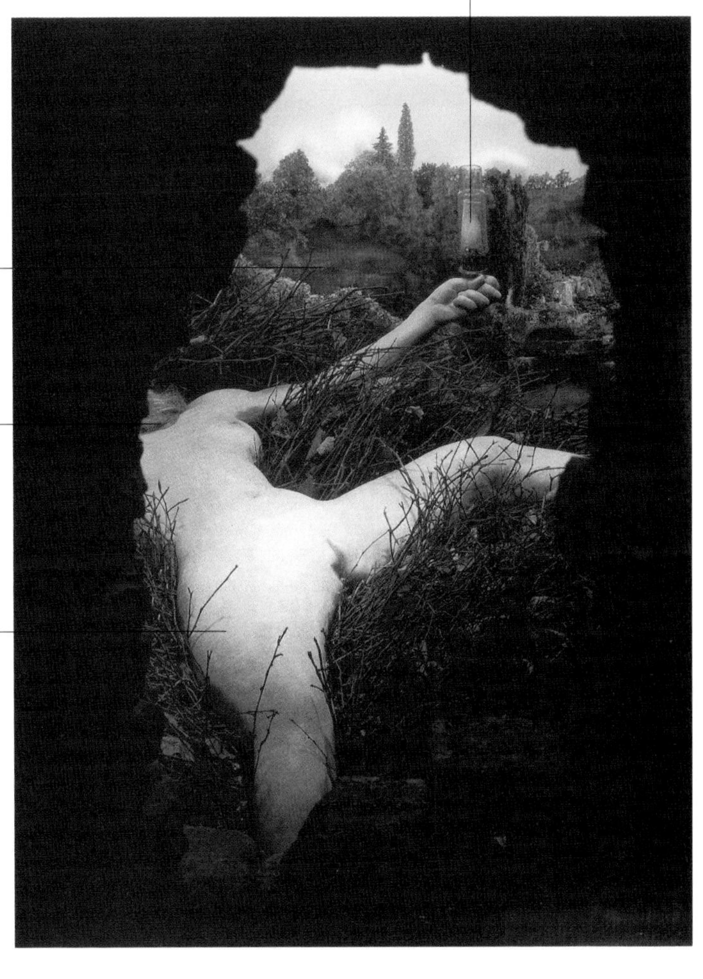

▲ Marcel Duchamp, *Dados: 1) La cascada; 2) El gas de alumbrado*, 1944-1946, Museum of Art, Filadelfia.

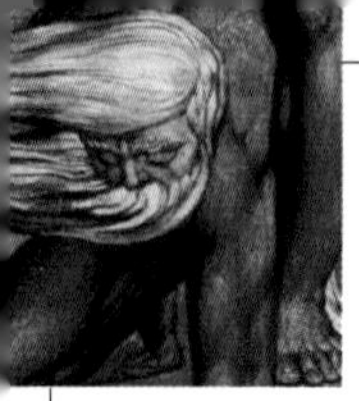

Se representan con emblemas y símbolos o alegorías donde aparecen animales peleándose, o a través de la imagen del hombre universal, síntesis de espíritu, alma y cuerpo.

Agentes

Nombre
Azufre, mercurio, sal

Orígenes
La idea de que los metales estaban compuestos de una mezcla de azufre (fuego y aire) y mercurio (tierra y agua) se desarrolló en el mundo árabe hacia el año 1000. Paracelso añadió a estos elementos la sal

Características
Son los tres agentes de la Obra alquímica, que expresan las polaridades de lo masculino (azufre), lo femenino (mercurio) y lo neutro (sal)

Fases alquímicas y símbolos relacionados
Combustión, solución, coagulación; bodas químicas; espíritu, alma, cuerpo; metales, planetas, elementos; sello de Salomón

► *Ouroboros con los símbolos del azufre, la sal y el mercurio,* miniatura de un manuscrito árabe, siglo XVIII, British Library, Londres.

La alquimia toma del arte metalúrgico, espagírico, químico y de la tintorería el procedimiento y la materia que sera sometida a la transmutación filosofal. La extracción de los minerales y la producción de sustancias aptas para la elaboración de los metales o de las alianzas (como los disolventes y los ácidos), la preparación de los colores y la producción de piedras preciosas artificiales son etapas importantes del magisterio alquímico, y forman parte integrante de su vocabulario técnico y simbólico.

Los adeptos se concentraron especialmente en la naturaleza de algunos compuestos como la sal, el azufre y el mercurio, que se consideraban elementos primarios en la formación de los metales, y se asociaban a los diversos estadios de manifestación de la vida (espiritual, psíquica y corpórea). El azufre, principio activo y masculino, corresponde al fuego celeste que anima la materia; el mercurio, de naturaleza húmeda, femenina y receptiva, se identifica con el soplo creador del espíritu universal; la sal, seca y cristalina, está ligada a la dimensión corpórea. En el sistema de correspondencias del imaginario hermético, el azufre también está asociado a la luz divina, inteligente y creadora, al Sol y al león; el mercurio se corresponde con el hombre, única criatura del universo que participa tanto del mundo inteligible como del mundo sensible, con la Luna, con el dragón (en su aspecto negativo de agente destructor) o con el licornio (en su aspecto positivo de principio transformador). La sal está ligada a la materia y al caos primigenio.

Este símbolo representa el alma del mundo, que vivifica la materia inerte a través de la unión de los contrarios (macho/hembra, Sol/Luna, activo/pasivo) y la harmonización de los componentes de las sustancias (mercurio/azufre/sal, espíritu/alma/cuerpo).

La inscripción, cuyas iniciales forman la palabra «vitriolo», indica que el secreto de la piedra filosofal está escondido para el hombre. La incitación a visitar el vientre de la tierra es una referencia al precepto socrático del conocimiento de sí mismo.

Los círculos ilustran las fases del magisterio alquímico, mientras que los rayos contienen los símbolos de los metales y planetas.

La cara del centro es una referencia al Anthropos, *el hombre universal dotado de un equilibrio perfecto (espiritual, psíquico y corporal).*

*La alquimia distingue entre un cuerpo etérico (*mumia*), principio de origen astral que informa y reviste el cuerpo natural, y un cuerpo físico. El primero corresponde al azufre, y el segundo a la sal común.*

▲ *Corpus, anima et spiritus (sal, azufre y mercurio)*, miniatura del *Tractatus alchemicus*, finales del siglo XVII, Universiteetsbibliothek, Amsterdam.

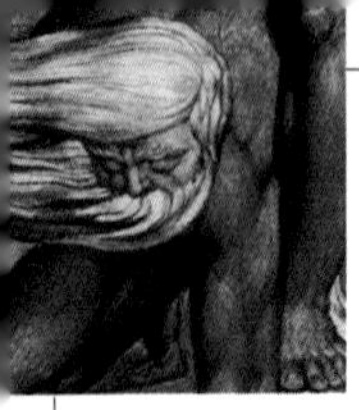

Adoptan el aspecto de jóvenes con túnicas de distintos colores, sometidos al descuartizamiento y a toda clase de torturas. También pueden encarnarse en sus correspondientes dioses grecorromanos.

Metales

Orígenes
La teoría de su generación a través de una serie de etapas evolutivas identificadas con tonalidades cromáticas nació entre los siglos I y III

Características
Corresponden a los diversos estadios de elevación de la psique humana. Para los alquimistas son la sangre coagulada de la tierra, que debe pasar por todas las gamas de colores (del negro al bermellón) antes de transformarse en puro fluido espiritual

Variantes y otras definiciones
Martirio y transmutación de los metales; arte metalúrgica

Mitos y símbolos relacionados
Edades del mundo; planetas, elementos, evangelistas, animales apocalípticos; sal, azufre, mercurio; virtudes, vicios, colores

► *La fusión de las manzanas de oro,* del *De re metallica* de J. Agricola, 1561.

Según la visión del mundo propia de la alquimia, basada en la armonía de los contrarios y la correspondencia entre todas las esferas de lo real –«lo más bajo es parecido a lo más alto», por citar la *Tabla esmeraldina*–, cada metal tiene asociados un planeta, un color, un vicio, una virtud y un evangelista. Así, la plata se asimila a la luna, principio femenino y receptor, el oro a la potencia activa del polo masculino y solar, el cobre a Venus y san Mateo, el hierro a Marte y san Lucas, el estaño a Júpiter y san Marcos y el plomo a Saturno y san Juan. Este último también puede representarse con el motivo de la cabeza erizada de serpientes saliendo de una copa, referencia al dragón o serpiente alquímicos, imagen emblemática del Mercurio filosófico.

Por su naturaleza andrógina y bisexual, el mercurio está considerado como la «matriz» (o madre) de los metales, el principio energético capaz de disolver cualquier contraposición individual. Al representar la dimensión corpórea privada de facultades cognoscitivas, los metales deben ser sometidos a un proceso de transformación o «martirio» que pueda liberar su elemento espiritual. Dicho de otro modo: el metal vil corresponde a la conciencia que se ha vuelto pesada y opaca por la pasión y la costumbre, mientras que el metal noble es una metáfora de las energías de tipo superior (alma y espíritu) que rigen nuestra mente. El oro de los filósofos, en suma, se distingue del metal común (definido con el término negativo de «sol negro») en la medida en que expresa figuradamente el elemento puro, de orden espiritual, que anima la materia.

El alma (la cabeza dorada) debe ser extraída del metal vil mediante un proceso de purificación del cuerpo (martirio, descuartizamiento, amputación). Solo entonces podrá reunirse de nuevo con él (materia sublimada) y pasar a formar parte de un conjunto perfectamente integrado.

Las extremidades son una referencia a la sal contenida en las cenizas calcinadas. Representan lo que queda del residuo corporal una vez sometido a la acción purificadora del fuego.

La espada simboliza el fuego que destruye y purifica. El justiciero encarna al agente de la transmutación: el mercurio.

▲ *Martirio de los metales*, miniatura del *Splendor Solis* de S. Trismosin, siglo XVI, British Library, Londres.

En la alquimia, los símbolos que representan los planetas no coinciden del todo con los emblemas astronómicos y astrológicos. Marte, por ejemplo, está representado por un círculo (el sol) con una cruz encima (los cuatro elementos), y no por una flecha. Esta iconografía refleja la armonía de todos los componentes del universo, la rueda celestial formada por la síntesis del círculo, el semicírculo (luna) y la cruz.

El hexagrama (sello de Salomón) es el emblema de la quintaesencia y de la piedra filosofal.

Los metales, asociados a las siete divinidades planetarias, representan los diversos estadios de lo múltiple. Su gestación se produce en el seno de la tierra, sumida en la oscuridad y sometida a la influencia de los astros.

▲ *Las siete divinidades planetarias en el Hades,* del Musaeum Hermeticum, 1625.

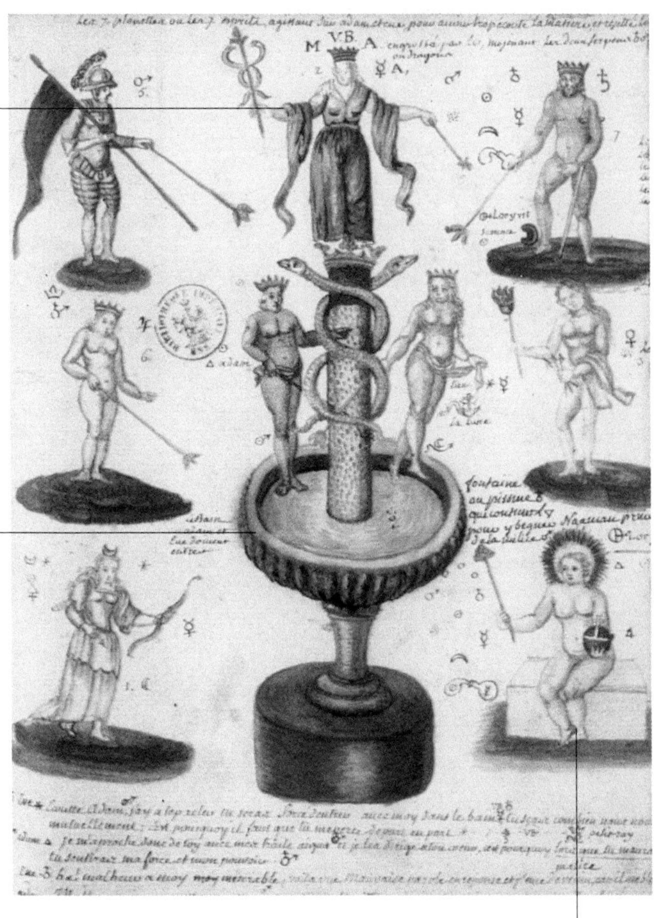

La coronación de la Gran Obra se alcanza a través de la síntesis de materia y espíritu, la volatilización de lo sólido y la solidificación de lo volátil (representadas por la unión del rey y la reina, y por las serpientes entrelazadas).

La fuente es una referencia a la gestación de la materia prima en el agua mercurial.

Los siete planetas presiden las operaciones ligadas al tratamiento de los metales. Estos, como los seres vivos, están compuestos por un cuerpo, un alma y un espíritu (la piedra filosofal), que debe extraerse mediante un delicado proceso de purificación.

▲ *Alegoría de la creación alquímica*, miniatura de la *Alchimie de Flamel* de D. Molinier, 1772-1773, Bibliothèque Nationale, París.

La fragua de Vulcano es una metáfora del laboratorio alquímico. El dios del fuego representa al artífice ocupado en las fases de la elaboración de los metales. Estos, presos todavía en la roca, esperan el momento de ser extraídos y sometidos al proceso de purificación.

Vulcano y el adepto se disponen a realizar la extracción, guiados por la Naturaleza (la mujer desnuda) y protegidos por los astros. La lluvia es una referencia a la teoría aristotélica de la generación de los metales, según la cual nacen de los vapores acuosos presentes en el subsuelo.

▲ Domenico Beccafumi, *Ilustraciones alquímico-metalúrgicas*, 1540 (?), Istituto Nazionale per la Grafica, Roma.

Los metales huyen para no ser capturados por el dios del fuego. Esta imagen representa los procesos de sublimación y purificación.

El alquimista actúa sobre los metales viles como el médico sobre el cuerpo del enfermo, liberándolos de impurezas que impidan el pleno despliegue de sus propiedades y virtudes. La fusión (paso del estado sólido al líquido) es una metáfora de la apertura mística del alma.

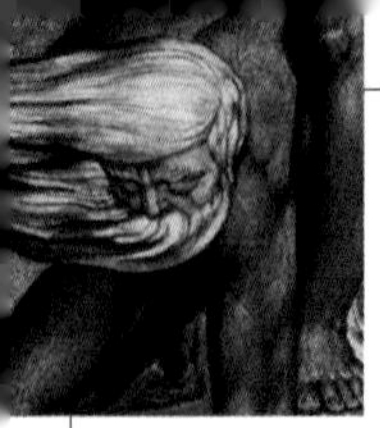

Representan las fases del magisterio alquímico, así como una serie de sustancias derivadas de la elaboración de los metales, como el salitre, el óxido de zinc, el mercurio y el azufre fijo.

Animales

Orígenes
La representación de los secretos químicos con figuras de animales procede del antiguo Egipto

Características
Indican las metamorfosis del Mercurio filosófico

Variantes y otras definiciones
Vitriolo rojo (león rojo), vitriolo verde (león verde), antimonio (lobo), salitre (dragón), arsénico (serpiente), sal de amoníaco (águila), azufre (salamandra, zorro), leogrifo (unión de azufre y mercurio), basilisco (cinabrio o sulfuro de mercurio, óxido de zinc)

Los alquimistas utilizaron figuras de animales reales e imaginarios para describir metafóricamente algunos componentes de las fases de la Obra. Entre los principales emblemas zoomorfos cabe destacar los que designan al mercurio, principal agente de la transmutación, caracterizado por su doble naturaleza (fija y volátil). El dualismo que distingue a este elemento hace que se vea convertido en un pájaro (principio de orden aéreo) o una serpiente (principio ctonio, acuático y telúrico), o también en un dragón que se muerde la cola (*ouroboros*), símbolo de la unión de los contrarios en la totalidad originaria (*en to pan*).

Puede decirse que el mercurio encarna todas las metamorfosis animales del magisterio, de el *caput corvi* de la *nigredo* a la paloma de la *albedo*, desde la *cauda pavonis* de la *citrinitas* al pelícano arrancándose la carne del pecho de la *multiplicatio*, y del león al fénix en la fase final de la *rubedo*. También el unicornio ocupa un lugar privilegiado en la iconografía alquímica, ya que representa la naturaleza doble (divina y demoníaca) del mercurio. Aparte de los emblemas mercuriales, existen símbolos zoomorfos que representan agentes químicos concretos como el águila (sulfato de hierro, o vitriolo verde, del que está compuesta la materia prima), el lobo (símbolo del antimonio) y el dragón sin alas (emblema del salitre y del azufre fijo).

► *León verde como símbolo de «antimonio» «vitriolo»*, grabado del *Rosarium Philosophorum*, siglo XVI.

El monstruo tricéfalo, compuesto de azufre, sal y mercurio, es una alegoría del Mercurio filosofal, el aqua permanens *identificada con el elixir de larga vida. Deriva de las figuras de los asnos sanadores, los demonios que encarnan las virtudes regeneradoras de las dimensiones ctonia, húmeda y telúrica (Jung).*

Para los alquimistas, la muerte del dragón por el Sol y la Luna es una metáfora de la extracción del azufre y del agua lunar.

El dragón es un símbolo del mercurio, agente de la transmutación alquímica, y de la materia prima, el caos filosófico que aún no ha sido sometido al proceso de purificación. El hecho de que se muerda la cola es una referencia al concepto de totalidad y a la naturaleza doble del mercurio, al mismo tiempo fijo y volátil. El carácter transformable y multiforme de esta sustancia es uno de los fundamentos de la alquimia.

▲ *El Mercurio de los filósofos,* ilustración del *Della trasmutazione metallica* de G.B. Nazari, 1599.

En alquimia, el león representa el mercurio en su función corrosiva y penetrante (principio activo de índole masculina). Cuando lucha con un dragón alado puede designar la fijeza del azufre.

► *Dama, león y unicornio en un jardín de flores*, tapiz, h. 1502, Musée de Cluny, París.

La virgen es la contrapartida femenina, receptiva y pasiva del Mercurio alquímico (unicornio).

El cuerno del animal es un potente antídoto contra el veneno. Deriva de la imagen del «cáliz de la salvación» cristiano, o de las copas oraculares arcaicas.

El unicornio, en su aspecto positivo de spiritus vitae, *es una alegoría de Cristo y del Espíritu Santo. En su acción negativa es un símbolo de las potencias oscuras, demoníacas y telúricas opuestas al orden racional y celestial. También representa el motivo de la* concordia oppositorum: *como encarnación de la fuerza vital expresa un carácter masculino, y como cáliz y receptáculo tiene un valor femenino. Según una leyenda, el* lapis *se encuentra bajo el cuerno de este animal fantástico.*

La serpiente crucificada representa el dominio de la luz astral que vivifica el universo y permite al mago o alquimista la recreación de la vida. El reptil está dispuesto de tal modo que forma la letra hebrea aleph, *símbolo de todos los comienzos.*

Este animal es un alexifármaco, el principio que lleva todas las cosas a su madurez y perfección (Jung). Tal virtud deriva de las varas de Moisés y Hermes, que podían convertirse en serpientes por orden divina. Representan la energía espiritual para vencer los poderes ilusorios de los nigromantes y los falsos profetas. Transforman el aspecto demónico del reptil en la facultad teúrgica de unir y separar el «solve et coagula» alquímico.

▲ *La serpiente crucificada,* miniatura del *Clavis Artis de Zoroaster,* siglo XVII, Biblioteca dell'Accademia dei Lincei, Roma.

El recipiente simboliza la tierra purificada por el fuego.

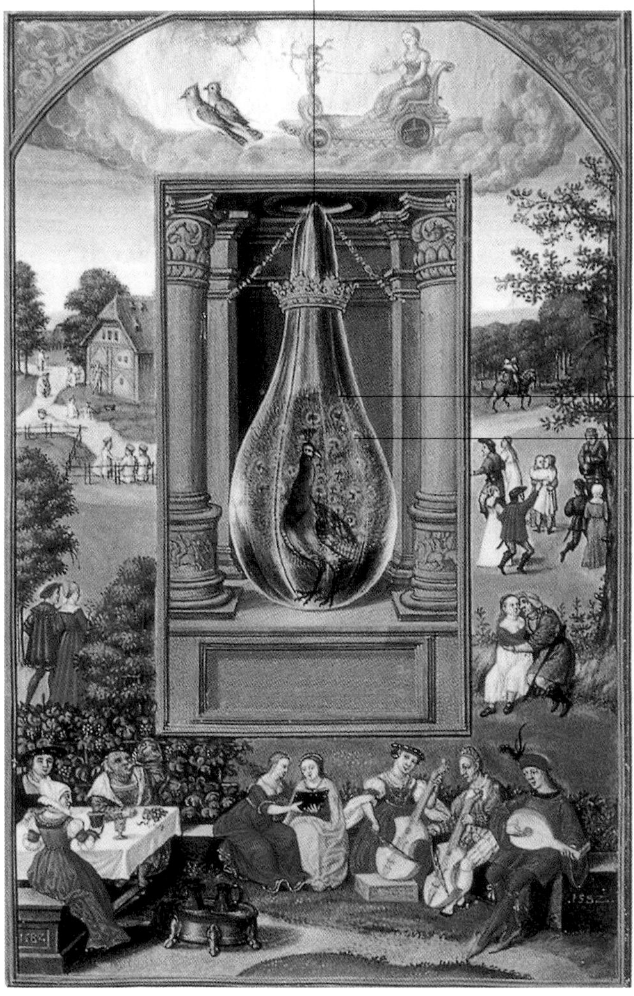

La cola de pavo real representa el conjunto de las gamas cromáticas presentes en la materia prima. Este compuesto originario debe ser purificado de manera adecuada, blanqueado y transformado en oro mediante un lento proceso de destilación.

El blanco es una referencia a la espiritualización del cuerpo. El púrpura, color real por excelencia, indica el cumplimiento de la Obra y la conquista de la piedra filosofal. Es el símbolo de la incorporación del espíritu.

▲ *Pavo real*, miniatura del *Splendor Solis* de S. Trismosin, siglo XVI, British Library, Londres.

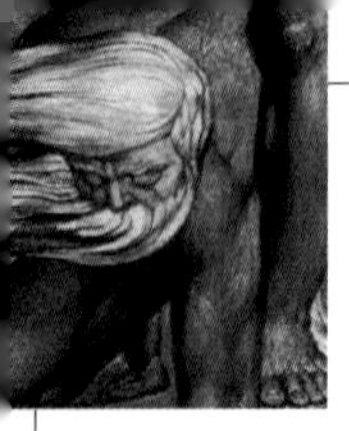

Puede representarse con imágenes de alquimistas en su laboratorio, o con motivos alegóricos como la gestación del feto en el vientre materno, el viaje espiritual del alma y el rito de la misa.

Magisterio

Nombre
Del latín *magisterium*, «adiestramiento y guía»

Características
Se divide en un *Opus Minus* (las fases de la *nigredo, la albedo, la citrinitas* y *la viriditas*) y un *Opus Maius* (la fase de la *rubedo*). La muerte y resurrección del fénix también constituyen una alegoría de la putrefacción y redención de la materia

Variantes y otras definiciones
Gran Obra, Pequeña Obra; viaje del alma, viaje a los infiernos; búsqueda de «sí mismo» junguiano, licuefacción de los cuerpos en sangre espiritual

Mitos y símbolos relacionados
Escalera de Jacob, monte de los filósofos, árbol, rueda

► *La rotura de aguas*, de la *Aurora consurgens*, mediados del siglo XV, Zentralbibliothek, Zúrich.

El magisterio alquímico es un proceso en el que participan tanto el aparato psíquico del adepto como el cuerpo material de las sustancias (vegetales, minerales y metales) sometidas a la transmutación. Su objetivo es la elevación espiritual del hombre y la purificación de la materia, a través de la destilación de una sustancia purísima (quintaesencia) capaz de remediar cualquier imperfección. Su afinidad con determinadas prácticas litúrgicas, como la unión mística y la oración a Dios, explica la frecuencia con que ha sido plasmada en imágenes de alquimistas rezando en laboratorios parecidos a santuarios religiosos, o en los motivos del viaje del alma por las esferas planetarias y el ascenso por la escalera de Jacob, puente espiritual entre la tierra y el cielo. La subida al monte de los filósofos, en cuya cima se halla el templo de la Sabiduría, es otra imagen usada por los iniciados como emblema de su arte.

Otra metáfora muy extendida que se utiliza para ilustrar el procedimiento alquímico es la de la generación humana, jalonada por las etapas de la concepción (bodas químicas), la gestación del embrión en el vientre materno (cocción del *lapis* en el alambique), la rotura de aguas (tintura blanca o lunar), el parto (nacimiento de la piedra filosofal) y el amamantamiento.

La Gran Obra se considera una metáfora de la reconquista del paraíso perdido (símbolo de la personalidad integrada) por el adepto.

Conocer la influencia de los astros y planetas, dominar los elementos y transformar en oro los metales viles: tales son las tareas del alquimista.

El fénix simboliza el oro filosofal nacido de las bodas entre el principio corpóreo, activo y masculino (Sol) y el principio psíquico, receptivo y femenino (luna). También es una metáfora de los vapores (o espíritus) que suben por el alambique durante la cocción.

El templo del conocimiento iniciático se sitúa en una cueva, dentro del vientre de la tierra. Esta iconografía se inspira en la cueva sagrada de la tradición hermética y platónica.

Las fases del magisterio están escritas en la escalinata: calcinación, sublimación, solución, putrefacción, destilación, coagulación, tintura.

▲ *Alegoría de la Gran Obra como «monte de los filósofos»,* grabado de la Cabala de S. Michelspacher, 1616.

La obra alquímica se configura como un recorrido iniciático de tipo espiritual mediante el que llega a realizarse la palingenesia del individuo y la materia.

El huevo, símbolo de la reabsorción en el vientre materno, también ha sido interpretado como una metáfora del atanor alquímico.

Siguiendo los preceptos de la ciencia médico-astrológica de su época, la pareja (símbolo de la concordia oppositorum*) representa la unión de los humores calientes-secos (varón) y fríos-húmedos (mujer).*

La valva de la concha simboliza el órgano genital femenino.

► El Bosco, *El jardín de las delicias*, tabla central del *Tríptico de las delicias*, Museo del Prado, Madrid.

La rueda de animales exóticos y fantásticos representa las diversas caras del pecado. El Bosco podría haber representado los peores aspectos de la alquimia, entendida como práctica esotérica de objetivos ambiguos.

Los híbridos humanos, vegetales y animales denuncian una degradación del ser humano y la mezcla o «confusión» demoníaca entre los reinos de la naturaleza.

La fresa y la cereza son símbolos tradicionales de la lujuria. La presencia de estos frutos alusivos hizo que la obra fuera conocida como «el cuadro de las fresas».

Se representan con imágenes alegóricas, motivos mistéricos y mitológicos (descenso del héroe al Hades) o cristiano-soteriológicos (Coronación de María, Virgo lactans*).*

Fases y claves

Orígenes
La subdivisión del magisterio por tonalidades cromáticas deriva de antiguas prácticas metalúrgicas ligadas a la purificación y oxidación de los metales

Características
Representan las etapas de la disolución y recomposición de la materia en una forma más perfecta

Variantes y otras definiciones
Melanosis (obra al negro), *leukosis* (obra al blanco), *xanthosis* (obra al amarillo), *iosis* (obra al rojo); calcinación, sublimación, solución, putrefacción, destilación, coagulación, tintura

Mitos y símbolos relacionados
Metales, planetas, minerales, colores, animales; cuervo/negro, pelícano/blanco, pavo real/iris, fénix/rojo

El magisterio alquímico empieza por la elaboración de un compuesto material originario (materia prima, magnesia) compuesto de elementos mercuriales y sulfúreos. Las principales etapas del tratamiento de dicha sustancia son la *nigredo* (obra al negro), la *albedo* (obra al blanco), la *citrinitas* (obra al amarillo) y la *rubedo* (obra al rojo). Estas etapas son el resultado de un proceso de tipo psicofísico que se produce en la mente del alquimista y en el cuerpo de los elementos naturales. Las fases de la Obra, caracterizadas por sus colores (símbolo del paso desde las tinieblas del caos hasta la luz del oro espiritual), son comparadas a las de la fusión de los metales; así, el negro corresponde al estado inicial, el blanco al calentamiento, el verde a la oxidación, el amarillo al punto de fusión y el rojo a la licuefacción.

Cada fase del magisterio está asociada a un planeta, un animal, una divinidad y un mito iniciático: Saturno devorando a sus hijos simboliza la *nigredo* y el regreso del compuesto al estado informe original (putrefacción), mientras que Júpiter designa el estado de la sublimación (la resurrección del alma liberada de adhesiones corporales). Para llegar al final de la búsqueda es necesario conocer las «claves» que ponen en marcha el mecanismo de la transformación de las sustancias. Estas etapas iniciáticas están gobernadas por Mercurio, principal agente de la transmutación.

► *La Novena Clave,* ilustración de *Las doce claves de Basilio Valentín,* siglo XVII, colección particular.

El color del cuerpo es una referencia a la nigredo *(o* putrefactio*). Este estadio, dominado por la figura de Saturno y representado por los emblemas de la tumba, la calavera y el cuervo, incluye el martirio y descuartizamiento místico de los metales. Según el psicoanálisis junguiano, esta fase corresponde al descenso a los infiernos (el inconsciente) y al encuentro con la propia «sombra» (principio psíquico opuesto a la conciencia).*

El baño purificador permite la renovación espiritual de la materia a través de su disolución en la indistinción originaria.

La figura del ángel ofreciendo la túnica es una señal de que se ha producido la reorganización del compuesto en un nivel superior.

▲ *Representación del Etíope como purificación de la «primera materia»*, del *Splendor Solis* de S. Trismosin, siglo XVI, British Library, Londres.

La coronación de María es una metáfora de la última fase del magisterio alquímico. La Gran Obra se concibe a menudo como el resultado de un recorrido espiritual de tipo religioso.

► Enguerrand Quarton, *Coronación de la Virgen*, 1453-1454, Musée Municipal, Villeneuve-lès-Avignon.

La paloma representa el espíritu increado que da vida a la materia inerte.

La Trinidad cristiana –unión del Uno (principio fecundador masculino) y el Dos (arquetipo receptivo y femenino)– y el dogma de la coronación de la Virgen plasman uno de los principales axiomas de la alquimia, formulado por la legendaria profetisa María la Hebrea: el cumplimiento de la unidad mediante la síntesis de los contrarios (Uno/Dos, Tres/Cuatro).

En la simbología alquímica, la Virgen puede representar el éter o quintaesencia.

Cristo es el símbolo de la piedra filosofal, obtenida mediante la separación del «espíritu» y el «cuerpo» de los elementos.

La humedad del aire, causada por la evaporación de los vapores marinos, provoca la lluvia viva que aviva la combustión. Se trata de una metáfora de la cocción del lapis *dentro del recipiente alquímico a través de las fases de la fijación y de la volatilización.*

El cuadro ha sido interpretado como un exemplum *de la elaboración de la materia prima por el alquimista-sembrador (Bussagli).*

*La Tierra, madre y nodriza de los elementos, es una metáfora del compuesto originario (*hyle*) del que se extrae la piedra filosofal.*

▲ Jan Bruegel el Viejo, *La caída de Ícaro*, hacia 1558, Musées Royaux des Beaux-Arts, Bruselas.

El surco abierto por el arado recibe el agua mercurial, cuya función es vivificar la materia calcinada sometida a la combustión.

Ícaro es el adepto derrotado, aquel que no ha logrado dominar las energías celestes (el fuego solar) que impregnan la creación natural y la transmutación alquímica.

El mar es otra imagen de la materia prima, ya que contiene in nuce *todas las formas vivas (las olas).*

Pueden representarse con las imágenes del baño nupcial y de la unión del Rey y la Reina, el Sol y la Luna, el hermano y la hermana y la madre y el hijo.

Bodas químicas

Orígenes
El acto sexual como metáfora de la generación de los elementos nació entre los alquimistas alejandrinos Zósimo de Panópolis y Olimpiodoro

Características
Representan la unión armónica de los principios que gobiernan el equilibrio del cosmos, y la reconciliación entre la dimensión masculina (*animus*) y la parte femenina (*anima*) de nuestra psique

Variantes y otras definiciones
Conjunción, coito, concepción, incesto; bodas del Sol y de la Luna, hierogamia

Fases alquímicas y símbolos relacionados
Sol, Luna; Diana, Apolo; Gabricus (Cabrito), Beya (Beva); agua y fuego; azufre y mercurio; Mercurio filosófico, lapis, piedra filosofal; elementos, cualidades, signos del zodíaco

El motivo alegórico de las bodas del Sol y la Luna, del Rey y la Reina, de Apolo y Diana y de los hermanos Gabricus (el azufre) y Beya (el mercurio) fue usado por los alquimistas para ilustrar la generación de la piedra filosofal: el *lapis*, o niño divino, síntesis perfecta de las polaridades cósmicas opuestas. La metáfora sexual, lugar común de la literatura alquímica tomado del misticismo erótico de algunos textos bíblicos (Cantar de los cantares) y evangélicos, conduce al adepto a la comprensión de los arcanos de la transformación de la materia dentro del vaso hermético (comparado al vientre/útero femenino).

Tras la concepción del agua (Luna) con el fuego (Sol), se produce la disolución de los elementos en sus diversos componentes, siguiendo las combinaciones descritas por la física aristotélica: la unión del calor solar seco con el agua lunar, fría y húmeda, genera por evaporación el aire, principio caliente y húmedo, y por destilación la tierra, elemento frío y seco. La gestación del feto-*lapis* dentro del vientre-alambique tarda siete meses, a cuyo término se produce la expulsión de la piedra filosofal bajo la protección de los signos zodiacales de Aries, Leo y Sagitario.

La frase alquímica «poned al macho sobre la hembra, es decir, «lo caliente sobre lo frío», atribuida a María la Hebrea, remite a la fase de la conjunción de los principios cósmicos (masculino y femenino) de los que nacerá la piedra filosofal.

La fragua de Vulcano es una metáfora del laboratorio alquímico. Según la profetisa María, la Gran Obra se cumple a través de la unión del metal macho con el metal hembra.

El tálamo simboliza el alambique, dentro del cual se produce la transformación de las sustancias en oro. La observación de los ritmos de la gestación natural son la clave para llegar al final de la Obra.

◄ Max Ernst, *Men will know nothing of it*, 1936, colección particular.

▲ *Mes de septiembre*, h. 1470, Palazzo Schifanoia, Salón de los Meses, Ferrara.

La corona de mirto podría expresar el lema «todo en uno». De hecho, la finalidad de la alquimia es reencontrar la unidad espiritual en la que tuvo su origen el cosmos.

La figura de Cupido orinando podría representar el mercurio, primer agente de la transmutación y alma, o vínculo universal, que mantiene unidos los principios opuestos del cuerpo y el espíritu. La orina sería una metáfora del agua mercurial contenida en el alambique (el vientre de la diosa).

▲ Lorenzo Lotto, *Venus y Cupido*, 1530, Metropolitan Museum, Nueva York.

Algunos estudiosos (Calvesi, Cortesi Bosco) han interpretado el cuadro como una alegoría de la conjunctio.

La concha en forma de vulva podría aludir a la unión sexual incestuosa entre Venus y Cupido. En alquimia, la conjunctio *entre madre e hijo representa la concordia de las polaridades opuestas de lo masculino y lo femenino.*

El velo podría remitir al motivo de las bodas místicas que se celebran en la fase de la albedo.

La vara podría designar las transmutaciones desencadenadas por el mercurio. La rosa de cinco pétalos manchados de rojo (símbolo solar y emblema de los rosacruces) sería una referencia a la Gran Obra, y los colores de la hierba y de la tela, a los elementos aire y tierra.

Apolo y Diana representan las polaridades cósmicas que sengendran la vida.

Las bodas químicas se celebran bajo la protección de Neptuno (el mar), entendido como arquetipo de la integración.

La mujer desempeña un papel activo en el magisterio. Sus acciones y gestos se contraponen a la actitud especulativa del hombre. La presencia de adeptos de ambos sexos indica que la Gran Obra solo puede ser llevada a cabo por quienes hayan sabido armonizar las polaridades opuestas de la psique(conciencia/ inconsciente, animus/anima*).*

El alquimista y la soror mystica *son el reflejo terrenal de la pareja celestial. Deben identificarse con los artífices divinos del cosmos y asumir sus poderes creativos de índole energético-espiritual.*

La materia prima contenida en el atanor corresponde al intelecto del profano en fase de purificación.

▲ *El matrimonio de Apolo y Diana*, grabado del *Mutus Liber* de Altus, 1702.

La figura de la esposa es una referencia a la naturaleza andrógina de la virginidad, que neutraliza cualquier diferencia entre lo masculino y lo femenino.

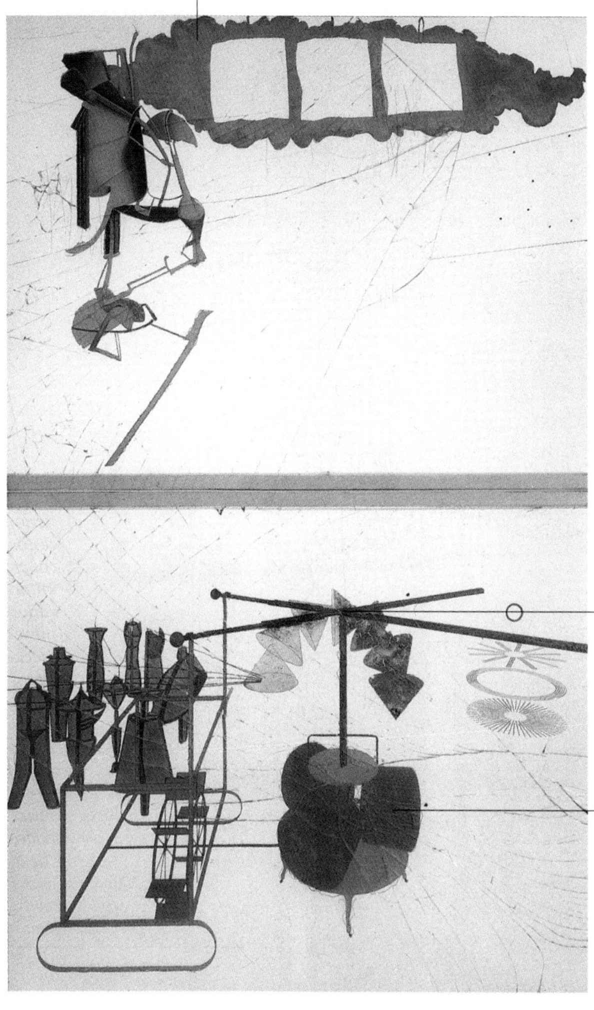

La hélice está ligada al motivo de la rueda y del fuego alquímico, agente activo de la transmutación. También representa la chispa de la pasión amorosa, entendida como un instrumento de conocimiento y regeneración interior.

La figura del soltero está representada por la imagen de la máquina (una moledora de chocolate).

▲ Marcel Duchamp,
La casada desnudada por sus solteros, incluso, 1915-1923,
Museum of Art, Filadelfia.

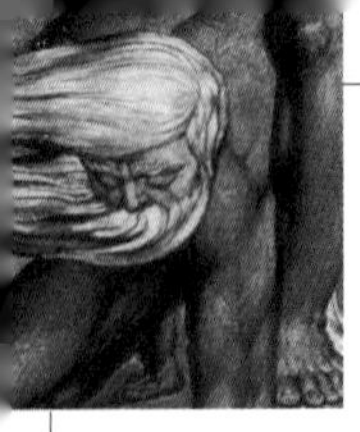

Puede presentarse como un polvo cristalino de color rojo rubí, o una piedra preciosa; también como un líquido transparente y dorado, o con aspecto de niño.

Piedra filosofal

Características
Es un agente dinámico y vital que permite transformar los metales viles en oro, difundiendo su perfección por contacto. El oro de los filósofos es una metáfora del adepto que ha conquistado el conocimiento áureo. En el psicoanálisis junguiano corresponde al proceso de individuación

Variantes y otras definiciones
Cuadratura del círculo; quintaesencia (agua de mercurio, agua de vida, *aqua ardens*, oro potable, cielo de los filósofos, cadena áurea, elixir de larga vida, panacea, tiriaca); *lapis* (piedra del águila, piedra bendita, piedra de la invisibilidad), oro de los filósofos, diamante, *vitrum aureum, vitrum malleabile*; materia prima; cuerpo, alma, espíritu; *Anthropos, filius macrocosmi;* Cristo, Trinidad; elementos; esperma; oropimente; arsénico; círculo, cuadrado, triángulo, *tetraktis* pitagórica

El objetivo del magisterio es la producción de un agente de transmutación universal, el *lapis* o piedra filosofal, capaz de «curar» cualquier imperfección física o psíquica. En realidad, esta sustancia legendaria (que puede transformar los metales viles en oro, prolongar la vida y sanar cualquier enfermedad del cuerpo) es una metáfora de la elevación espiritual a la que llega el iniciado en la sabiduría hermética. Coincide con el equilibrio armónico de los diversos componentes de la vida psíquica, natural y cósmica, y con la memoria energética que originó el universo. Por eso la persona que la posee puede reproducir artificialmente la chispa vital que vivificó la materia inerte al principio de la creación. La piedra de los filósofos ha sido comparada con el diamante, el cuadrado (símbolo de estabilidad y perfección) con una cruz encima (eslabón entre la dimensión sensible y terrenal y la esfera espiritual y terrestre) y la sustancia incorruptible y finísima (éter o quintaesencia) que impregna el universo. Los signos que la representan son el sello del rey Salomón, compuesto por dos triángulos que se intersecan formando una estrella de seis puntas, y el septenario alquímico, figura antropomorfa compuesta por los símbolos de los elementos, de los metales y de los agentes azufre, mercurio y sal. La fabricación del *lapis* está envuelta en el más absoluto misterio, ya que no existe ninguna indicación sobre el modo de poder obtenerlo. Aun así, la conquista de la piedra filosofal solo se produce en perfecto acuerdo con las leyes y ritmos de la naturaleza.

El Sol y la Luna sostienen el fruto de su amor: la tintura mercurial.

El lapis es generado por la unión del azufre (padre) y el mercurio (madre).

El caos filosófico indica la disolución de los cuatro elementos (las múltiples especificaciones formales) en el agua mercurial (la matriz donde se originaron todas las cosas).

Las transmutaciones alquímicas solo son posibles tras haber devuelto las sustancias a su estadio original. Este compuesto es análogo a la materia (hyle) *modelada por el demiurgo para crear el universo.*

El cuadrado mágico de Saturno contiene los símbolos de las sustancias que constituyen la materia prima.

◄ Lorenzo Lotto, *Alimentación del lapis*, 1524, Santa Maria Maggiore, coro, Bérgamo.

▲ *Alegoría del Chaos Philosophorum*, de *Materia Prima Lapidis Philosophorum*, principios del siglo XVIII.

El verdadero objetivo de la alquimia se conquista a través del estudio y la oración.

La niña, personificación del recipiente donde se produce la cocción alquímica, lleva el lapis *en su seno. Su iconografía está asociada a la de la* Virgo gravida.

El niño en el vientre materno es una metáfora de la materia purificándose en el alambique. La piedra filosofal representa el equilibrio armónico entre los componentes vitales y los residuos fijos de la materia.

La extracción de la piedra bendita se considera una operación secundaria (parergon) *respecto a la elevación espiritual del adepto* (ergon).

▲ *Alegoría de la creación alquímica y de la piedra filosofal,* del *Speculum Sophicum Rhodostauroticum* de T. Schweighart, 1604.

El andrógino es una alegoría de la totalidad de la psique humana, compuesta por un anima *(principio espiritual y femenino) y un* animus *(principio corporal y masculino).*

Esta imagen de la maternidad sigue casi fielmente la iconografía alquímica de la gestación del lapis.

El niño puede ser puesto en relación con la piedra filosofal, nacida de la unión de los contrarios (mercurio y azufre, Sol y Luna).

▲ Marc Chagall, *Mujer embarazada (Maternidad)*, 1913, Stedelijk Museum, Amsterdam.

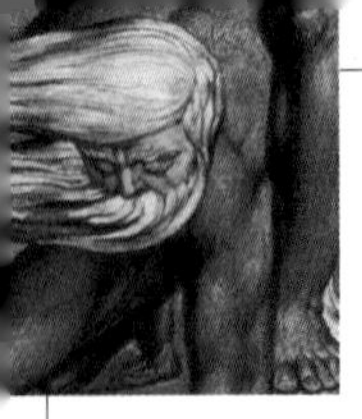

Se representa como una fuente de tres niveles o tres chorros, en forma antropomorfa (con aspecto de niña) o como un manantial que brota del árbol de la vida.

Fuente alquímica

Características
Es el símbolo del agua mercurial, agente necesario para cualquier transmutación física y psíquica. Se trata de un símbolo recurrente en la llamada «vía húmeda» del magisterio alquímico, caracterizada por una serie de destilaciones sucesivas

Otras definiciones
Agua de vida, *aqua nostra, vinum ardens, succus lunariae, mercurius vivus, argentum vivum, acetum fontis*, agua fuerte, leche virginal, *aqua permanens, ignis noster*

Fases alquímicas, mitos y símbolos relacionados
Planetas, minerales, elementos, metales; Mercurio, Cristo, virgen María, Sofía, Pandora; fuente del paraíso, fuente de la juventud, fuente del amor, fuente bautismal; dragón mercurial, Mercurio filosófico, elixir de larga vida; árbol filosófico

La alquimia asigna al agua una función básica como símbolo de vida y mutación constante. Tanto es así, que el manantial de aguas vivas se considera uno de los principales emblemas del mercurio, el principal agente de la transmutación alquímica. Su poder regenerador y curativo, análogo al de la «fuente de la juventud» de la tradición medieval, se derrama sobre el cuerpo y el alma de las sustancias tratadas, liberándolas de cualquier imperfección y llevándolas hacia una nueva vida. El valor generador del mercurio (madre de los metales) ha llevado a establecer una comparación entre el agua mercurial y la virgen María, fuente de vida y dispensadora de gracia, o la figura de Cristo, el calor espiritual (*ignis, vinum ardens*) que impregna el universo. Según la interpretación junguiana, corresponde al inconsciente colectivo, en el que tienen su origen las fuerzas vitales que presiden la mutación psíquica. Por eso está considerada como uno de los emblemas del *lapis*, la energía creadora que se regenera continuamente. Desde el punto de vista práctico, coincide con el agua fuerte, un poderoso disolvente empleado en la composición de la piedra filosofal.

Como muchos símbolos alquímicos, la fuente se caracteriza por su naturaleza doble y contradictoria: puede representarse como un manantial cristalino del que brota agua pura, pero también como aguas cenagosas y estancadas (alusión al hecho de que el oro de los filósofos se encuentra a la vista de todo el mundo, y que basta con saberlo buscar).

El árbol de la vida y del conocimiento, símbolo de la Gran Obra, nace de la fuente mercurial (el mar primigenio en el que todo tiene su origen).

La fuente de mercurio tiene tres niveles, correspondientes a los tres órdenes del cosmos (celeste, sublunar, subterráneo), a los tres reinos de la naturaleza (animal, mineral, vegetal) y a las tres aguas herméticas (solar, lunar, mercurial). Según el psicoanálisis junguiano, representa la alimentación constante del alma, derivada de la dimensión instintiva e inconsciente de nuestra psique. Para los alquimistas, sus aguas escondían la piedra filosofal.

◄ *La fuente de la juventud,* miniatura del *De Sphaera,* siglo XV, Biblioteca Estense, Módena.

▲ *Reelaboración de imágenes alquímicas usadas por Raimundo Lulio,* Biblioteca Nazionale Centrale, Florencia.

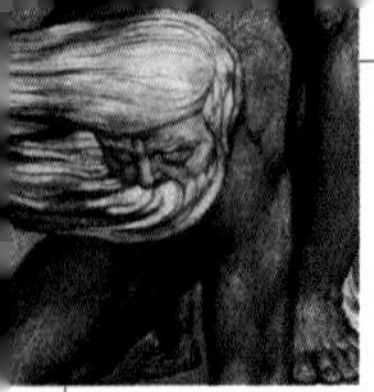

Magisterio hermético, materia prima, unión de los tres reinos de la realidad y eje del mundo que conecta el cielo y la tierra, media entre los principios de lo masculino y lo femenino.

Árbol filosófico

Características
Representa el magisterio hermético y la imaginación creadora. Como árbol o tronco hueco es una imagen de la materia prima

Variantes y otras definiciones
Árbol del Sol y de la Luna, árbol de la vida, árbol del conocimiento, árbol del bien y del mal, árbol cósmico, árbol invertido, árbol de la felicidad, tronco de Jesé, árbol genealógico, árbol sefirótico; cordón umbilical

Fases alquímicas, mitos y símbolos relacionados
Doce fases y claves de la Obra, paraíso terrenal, pecado original; fuente alquímica, fuente del paraíso, cruz, eje del mundo; virgen María, Sofía, Pandora, Cristo, asno, Mercurio alquímico, *lapis*, panacea, elixir de larga vida; rama de oro; elementos, metales, planetas; Rebis, andrógino; cuerpo humano

El árbol, símbolo del cosmos, es una metáfora de la Obra alquímica o la materia prima del magisterio, semilla fecunda de la que nacerá la piedra filosofal. Sus frutos son el Sol y la Luna, los planetas y los metales, mientras que la profundidad de sus raíces refleja el hecho de que la regeneración hermética tiene como requisito indispensable la integración y el dominio de la parte baja e instintiva de la psique. Estas raíces pueden hundirse en la tierra o en el agua, imagen del mar primordial de donde nacieron todas las cosas. Según los alquimistas árabes, la materia prima, análoga a la tierra adamítica del paraíso terrenal, se recogía a los pies de una planta sagrada que crecía en Occidente.

Como emblema de la Gran Obra y raíz del *lapis*, el árbol filosófico ha sido asociado al árbol edénico. Sus frutos aseguran al hombre la inmortalidad, y el dominio sobre las fuerzas físicas y espirituales de la naturaleza.

Puede adoptar la forma de cualquier criatura existente, llegando a una apariencia antropomorfa, ya que coincide con la dimensión interior de los seres.

Semejante virtud ha permitido compararla con el Mercurio alquímico, principio de cualquier transmutación y fuente del elixir de larga vida. Los alquimistas usaron su imagen para representar las fases del magisterio hermético: calcinación, solución, separación de los elementos, conjunción, putrefacción, coagulación, nutrición, sublimación, fermentación, exaltación, crecimiento y proyección.

Las doce claves de la Obra alquímica se representan como frutos del arbor solis. *Los colores remiten al paralelismo entre las fases del magisterio y la fusión de los metales. Del árbol hermético se extrae la piedra filosofal.*

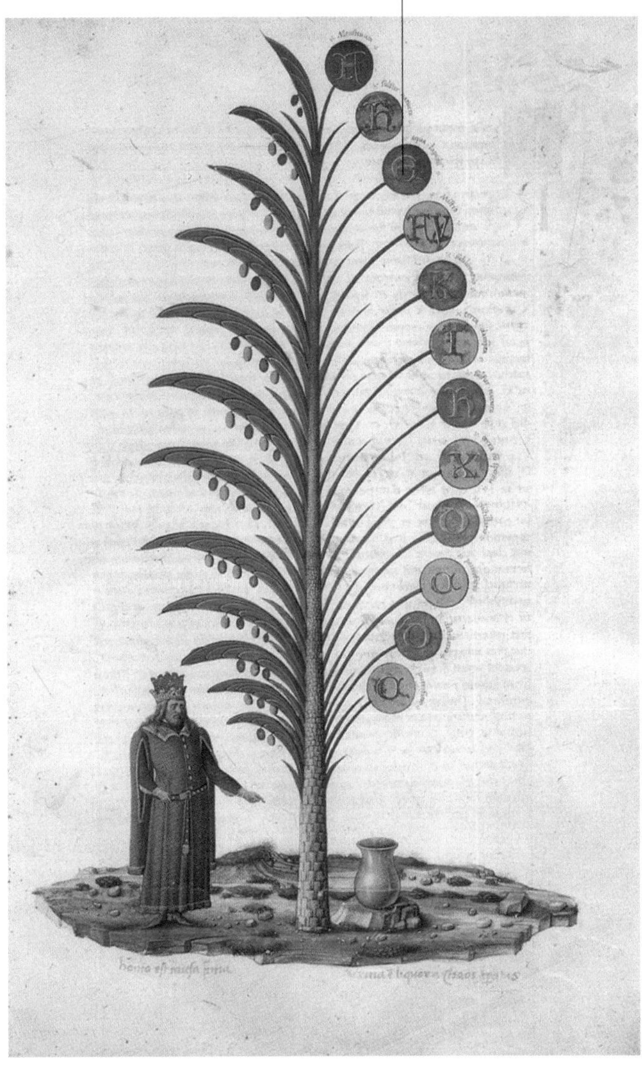

◄ Benedetto Antelami, *La leyenda de Barlaam (El árbol de la vida)*, 1196, baptisterio, Parma.

▲ *Arbor solis como alegoría de la Gran Obra*, Biblioteca Nazionale Centrale, Florencia.

Adopta el aspecto de una ciudadela rodeada de murallas, o coronando una montaña; también de un templo excavado en el vientre de la tierra, o de un santuario protegido por un laberinto.

Fortaleza alquímica

Características
Representa la dimensión más profunda de nuestra psique

Variantes y otras definiciones
Santuario del *lapis*, templo de Sofía, templo de Salomón

Fases alquímicas, mitos y símbolos relacionados
Lapis, planetas, metales, monte de los filósofos; Jerusalén celeste, templo y sello de Salomón, arca de la alianza; laberinto, *omphalos* (ombligo del mundo), *hortus conclusus*, rosaleda alquímica; mandala

Las ciudadelas, fortalezas, ciudades y jardines inexpugnables son símbolos del refugio interior del hombre, el arca secreta que guarda la parte más oculta de nuestra personalidad. Este lugar mágico, asociado por los místicos a la caverna del corazón, es el vehículo privilegiado de la comunicación entre el alma inmortal y la divinidad. Los alquimistas compararon el santuario del *lapis*, centro espiritual del universo, con la Jerusalén celeste protegida por doce impenetrables murallas (las claves del magisterio). La ciudad de Dios, inaccesible para los impuros de corazón, también está considerada como un símbolo de la Gran Obra.

Esta metáfora arquitectónica aparece en la *Aurora consurgens*, donde el *lapis* se compara con una casa construida sobre una fuerte roca, y con el templo de Salomón, cuyas columnas, Jachin y Boas, simbolizan el dualismo inherente al magisterio. La imagen del *hortus conclusus* (o rosaleda filosófica) también guarda parentesco con la casa-templo que custodia la piedra de los filósofos. Para acceder a ella es necesario llevar consigo la llave universal capaz de abrir sus puertas, correspondientes a las fases de la Obra y al cuaternario de los elementos.

Según el cabalista Heinrich Khunrath, existen veintiuna vías que llevan a la fortaleza alquímica, pero solo una para entrar. El tortuoso camino que permite alcanzarla, simbolizado a menudo con un laberinto, representa el camino interior del adepto hacia el conocimiento de su ser más profundo.

► *El castillo de los Celos*, miniatura del *Roman de la Rose*, 1490, British Library, Londres.

En el magisterio hermético, la lluvia de oro simboliza el rocío alquímico, el agua celeste que fecunda la tierra para engendrar la sal filosófica (salitre) capaz de refinar todos los metales.

Dánae es el receptáculo virginal de la semilla divina. Como tal, ha sido comparada a la Virgen y a la virtud de la castidad. Su imagen tiene una gran presencia como metáfora de la Anunciación de María.

▲ Mabuse, *Dánae*, 1527, Alte Pinakothek, Múnich.

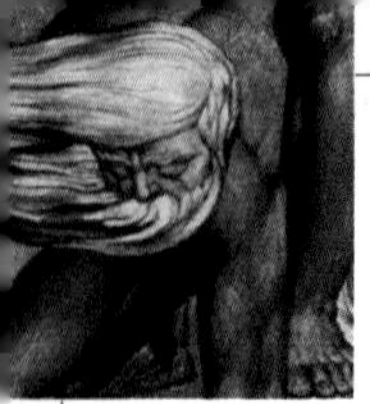

Representa la materia prima que hay que someter al proceso de purificación, pero también la quintaesencia o lapis *filosofal, símbolo de la vida renacida en un nivel superior.*

Huevo filosófico

Nombre
El término «huevo alquímico» o «filosófico» deriva de la forma del recipiente donde se «incuba» la Obra

Orígenes
Aparece citado en la *Turba philosophorum* (compendio alquímico de origen árabe difundido en Occidente a partir del siglo XIII), como símbolo del cosmos y de la unión de los cuatro elementos

Características
Representa la sede, el lugar y el sujeto de todas las transmutaciones

Otras definiciones
Huevo de los filósofos, huevo de la naturaleza, Mercurio, vaso alquímico, alambique, atanor, polluelo alquímico, piedra filosofal, piedra de cobre, piedra de Armenia, piedra encéfalo, piedra etérea, *lapis*, quintaesencia, aurora

Tradiciones filosóficas, esotéricas y religiosas relacionadas
Platonismo, orfismo, cristianismo

Principio de ordenación y diferenciación del caos primigenio, el huevo está considerado como uno de los vehículos privilegiados de la iluminación mística y cognoscitiva, hasta el punto de desempeñar un papel de primer orden en todos los rituales iniciáticos. En la interpretación junguiana, este símbolo coincide con «el caos entendido y aprehendido por el artífice», y con «la primera materia, que contiene el alma del mundo». Como emblema de la vida en gestación, está ligado al motivo del renacimiento cósmico, el *regressus ad uterum* que se efectúa a través de los estadios de la muerte y la resurrección. El pensamiento alquímico le otorga el mismo sentido al compararlo con el recipiente herméticamente cerrado (alambique) que contiene la sustancia destinada a la transmutación. De hecho, empollar el «polluelo filosófico» (el punto rojo en el centro del sol) equivale a la posibilidad de reproducir el milagro de la creación biológica en el laboratorio.

Los adeptos asocian el huevo a los cuatro elementos cósmicos (cáscara/tierra, membrana/aire, clara/agua, yema/fuego) y le dan un uso muy concreto en la producción de la piedra filosofal, como ingrediente del compuesto alquímico.

Durante el siglo XX, muchos artistas volvieron a la imagen arquetípica del huevo, entendido en sentido esotérico y filosófico. Así lo demuestran las obras de Man Ray, Max Ernst, Giorgio de Chirico, René Magritte, Marc Chagall, Salvador Dalí y Marcel Duchamp.

La espada representa el fuego espiritual que dio origen a la creación.

El huevo simboliza el caos elemental, o materia prima, que antecede a la purificación. De sus cenizas (la fase de la putrefactio*) surgirá el fénix, símbolo de la piedra filosofal.*

Los alquimistas utilizan el huevo en la producción de la materia prima. La cal se obtiene triturando muy finamente la cáscara. La yema sirve para obtener una sustancia oleosa especial, y la clara para la llamada «agua mercurial».

◄ Man Ray, *Oeuf plat*, 1957-1970, colección particular.

▲ *Alegoría alquímica: el huevo de los filósofos*, ilustración de la *Atalanta fugiens* de M. Maier, 1618.

Leda, cuyo nombre significa «mujer», es la gran madre que da origen al huevo cósmico, representado aquí por los dos pares de gemelos.

El cisne es el principio fecundante bajo cuyo aspecto se esconde el dios Zeus.

Los cuatro hijos de Leda, Cástor y Pólux (símbolos de concordia) y Helena y Clitemnestra (símbolos de discordia), representan el principio platónico de la discordia concors.

La pintura ha sido interpretada como una alegoría de la creación musical, basada en la doctrina órfico-pitagórica de la armonía de los contrarios.

▲ Leonardo da Vinci (copia), *Leda*, 1505-1507, Uffizi, Florencia.

El globo del mundo está formado por los tres reinos de la naturaleza y los cuatro elementos.

La figura del hermafrodito se inspira en el mito órfico de Eros, el impulso que mueve el universo y el organizador de los elementos cósmicos (aire, agua, tierra y fuego). El Rebis simboliza el dominio sobre el principio (huevo) y el final (globo) de la creación alquímica.

El huevo dorado representa la totalidad originaria anterior al nacimiento de los fenómenos. De él surgirá el lapis, *el «polluelo alquímico» que simboliza la piedra filosofal.*

Los alamares de oro y el cinturón rojo representan la rubedo.

La túnica negra es una referencia a la primera fase de la obra alquímica, la nigredo *o putrefacción y mortificación de la materia.*

▲ *El huevo filosófico*, miniatura del *Splendor Solis* de S. Trismosin, siglo XVI, British Library, Londres.

Está constituido por el alambique o el horno de fusión, y representa el lugar misterioso donde se producen las transformaciones de la materia y del espíritu.

Vaso hermético

Nombre
Del latín *vas Hermetis* («vaso de Hermes»), crátera sagrada de los ritos fúnebres

Características
Tiene forma esférica u ovoide, para recordar la imagen del cosmos. Es una especie de matriz o útero de la creación

Otras definiciones
Vaso alquímico, admirable, alambique, huevo de los filósofos, de la naturaleza, cósmico, *aqua permanens*, Mercurio de los filósofos, *ignis noster*

Fases alquímicas, mitos y símbolos relacionados
Conjunción, bodas químicas, huevo filosófico, materia prima, polluelo alquímico, *homunculus*, piedra filosofal, *lapis*, quintaesencia, aurora, Rebis, atanor, útero, seno materno, plexo solar, cabeza

Recorrer las etapas del nacimiento de la vida, cósmica (división de los cuatro elementos y separación entre la luz y las tinieblas) y natural (concepción, gestación y parto), para lograr la regeneración espiritual de la materia y de la psique es la gran misión de los alquimistas. En la persecución de este objetivo usan instrumentos especiales, que aparte de tener funciones prácticas precisas canalizan mensajes simbólicos ocultos. Es el caso de los objetos propios de la cocción de la Obra (retortas, cucúrbitas y hornos), que marcan paralelismos puntuales entre el magisterio, la naturaleza humana y el macrocosmos. El vaso hermético, por ejemplo, en su aspecto simbólico, encierra las energías primordiales que vivifican el universo (el dragón que se muerde la cola u *ouroboros*), y los principios fijos y volátiles de la materia: sal, azufre y mercurio.

Este instrumento se utiliza en la llamada «vía húmeda» o «larga» del magisterio, un procedimiento que emplea un recipiente de vidrio cristalino para provocar la maduración del «polluelo filosofal». Así los alquimistas pueden controlar visualmente las fases de la Obra, y admirar sus variaciones cromáticas, desde la *nigredo* (negro) hasta la iridiscente cola de pavo real.

Dentro del cuerpo humano, el vaso alquímico corresponde al plexo solar y a la cabeza, morada del intelecto y de la imaginación creadora.

► *El adepto*, ilustración de un tratado alquímico atribuido a George Ripley, siglo XVII, Bodleian Library, Oxford.

El vidrio transparente es una referencia al alma que se retrae del mundo externo. Durante la cocción, el recipiente debe permanecer herméticamente cerrado para evitar la dispersión de las potencias que presiden la transmutación.

El polluelo alquímico está considerado como el germen del conocimiento superior, capaz de captar la naturaleza íntima de las cosas. El color de Mercurio (el púrpura real) indica la feliz conclusión de la Obra.

Como símbolo del cosmos, el atanor contiene los tres reinos de la realidad (el superior y celeste, el medio y terrestre y el subterráneo e infernal), los principios del bien y del mal, el espíritu y la materia y los cuatro elementos.

La ceniza es una metáfora del alma purificada, que ya no está dominada por las pasiones. Con frecuencia se trata de residuos de encina, árbol que simboliza el cuerpo humano.

▲ *El joven Mercurio en el vaso alquímico*, del *Mutus Liber* de Altus, 1702.

La presencia de una serie de cráteras alusivas al magisterio hermético en el friso del frontón ha llevado a los estudiosos a interpretar los recipientes que llevan las vírgenes en la cabeza como los «vasos del alma» neoplatónicos.

El grupo de jóvenes es una referencia a las vírgenes sabias y las vírgenes necias de la parábola de san Mateo.

▲ Parmigianino, *Tres vírgenes sabias*, h. 1531-1539, Santa Maria della Steccata, bóveda del coro, Parma.

El recipiente, de forma ovoide, desempeña las mismas funciones generadoras y nutricias que el útero en la gestación biológica. Es el símbolo de la Gran Obra, ya que la transmutación de la materia solo puede cumplirse en su interior.

La divisa «unum est vas» indica que el secreto de la Gran Obra está contenido en el vaso filosófico, aunque no se trate del recipiente concreto (el alambique), sino del cuerpo humano, envoltorio externo de la psique.

El vaso herméticamente cerrado equivale al círculo mágico, territorio sagrado donde es posible la metamorfosis de las formas.

▲ Luca Giordano, *Autorretrato como alquimista*, h. 1660, Pinacoteca de Brera, Milán.

Adopta el aspecto de una pequeña torre con cúpula, de un alambique sobre un lecho de cenizas ardientes, una apariencia antropomorfa, como el microcosmos.

Atanor

Nombre
Deriva del término árabe *at-tannur*, «horno». El origen de la palabra está quizá en el vocablo griego *athanatos*, que significa «sin muerte»

Características
Es el horno de los alquimistas, en cuyo interior llega a su madurez la cocción del *lapis*. Representa las transmutaciones físicas, morales, psíquicas y espirituales de las sustancias y de los artífices de la Gran Obra

Variantes y otras definiciones
Crisol alquímico, huevo cósmico, horno cósmico, horno filosófico, microcosmos, cuerpo humano

Fases alquímicas, mitos y símbolos relacionados
Conjunción, bodas químicas, polluelo alquímico, piedra filosofal, *lapis*, quintaesencia, aurora, Rebis, vaso hermético, vaso alquímico, alambique, vientre y útero femeninos

El crisol alquímico es el lugar destinado a la cocción de la piedra filosofal. Concebido en forma ovoide, por sus lazos con la gestación biológica y la renovación espiritual (*regressus ad uterum*), los alquimistas lo comparan con el huevo cósmico, símbolo de la unidad indiferenciada que está en el origen de todas las cosas.

En realidad se trata de una compleja construcción de ladrillos refractarios al calor repartida en tres niveles (los órdenes del cosmos), de donde salen una serie de bocas y chimeneas para la destilación y combustión de la materia.

Los adeptos creían que en su interior fluía el espíritu vital que había originado el mundo, recomponiendo el caos de los elementos en una forma ordenada y racional. De ahí la idea de que estaba alimentado por un fuego imperecedero, rastro energético de la luz astral presente en el universo.

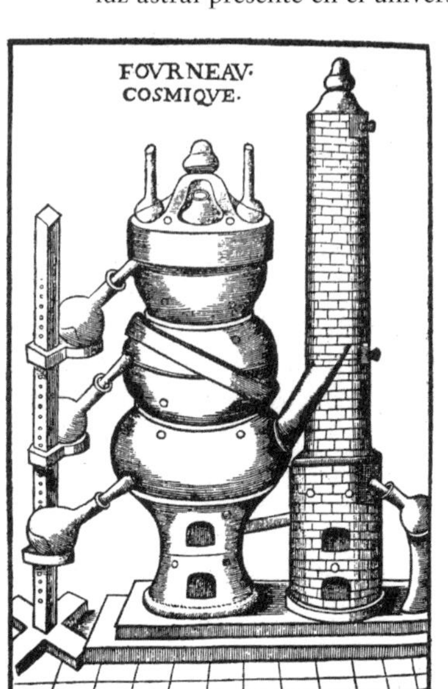

El atanor se utilizaba en la llamada «vía seca» o «vía breve» del magisterio, caracterizada por técnicas de tipo metalúrgico. Este procedimiento iba acompañado de un peculiar sistema de cocción definido como «baño de arena», cuya función era mantener el calor suave y constante para no consumir la «flor del oro».

Como matriz de la creación, el atanor cumple las mismas funciones nutritivas y germinativas que el útero femenino; la gestación de la piedra filosofal debe imitar la gestación biológica.

Este cuadro fue encargado por Francisco I de Médicis para su estudio privado. Como muchos representantes de su familia, el duque era un apasionado por la alquimia y las prácticas esotéricas.

El recetario aparece con frecuencia en la iconografía hermética.

El maestro indica a sus ayudantes las operaciones a cumplir durante el magisterio. El aspecto y los gestos de los protagonistas denotan un profundo respeto por la práctica alquímica, asociada con frecuencia a la charlatanería y la mistificación.

La imagen incorpora el horno alquímico para la cocción «en seco».

◀ *Atanor,* ilustración del *Liber Mutus* de Altus, 1702.

▲ Giovanni Stradano, *El alquimista*, siglo XVI, Palazzo Vecchio, estudio de Francisco I de Médicis, Florencia.

La cáscara de huevo, símbolo invertido del atanor alquímico, es la matriz de todos los males del mundo.

La caverna antropomorfa representa la boca del infierno. Esta imagen procede de la famosa Visión de Tondalo *(siglo XII), principal texto de referencia para la iconografía del más allá en la zona flamenco-germánica.*

«Margarita la loca», un personaje del folclore alemán medieval, encarna el heroísmo ciego y la violencia civil. Su carga devastadora está representada por la coraza y la espada que tiene en la mano.

El grillo, animal recurrente en las obras de Bruegel y El Bosco, es un símbolo del mal y del desorden universal.

La barca con la esfera de cristal es otra referencia negativa al crisol hermético.

La obtención del temple del acero y de la pólvora se consideraba propia de los alquimistas.

El hombre con trasero en forma de huevo está expulsando monedas de oro, símbolo de codicia.

▲ Pieter Bruegel el Viejo, *Dulle Griet (Margarita la loca)*, 1562, Museum Mayer-Van den Bergh, Amberes.

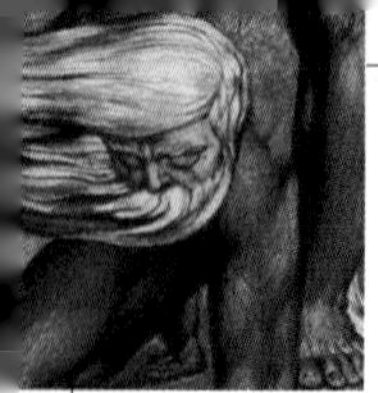

Puede representarse a través del mito de la fragua de Vulcano, o con la imagen de una sala oscura y desordenada. También puede adoptar el aspecto de un santuario.

Laboratorio

Características
Es el lugar, recogido y secreto, que se reserva a las operaciones alquímicas

Variantes y otras definiciones
Fragua, oratorio de la Sabiduría, biblioteca hermética

Fases alquímicas, mitos y símbolos relacionados
Atanor, vaso alquímico, piedra filosofal; Venus y Apolo en la fragua de Vulcano

Tradiciones filosóficas, esotéricas y religiosas relacionadas
Hermetismo, cábala, cristianismo

Difusión iconográfica
Este motivo se difundió con éxito en la pintura de género neerlandesa a partir de mediados del siglo XVI

El laboratorio alquímico es una especie de cosmos en miniatura capaz de contener todos los elementos físicos, psíquicos y espirituales para la reproducción artificial de la vida. Los objetos y figuras que contiene (retortas, alambiques, hornos, cucúrbitas, libros, maestros y ayudantes) no se limitan a su función práctica, sino que están dotados de un valor metafórico y espiritual que puede enlazarlos con las energías creativas que vivifican el cosmos, la naturaleza y la mente humana. Los gestos y las fórmulas recitadas por el alquimista también manifiestan una correspondencia puntual con los fenómenos naturales, guía y modelo de cualquier operación filosófica.

En la Europa de los siglos XVI y XVII, la sabiduría hermética y el magisterio fascinaron de tal modo a príncipes y soberanos que algunos llegaron a dotar sus palacios de pequeñas salas con todo lo necesario para emprender el camino de la Gran Obra. Entre los más importantes cabe citar el estudio de Francisco I de Médicis en el Palazzo Vecchio de Florencia y el laboratorio que mandó acondicionar Rodolfo II de Habsburgo en Praga. En este espacio, a la vez místico y de trabajo, el señor se erigía en artífice del sistema de correspondencias que impregnaba lo real, encarnando cumplidamente el mito del hombre microcosmos.

► David Ryckaert III, *El alquimista,* siglo XVII, Musée des Beaux Arts André Malraux, Le Havre.

El tabernáculo acentúa el valor místico y sapiencial de la alquimia, orientada al conocimiento de uno mismo y a la integración de los componentes de la naturaleza humana.

La búsqueda de la piedra filosofal (la iluminación o aurea apprehensio*) a través, también, de la interpretación de los textos herméticos. Muchos laboratorios alquímicos ofrecen la imagen de una biblioteca al lado del horno.*

Las columnas de la experiencia y la razón indican la metodología que ha de usarse.

El círculo es una referencia al centro místico del cosmos, el omphalos *espiritual, sede de la iluminación.*

Los instrumentos musicales demuestran que el filósofo entiende la armonía universal que une los planos de la realidad.

El horno con la inscripción «apresúrate despacio» exhorta a la paciencia.

▲ *El alquimista en su laboratorio,* ilustración del *Amphitheatrum Sapientiae Aeterna* de H. Khunrath, 1609.

El candelabro dorado evoca el poder iluminador del fuego.

El fuego filosofal es de tres tipos: el calor propagado por la llama, el que emiten la arena o las cenizas ardientes y el calor latente de la sustancia combusta. Se trata de un fuego suave, envolvente y penetrante, parecido a la temperatura del líquido amniótico dentro del útero.

Los objetos preciosos recuerdan el color brillante de las llamas, muy similar al del oro.

Las armaduras representan la capacidad fabril del hombre y el poder forjador del fuego.

▲ Jan Bruegel el Viejo, *Alegoría del Fuego*, finales del siglo XVI-principios del XVII, Pinacoteca Ambrosiana, Milán.

Los seres demoníacos personifican el fuego en su aspecto infernal, como principal atributo del diablo.

En contraposición a las escenas de la izquierda, donde se representa la doma del fuego por el hombre, el incendio representa su poder destructor.

Los alambiques y el atanor ilustran la función del fuego en el ámbito alquímico: purificar la materia y transformarla en el oro filosofal.

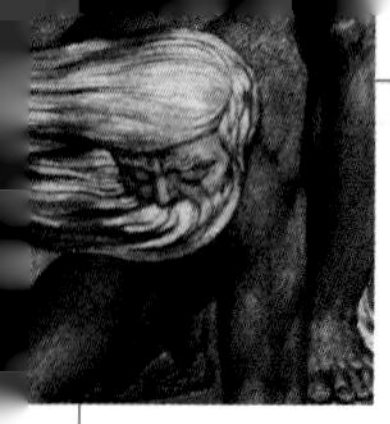

Suelen representarse como filósofos y científicos llenos de autoridad, o ridiculizados como diestros charlatanes y gente ingenua y crédula.

Maestros y discípulos

Protagonistas históricos y legendarios
Tubalcaín, Hermes Trismegisto, María la Hebrea, Kemes, Zósimo de Panópolis, Olimpiodoro, Constantinus Pisanus, Geber, Nicolas Flamel, Gratheus, Paracelso, Gerhard Dorn, Basilio Valentín, Michael Maier, Heinrich Khunrath, George Ripley, John Dee, Michael Sendivogius, Robert Fludd, Giovan Battista Paleologo

En su calidad de arte esotérico, y de conocimiento de tipo iniciático, la alquimia está ligada a la dimensión del secreto y del misterio. La transmisión del saber se efectúa a través de un lenguaje cifrado de gran complejidad, lleno de símbolos y alegorías que esconden contenidos de naturaleza tecnológica, filosófica y espiritual. En este contexto, la relación maestro-discípulo es la única forma posible de relación para garantizar, por un lado, el secreto del procedimiento alquímico y su finalidad (la integración armónica de todos los componentes físicos, psíquicos e intelectuales de la vida natural y la existencia humana), y por otro la posibilidad de que ese saber no se pierda para siempre con la muerte de los iniciados. Este camino de elevación espiritual se transmite de generación en generación mediante manuscritos y volúmenes ricamente ilustrados, donde es habitual que la palabra ceda su sitio a la imagen. Citemos, entre los más importantes, el *Splendor Solis*, la *Aurora consurgens*, la *Atalanta fugiens* y el *Mutus Liber*, algunos de los textos esotéricos más importantes del siglo XVII. El uso de un lenguaje figurado responde a un doble objetivo: desde el punto de vista pedagógico, permite un aprendizaje mnemotécnico más fácil y duradero, y desde el punto de vista especulativo, gracias al ejercicio de la imaginación creadora, posibilita una mayor comprensión de los contenidos criptográficos del texto.

► *Edipo en el laboratorio alquímico,* ilustración del *Oedipus chimicus* de J. J. Becher, 1664.

► *Espejo del Arte y de la Naturaleza,* grabado de la *Cábala* de S. Michelspacher, 1616.

La naturaleza suministra la materia prima sobre la que actuará el arte.

El águila representa el vitriolo verde, símbolo del estadio inicial del compuesto alquímico.

El fénix es la coronación de la obra.

El león rojo es una referencia a la fijación del azufre, propia de la última fase del magisterio.

Los símbolos alquímicos ligados a los cuatro elementos, al nitrógeno y al vitriolo indican la correspondencia entre las partes de la realidad y la complementariedad de los contrarios (el caduceo).

La «vía húmeda» del magisterio tiene en el vaso hermético un instrumento básico.

El alquimista no solo reproduce los procesos originarios de la vida biológica, sino que perfecciona lo que dejó incompleto la naturaleza.

La «vía seca» usa el crisol hermético para la cocción del polluelo filosófico. Con la ayuda de un fuelle, el adepto introduce aire para alimentar el fuego alquímico. Esta operación ha sido asociada a la práctica de la respiración profunda en el yoga.

Los niños hurgan en la despensa, buscando desesperadamente algo de comer.

La centralidad otorgada a las operaciones de fusión indica el desprecio del artista por los aspectos ilusorios de la Gran Obra. La divisa en flamenco «alghe mist» tiene el significado irónico de «todo falla», «todo es inmundicia».

H COCK EXCVD CVM PRIVILEGIO
DEBENT IGNARI RES FERRE ET POST OPERARI
IVS LAPIDIS CARI VILIS SED DENIQ3 RARI
VNICA RES CERTA VILIS SED VBIQ3 REPERTA

▲ Pieter Bruegel el Viejo, *Taller de alquimista*, 1558, Bibliothèque Royale Albert Ier, Bruselas.

La mujer señala con desolación el saco de grano vacío. Las operaciones alquímicas requerían una disponibilidad enorme de dinero, hasta el punto de endeudar a más de un príncipe y soberano.

La familia del ingenuo alquimista se dirige al hospicio de pobres tras haber dilapidado toda su hacienda.

El alquimista describe las operaciones con las que se pretende convertir los metales viles en oro.

El necio con orejas de burro es una personificación caricaturesca del falso magisterio. Este famoso dibujo satírico presenta la alquimia operativa como una actividad picaresca que lleva a la ruina a la persona que la emprende.

En la figura del maestro, el discípulo encuentra la realización de su propio espíritu interior. La enseñanza hermética es una especie de mayéutica platónica, un método consistente en sacar la perfección escondida en el alma del adepto, y contenidos cognoscitivos inconscientes.

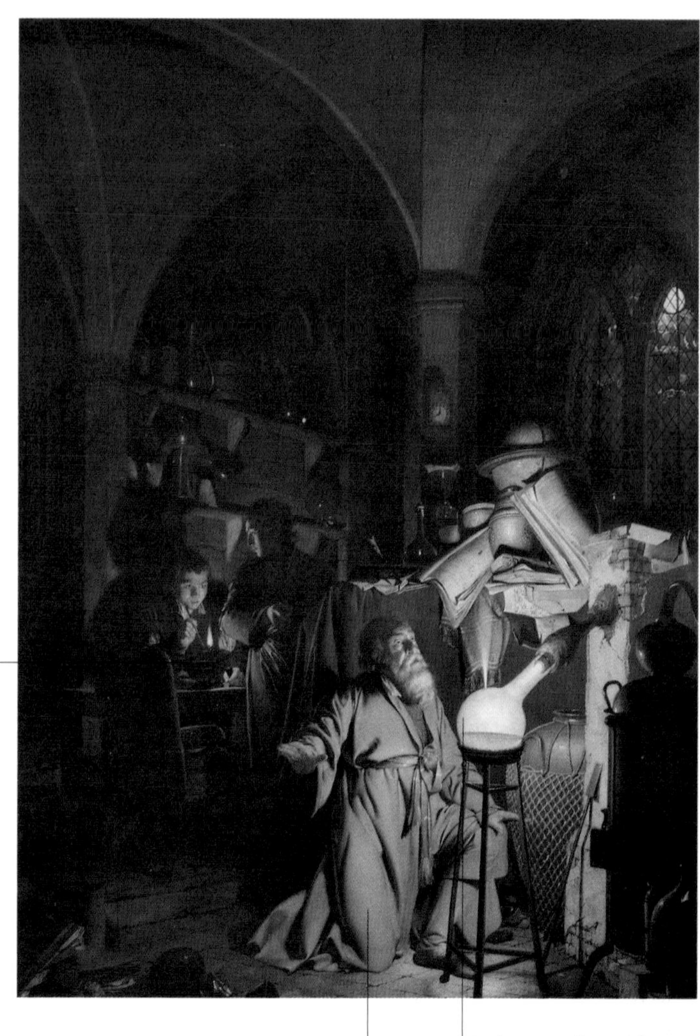

▲ Joseph Wright of Derby, *El alquimista*, 1770, Museum and Art Gallery, Derby.

Maestro es quien ha coronado la Gran Obra, o el iniciado que ha completado el proceso de individuación.

La luz procedente del vaso hermético es análoga a la luz espiritual que ilumina la conciencia del adepto, transformándolo en maestro. La divisa alquímica «solve et coagula» indica la disolución de los vínculos psíquicos y la recomposición del aparato físico, intelectual e imaginativo en una forma más noble.

La dimensión del trabajo (artesanal, doméstico o artístico) ha sido asociada desde siempre a la búsqueda alquímica, como metáfora del magisterio y de sus fases.

Trabajo

La tradición hermética presenta al adepto como un filósofo entregado a la especulación intelectal, o como un hombre de acción capaz de perfeccionar la naturaleza de las sustancias formadas a través de un proceso de generación natural. En virtud de su saber, y de su fuerza creativa, el alquimista encarna las capacidades cognoscitivas, técnicas y poéticas de los dioses plasmadores del cosmos: el demiurgo platónico, Vulcano (dios del fuego) y Prometeo (prototipo del *homo faber* decidido a apoderarse de los secretos de la naturaleza para usarlos en su provecho). Por eso en los tratados alquímicos es frecuente que aparezcan artesanos, artífices y mineros dedicados a sus ocupaciones, de la extracción de los metales a su templado, y de la destilación del oro a la fabricación del vidrio. A través de la experiencia directa en el laboratorio, los investigadores afinaban antiguos conocimientos sobre la elaboración de las sustancias, y hacían progresos técnicos y descubrimientos innovadores. Por otro lado, varios oficios estaban considerados como auténticas metáforas del magisterio y sus fases. El trabajo en las minas, por ejemplo, indicaba la extracción de la materia prima, mientras que el lavado de las telas representaba el proceso de recoger el rocío hermético, necesario para la albificación del compuesto «al negro» durante la *nigredo*. En cuanto a las ocupaciones domésticas y femeninas, servían para referirse a las fases más complejas de la Gran Obra, consideradas por los detentores de la sabiduría como ocupaciones sin especial dificultad.

Variantes y otras definiciones
Lavado y secado de las telas, extracción y forja de los metales, metalurgia, siderurgia, arte del teñido, arte del vidrio

Fases alquímicas, mitos y símbolos relacionados
Trabajo de las mujeres, juego de los niños; metales, minerales, planetas, rocío, *lapis*, piedra filosofal; Apolo y Venus en la fragua de Vulcano, Prometeo, demiurgo platónico

◄ Francisco de Goya, *Las lavanderas*, 1779-1780, Museo del Prado, Madrid.

La montaña representa el cuerpo, tercer término de la tríada alquímica.

Representación de la extracción de la materia prima del magisterio.

La luna en el agua indica la destilación del fluido mercurial.

Los dos mineros personifican el alma y el espíritu.

▲ *Mineros trabajando,* del *Splendor Solis* de S. Trismosin, siglo XVI, British Library, Londres.

Apolo (divinidad solar) simboliza la presencia divina que ayuda a coronar la Obra.

Vulcano representa al adepto convertido en «filósofo», o sea sabio, «por medio del fuego».

El yunque y el martillo son los instrumentos mediante los que se lleva a cabo la explotación de los metales.

Como energía difusora y transformadora, el fuego (espíritu oculto en la materia) se considera una metáfora del lapis y del alma tripartita de derivación platónica. También corresponde al poder generador, que debe ser atizado y controlado con sabiduría y puesto al servicio de la contemplación interior.

▲ Diego Velázquez, *La fragua de Vulcano*, 1630, Museo del Prado, Madrid.

Indica uno de los momentos finales del magisterio hermético, una operación dificilísima, pero que el poseedor de las claves de la sabiduría considera a la altura de un pasatiempo infantil.

Juego de los niños

Características
Indica una fase avanzada de la Obra alquímica, caracterizada por el mantenimiento de una temperatura de cocción constante y de un fuego uniforme

Otras definiciones
Ludus puerorum; trabajo de las mujeres, solidificación del mercurio

Fases alquímicas, mitos y símbolos relacionados
Melancolía; cabires, *homunculi*

Expresión de la lucha victoriosa contra los propios miedos, el juego es una metáfora de la vida y del magisterio hermético, en la medida en que reúne los conceptos de totalidad, regla y libertad. Al tratarse de una acción que pretende domesticar de modo creativo la anarquía de los elementos y de las pasiones, encarna plenamente el objetivo de la alquimia, un proceso artificial que se propone llevar la obra de la naturaleza a su perfección.

En este contexto esotérico y sapiencial, el juego de los niños, representados a menudo con un aro o una pelota (símbolos de la totalidad del cosmos y del eterno retorno de las cosas), indica que la conquista de la piedra filosofal (la unión armónica de los contrarios y la personalidad integrada) se hace poniendo en juego fuerzas psíquicas de orden inconsciente, similares a las que se usan en la infancia para despertar la dimensión lúdica.

A semejanza de los personajes circenses, los funámbulos y las máscaras de la comedia del arte, los niños de la iconografía alquímica se erigen en metamorfosis de los dioses ordenadores del cosmos. Por eso también aparecen como *cabires* u *homunculi*. Según Salomon Trismosin, autor del *Splendor Solis* (uno de los tratados alquímicos más populares del siglo XVI), el *ludus puerorum* corresponde a la solidificación del mercurio por el azufre.

► *Ludus puerorum*, del *Splendor Solis* de S. Trismosin, siglo XVI, British Library, Londres.

Alquímicamente, el cambio estacional situado a caballo entre el otoño y el invierno remite a la vindemia Hermetis, *con la que se concluía la Obra alquímica (iniciada en primavera, bajo los signos de Aries y Tauro). La nube de tormenta también ha sido interpretada como un símbolo de la* nigredo *(Calvesio).*

El columpio que sube y baja podría indicar la solidificación del mercurio mediante el azufre, siguiendo el principio alquímico de que lo que está abajo y lo que está arriba son intercambiables.

La Melancolía, asociada a Saturno, la vejez y el invierno, es una figura recurrente de la iconografía alquímica. A pesar de ello, también ha sido interpretada como un ángel caído, y como una personificación de la lujuria.

La rama sin corteza podría aludir a la purificación de la materia (Calvesio).

▲ Lucas Cranach,
Melancolía, 1532,
Musée d'Unterlinden, Colmar.

Indica la conquista gradual de la elevación filosófica, mística y esotérica, sirviendo de eslabón entre los planos de la realidad y de metáfora de la Gran Obra.

Escalera

Características
Representa el recorrido ascensional cuyo objetivo es la conquista de una personalidad integrada. En el psicoanálisis junguiano corresponde al proceso de individuación

Otras definiciones
Escalera mística, de Jacob, *scala paradisi, scala Dei*, escalera de la sabiduría luliana

Fases alquímicas, mitos y símbolos relacionados
Sublimación, solución, solidificación; monte de los filósofos; planetas, metales; cruz; oreja; cadena áurea, simpatía universal; jerarquías angélicas, apóstoles, artes liberales

Tradiciones filosóficas, esotéricas y religiosas relacionadas
Hermetismo, gnosticismo, cábala, cristianismo, neoplatonismo, arte combinatoria luliana, masonería

► *El cumplimiento del proceso «oculatus abis»*, grabado del *Mutus Liber* de Altus, 1702.

El recorrido ascensional por una escalera o una montaña es un motivo recurrente del imaginario alquímico. Este tema, de origen gnóstico y neoplatónico, corresponde a la ascensión del alma por las esferas planetarias, viaje iniciático cuyo objetivo es purificar la parte divina encerrada en el hombre de cualquier contacto con la materia. Según esta tradición mistérica, el ascenso a las esferas celestiales permite que la psique se libere gradualmente del comercio con el cuerpo, y pase de ser vil plomo a oro, el color del empíreo donde mora la divinidad suprema. Sin embargo, la ascensión hermética se diferencia de la ascesis mística en que su finalidad es la integración de los diversos componentes de la naturaleza humana (físicos, psíquicos y mentales), los cuales se consideran necesarios y complementarios.

La imagen de la escalera está muy presente en el repertorio iconográfico del magisterio alquímico, como metáfora de las fases de la Obra e instrumento necesario para la conquista de la piedra filosofal. Una famosa ilustración del *Mutus Liber* representa una escalera en posición horizontal tras el artífice y la *soror mystica*, que se unen a Mercurio para sostener victoriosamente la cuerda tripartita. La escalera yace abandonada en el suelo, ya que el magisterio ha sido coronado, y por lo tanto ya no es necesaria.

Esta imagen se remonta a las doctrinas neoplatónicas sobre el viaje espiritual por las esferas planetarias, descrito en Apuleyo (Metamorfosis), *Firmico Materno* (Mathesis) *y Cicerón* (Somnium Scipionis).

El movimiento ascensional corresponde a la sublimación de la materia y a la elevación mística y cognoscitiva (conquista de la sabiduría).

Blake establece una relación entre la ascesis espiritual y el oído interno, órgano que permite el contacto con los mundos superiores a través de la comprensión de la armonía que impregna varios grados del cosmos.

▲ William Blake,
El sueño de Jacob, h. 1790,
British Museum, Londres.

Simboliza la totalidad cósmica, natural y psíquica. Como tal, contiene las semillas de la contradicción y la duplicidad, principios básicos del magisterio hermético.

Rueda

Características
Representa el proceso circulatorio, la revolución del universo como modelo de la Obra y el ciclo del año en el que llega a su fin el magisterio

Variantes y otras definiciones
Año platónico, Gran Año, rueda del zodíaco, rueda de la fortuna, rueda de la naturaleza, rueda de Ezequiel

Fases alquímicas, mitos y símbolos relacionados
Circulatio, sublimación; *ouroboros*, Mercurio, círculo, disco cromático, mandala, Rebis, andrógino, *Anthropos*, cuatro elementos

Tradiciones filosóficas, esotéricas y religiosas relacionadas
Cristianismo, maniqueísmo, gnosticismo, hermetismo, cábala, mnemotecnia

► *La rueda de ocho rayos accionada por Mercurio,* del *Speculum Veritatis,* siglo XVII.

Imagen del universo y de su cambio incesante, la rueda aparece con frecuencia en la simbología alquímica, sea para indicar la *circulatio* (subida y precipitación de los vapores dentro del alambique), sea como modelo de una conducta moral acorde con la culminación del magisterio. En este contexto manifiesta muchas analogías con las ruedas medievales de la fortuna, imágenes metafóricas de la alternancia de los vicios y las virtudes, y de lo inescrutable de la suerte. De hecho, además de incorporar los símbolos de los planetas y los colores ligados a las fases de la Obra, las ruedas alquímicas también indican las cualidades morales necesarias para la búsqueda hermética: constancia, obediencia, moderación, equidad y humildad. Esta gradación, de tipo ético y cognoscitivo, asocia la alquimia una vez más con una práctica sapiencial de tipo espiritual, en la que hay que manifestar una postura cognoscitiva capaz de equilibrar el ojo del corazón con el ojo de la mente, y la percepción sensible con la iluminación extática.
Jacob Böhme comparó la rueda hermética con la propia vida de la naturaleza, madre primigenia que genera y nutre a los seres vivos sin solución de continuidad.

Todas las fases del magisterio (diferenciadas por sus colores) se asocian a la rueda alquímica.

La alquimia representa la circulación de los elementos con la imagen de dos ruedas que giran, símbolos de la extensión y reducción de la materia. El movimiento de la rueda mayor produce la fijación de las sustancias, mientras que el de la rueda menor tiene como función la generación de los elementos.

▲ Man Ray, *La fortuna III*, 1946-1973, colección particular.

Apéndices

Índice general
Índice de artistas
Fuentes
Bibliografía

Índice general

Índice de artistas

Fuentes

Mito e historia

Antiguo Testamento (Daniel, Josué); Nuevo Testamento (Evangelio según san Mateo); Evangelio árabe; Homero, *Ilíada*, *Odisea*; Hesíodo, *Teogonía*; Platón, *Timeo*; Plotino, *Enéadas*; Porfirio, *La gruta de las ninfas*; Eratóstenes, *Catasterismos*; Arato, *Fenómenos*; *Pistis Sophia*; *Corpus Hermeticum*; Beroso, *Historias babilonias*; Cicerón, *Aratea*; Séneca, *Suasorias*; Ovidio, *Metamorfosis*, *Fastos*; Manilio, *Astronomica*; Nono, *Dionisíacas*; Higinio, *Astronomicon*; Tolomeo, *Las previsiones astrológicas o Tetrabiblos*, *Almagesto*; Vetio Valente, *Antologías*; Firmico Materno, *Matheseos*; Higinio, *Fábulas*; Salustio, *Sobre los dioses y el cosmos*; Macrobio, *Commentarii ad Somnium Scipionis*; Fulgencio, *Mythologie*; san Agustín, *De vita beata*, *Confessiones*, *De civitate Dei*; Albumázar, *Introductorium Majus*; *Antologia Palatina*; *Papiro Tebtunis*; Casiodoro, *Institutiones*; Dionisio Areopagita, *Jerarquías angélicas*; Isidoro de Sevilla, *Etymologiae*; Alberto Magno, *Speculum astronomicon*; *Tablas alfonsinas*; Alberico, *De deorum imaginibus libellus*; J. Ridewall, *Fulgentius metaforalis*; Sacrobosco, *Sphaera Mundi*; G. Bonatti, *Liber astronomicus*; *Miscellanea Astronomica*; Bartolomeo da Parma, *Summa*; Tomás de Aquino, *Summa Theologiae*; Dante, *Divina Comedia*, *Convivio*; Marcello Palingenio Stellato, *Zodiacus vitae*; Pierre d'Ailly, *Concordantia astronomiae cume theologiae*; Pedro de Abano, *Astrolabium Planum*; Basinio da Parma, *Astronomica*; G. Bianchini, *Tabulae coelestium motum novae*; Marsilio Ficino, De *vita*; Pico della Mirandola, *Disputationem adversus astrologiam divinatricem*; Savonarola, *Tratado contra los astrólogos*; Pontano, *Urania*.

La Bóveda Celeste

Epopeya de Gilgamesh; Homero, *Ilíada*, *Odisea*; Hesíodo, *Los trabajos y los días*; Platón, *República*; Aristóteles, *Metafísica*, *Física*, *De Coelo*; Plotino, *Enéadas*; Eratóstenes, *Catasterismos*; Arato, *Fenómenos*; Cicerón, *Aratea*; Julio César, *De Astris*; Ovidio, *Metamorfosis*, *Fastos*; Plutarco, *De Iside et Osiride*, *De facie quae in orbe lunae apparet*; Clemente de Alejandría, *Cohortatio ad Graecos*; Hilario de Poitiers, *Tractatus in Psalmum*; Juliano el Apóstata, *En torno al Rey Sol* ; Macrobio, *Saturnalia*; Manilio, *Astronomica*; Higinio, *Astronomicon*; Tolomeo, *Almagesto*, *Tetrabiblos*; Vetio Valente, *Antologías*; Firmico Materno, *Matheseos*; *Antologia Palatina*; *Papiro Tebtunis*; *Corpus Hermeticum*, Higinio, *Astronomia*; Fulgencio, *Mythologie*; Albumázar, *Introductorium Maius*; Al-Sufi, *Descripción de las estrellas* fijas; Vicente de Beauvais, *Speculum naturale*; *Tablas alfonsinas*; Buridán, *Comentario al* De coelo *de Aristóteles*; Alberico, *De deorum imaginibus libellus*; J. Ridewall, *Fulgentius metaforalis*; Guido Bonatti, *Liber astronomicus Miscellanea Astronomica*; Dante, *Divina Comedia*, *Convivio*; Marcello Palingenio Stellato, *Zodiacus vitae*; Cecco d'Ascoli, *L'acerba*; Pedro de Abano, *Astrolabium Planum*; *Liber physiognomiae*; Basinio da Parma, *Astronomica*; G. Bianchini, *Tabulae coelestium motum novae*; Boccaccio, *Genealogia deorum gentilorum*; Vasari, *Ragionamenti*; Marsilio Ficino, *De Vita*; Pontano, *Urania*;

J. Zucchi, *Discorso sopra li dei de' gentili e loro imprese*; Tycho Brahe, *Tablas rudolfinas*; Giordano Bruno, *De umbris idearum*; Pontano, *Urania*; J. Bayer; *Uranometria*; J. Schiller, *Coelum stellatum christianum.*

INFLUENCIAS DEL CIELO EN LA TIERRA

Antiguo Testamento (Génesis, Daniel, Josué, Deuteronomio), Nuevo Testamento (Evangelio según san Mateo); Homero, *Ilíada*; Hesíodo, *Los trabajos y los días*; Platón, *Timeo*; Aristóteles, *Meteoros*, *De Coelo*; *Corpus Hermeticum*; *De deorum imaginibus libellus*; Arato, *Fenómenos*; Cicerón, *De divinatione*; Séneca, *Naturales Questiones*; Ovidio, *Fastos*; Manilio, *Astronomica*; Higinio, *Astronomicon*; Macrobio, *Saturnalia*; Fulgencio, *Mythologie*; Tolomeo, *Almagesto*, *Tetrabiblos*; Albumázar, *Introductorium Majus*; Vicente de Beauvais, *Speculum naturale*; Alberico, *De deorum imaginibus libellus*; J. Ridewall, *Fulgentius metaforalis*; Dante, *Convivio*; G. Bonatti, *Liber astronomicus Miscellanea Astronomica*; Pedro de Abano, *Astrolabium Planum*; *Liber physiognomiae*; Sixto V, *Coeli et terrae*; Basinio da Parma, *Astronomica*; G. Bianchini, *Tabulae coelestium motum novae*; Christine de Pizan, *Epitre d'Othéa*; Pierre d'Ailly, *Concordantia astronomiae cume theologiae*; Nicolaus de Paganica, *Compendium Medicinalis Astrologiae*; Maino de' Mainieri, *Regimen sanitatis*; Cardano, *De vita propria*; Marsilio Ficino, *De vita*; Girolamo Manfredi, *Liber de homine*; Savonarola, *Tractato contra li astrologi*; Pico della Mirandola, *Disputationem adversus astrologiam divinatricem*; Agostino Nifo, *De falsa diluvii pronosticatione*; Nostradamus, *Profecías*; Pontano, *Urania*; C. Ripa, *Iconologia.*

ORÍGENES FABULOSOS

Textos de las pirámides, *Libro de los muertos*; Antiguo Testamento (Génesis, Éxodo, Levítico, Números, Deuteronomio, Samuel 1 y 2, Reyes), Nuevo Testamento (Mateo, Apocalipsis); Evangelio apócrifo de san Juan; *Libro de Enoc*; *Libro de la penitencia de Adán*; *Sepher Jezirah*, *Zohar*; *Clavis Salomonis*; *Avesta*; *Libro de la revelación de Adán a su hijo Set*; *Oráculos caldeos*; *Corpus Hermeticum* (*Asclepius*, *Pimander*); *Tabla esmeraldina*; Homero, *Odisea*; *Himnos homéricos*; Hesíodo, *Teogonía*; Esquilo, *Los Siete contra Tebas*, *Prometeo encadenado*; Apolonio de Rodas, *Argonáuticas*; Plotino, *Enéadas*; Cicerón, *De natura deorum*; Plinio, *Naturalis historia*; Plutarco, *De Iside et Osiride*; Apuleyo, *El asno de oro*; Pseudo Jámblico, *De los misterios de los papiros egipcios*; *Papiros griegos mágicos*; *Láminas* o *Himnos órficos*; Lactancio, *Institutiones*, *De ira Dei*; san Agustín, *De civitate Dei*; Clemente de Alejandría, *Stromata*; *Picatrix*; *Opus imperfectum in Matthaeum*; *Libro de la cueva de los tesoros*; Marco Polo, *El millón*; Poliziano, *Stanze*, *Orfeo*; Agripa de Nettesheim, *De occulta philosophia*; Giordano Bruno, *Spaccio della bestia trionfante*; Kepler, *Harmonice mundi*; R. Fludd, *De philosofia mosayca*; A. Bocchi, *Simbolicae questiones*; A. Alciati, *Emblematum Liber.*

LOS GRANDES TEMAS

Evangelio apócrifo de Nicodemo; *Corpus Hermeticum* (*Asclepius*, *Pimander*);

Picatrix; Platón, *Timeo*, *Diálogos*, *Fedro*, *Banquete*; Aristóteles, *De Anima*; Plotino, *Enéadas*, *De Amore*; Cicerón, *De oratore*; Ovidio, *Metamorfosis*; Apuleyo, *Metamorfosis*; Porfirio, *Pistis Sophia*; Macrobio, *Commentarii ad somnium Scipionis*; san Agustín, *De ordine*; Dionisio Areopagita, *Jerarquías celestes*; *La gruta de las ninfas*; Pseudo Jámblico, *Sobre los misterios de los egipcios*; Boecio, *De consolatione Philosophiae*; Roger Bacon, *De las operaciones secretas del arte y de la naturaleza y de la refutación de la magia*; Bartolomeo Anglico, *De proprietatibus rerum libri*; Dante, *Vita Nuova*, *Divina Comedia*; Boccaccio, *Decamerón*; Petrarca, *Trionfi*; Lorenzo Valla, *De voluptate*; Marsilio Ficino, *Theologia platonica*, *De vita coelitus comparanda*, *Commentarium in Convivium Platonis de amore*, *De divino furore*; Pico della Mirandola, *Heptaplus*, *De hominis dignitate*, *Conclusiones*, *Commento sopra una Canzona de Amore*; G. Benivieni, *Canzone d'amore*; Pietro Bembo, *Asolani*; León Hebreo, *Dialoghi d'amore*; F. Colonna, *Hypnerotomachia Poliphili*; Gaffurio, *Practica musicae*, *De harmonia*; Cornelio Agripa, *De occulta philosophia*; G. Della Porta, *Della magia naturale*; Kepler, *Harmonice mundi*; Tommaso Campanella, *Del senso delle cose e della magia*; Giordano Bruno, *De vinculis in genere*, *De magia*, *Degli eroici furori*; C. Giarda, *Icones Symbolicae*; B. Telesio, *De rerum natura iuxta propria principia*; G. Cardano, *De rerum varietate*; R. Fludd, *Utriusque Cosmi Historia*; A. Kircher, *Musurgia universalis*, *Magneticum naturae regnum*.

Personajes y prácticas

Libro de Tot; Antiguo Testamento (Génesis, Números, Salmos, Samuel, Isaías, Jeremías, Ezequiel, Elías, Daniel, Cantar de los Cantares); Nuevo Testamento (Mateo, Lucas, Hechos, Apocalipsis); *Libro de Enoc*, *Zohar*; Homero, *Ilíada*, *Odisea*; Hesíodo, *Teogonía*; Eurípides, *Medea*; Platón, *Timeo*, *Banquete*; *Corpus Hermeticum* (*Asclepius*); Apolonio de Rodas, *Argonáuticas*; Teócrito, *Idilios*; *Tablillas de maldición*; *Papiros griegos mágicos*; *Lapidario órfico*; *De las piedras*; *Liber lapidum*; Ovidio, *Metamorfosis*; Séneca, *Medea*; Horacio, *Ars poetica*; Plinio el Viejo, *Naturalis historia*; Flavio Josefo, *Antigüedades judaicas*; *Tacuinum sanitatis*; Porfirio, *Vida de Plotino*; Lactancio, *Institutiones*, *De ira Dei*; Pseudo Jámblico, *Sobre los misterios de los egipcios*, *De vita pythagorica*; Apolonio de Tiana, *Vida de Pitágoras*; Flavio Filostrato, *Vida de Apolonio de Tiana*; Eunapio, *Vida de los filósofos y los sofistas*; Apuleyo, *Sobre la magia*, *Metamorfosis*; *Fisiólogo*; Rabano Mauro, *De universo*; Chrétien de Troyes, *Conte du Graal*; *Lancelot en prose*; Robert de Boron, *Merlín*; *Roman d'Auberon*, *Huon de Bordeaux*; Jean d'Arras, *La noble histoire de Lusignan*; Couldrette, *Le livre de la vie de Mellusigne*; Roger Bacon, *De las operaciones secretas del arte y de la naturaleza y de la refutación de la magia*; Dante, *Divina Comedia*; G. Della Porta, *Della magia naturale*; Sprenger y Kramer, *Malleus maleficarum*; Agripa de Nettesheim, *De occulta philosophia*; Marsilio Ficino, *De vita coelitus comparanda*; *Picatrix*; *Lapidario de Alfonso el Sabio*; *Speculum lapidum*; Nostradamus, *Centurias*; Paracelso, *Opera omnia medico-chemico-chirurgica*; Jorge Agricola, *De re metallica*; Sinesio de Cirene, *Tratado de los sueños*; G. Cardano, *Ars Magna*; *Comentario al Tratado de los sueños de Sinesio de Cirene*; Ariosto, *Orlando furioso*; Tasso, *Gerusalemme liberata*; C. Ripa, *Iconologia*; C. Giarda, *Icones Symbolicae*; H. Khunrath, *Anfiteatro de la sabiduría eterna*; Tommaso Campanella, *Philosophia sensibus demonstrata*; Giordano Bruno, *De magia*; *Spaccio della bestia trionfante*; R. Fludd, *Utriusque Cosmi Historia*; J. Spies, *Historia del doctor Fausto, famoso mago y nigromante*; C. Marlowe, *La trágica historia del doctor Fausto*; Shakespeare, *Sueño de una noche de verano*, *Macbeth*; R. Burns, *Tam O' Shanter*; Goethe, *Fausto*, *Teoría de los colores*.

Mente y cuerpo

Libro de Tot; Antiguo Testamento (Génesis, Éxodo, Daniel); Nuevo Testamento (Apocalipsis); *Sepher Jezirah*, *Bahir*, *Zohar*; *Enchiridion*; *Corpus Hermeticum*; Platón,

Timeo, *Fedro*; Aristóteles, *De anima*; Plotino, *Enéadas*; Horapolo, *Hieroglyphica*; Cicerón, *De Oratore*; *Ad Caium Herennium Libri IV*; Quintiliano, *Institutio oratoria*; Plinio el Viejo, *Naturalis historia*; Pseudo Lulio, *De auditu kabbalistico*; Juan Tritemio, *Steganographia*; Marciano Capela, *De nuptiis Philologiae et Mercurii*; *Ars notoria*; san Agustín, *Ciudad de Dios*, *Confesiones*; Alberto Magno, *De bono*; Tomás de Aquino, *Summa Theologiae*; Dante, *Divina Comedia*; Petrarca, *Rerum memorandarum libri*; Raimundo Lulio, *Ars brevis*, *Ars magna*, *Liber de ascensu et descensu intellectus*; Palingenio, *Zodiacus vitae*; Marsilio Ficino, *De vita coelitus comparanda*; Pico della Mirandola, *Conclusiones*, *Heptaplus*, *Apologia*; Cornelio Agripa, *De occulta philosophia*; J. Romberch, *Congestorium artificiose memorie*; Pedro de Rávena, *Phoenix sive artificiosa memoria*; Cosmo Rosselli, *Theasurus artificiosae memoriae*; M. Lescor, *Physionomie*; B. Code, *Compendio di fisiognomica*; F. Colonna, *Hypnerotomachia Poliphili*; *L'idea del Theatro dell'eccelen. M. Giulio Camillo*; Agripa de Nettesheim, *De occulta philosophia*; G. della Porta, *Ars reminescendi*, *Dell'umana fisionomia*, *Della celeste fisionomia*; N. Comes, *Mythologia*; V. Cartari, *De gli immagini degli dei*; J. Reuchlin, *Sobre la palabra milagrosa*, *De arte cabalistica*; Giordano Bruno, *De umbris idearum*, *Cantus Circaeus*, *Ars memoriae*, *Trenta sigilli*, *Lampas triginta statuarum*, *Spaccio della bestia trionfante*, *De monade, numero et figura*, *De magia mathematica*, *Cabala del cavallo pegaseo*, *Asino cillenico*; G. Pistorio, *Artis cabalisticae*; G. Postel, *Absconditorum clavis*; R. Fludd, *Ars memoriae*, De *philosofia mosayca*, *Summum bonum*; J. Dee, *Monas Hyerogliphica*; Knorr von Rosenroth, *Kabbala denudata*; A. Kircher, *Oedipus aegyptiacus*.

Lugares y paisajes encantados
Antiguo Testamento; Nuevo Testamento (Apocalipsis); *Corpus Hermeticum* (*Picatrix*, *Asclepius*); Homero, *Odisea*; Esquilo, *Los Siete contra Tebas*; Platón, *República*; Apolonio de Rodas, *Argonáuticas*; Virgilio, *Eneida*; Plutarco, *De Iside et Osiride*; Luciano, *Lucio o el asno*; Apuleyo, *Metamorfosis*; Porfirio, *La gruta de las ninfas*; Horapolo, *Hyeroglihica*; *Libro de la revelación de Adán a su hijo* Set; *Opus imperfectum in Matthaeum*; *Libro de la Cueva de los Tesoros*; *Zohar*; *Historia rerum in partibus transmarinis gestarum*; Guillaume de Lorris y Jean de Meung, *Roman de la Rose*; Dante, *Divina Comedia*; Petrarca, *De Africa*; F. Colonna, *Hypnerotomachia Poliphili*; Mario Equicola, *Di natura d'amore*; *Historia horientalis seu hierosolymitana*; Tomás Moro, *Utopía*; Giordano Bruno, *Spaccio della bestia trionfante*; Francis Bacon, *New Atlantis*; T. Boccalini, *La riforma del mondo*, *Ragguagli di Parnaso*; C. Rosencreuz, *La novela hermética o las bodas químicas*; *Riforma generale*, *Fama Fraternitatis*, *Confessio Fraternitatis*; Tommaso Campanella, *La città del Sole*; J.V. Andreae, *Republicae Christianopolitanae descriptio*, *Torre di Babele*; B. del Bene, *Civitas veri*; Shakespeare, *La Tempestad*; R. Fludd, *Utriusque cosmi historia*, *Summum bonum*; Milton, *El Paraíso perdido*; H. Khunrath, *Amphiteatrum sapientiae aeternae*; J. Böhme, *Diálogo de un alma iluminada y de un alma sin luz*; A. Kircher, *Turris Babel*; J. Swift, *Los viajes de Gulliver*; Goethe, *Fausto*.

Alegorías y personificaciones
Epopeya de Gilgamesh; *Libro de los muertos egipcio*; *Papiros Griegos Mágicos*; Antiguo Testamento (Génesis); Nuevo Testamento (Evangelio según san Mateo, Primera Epístola a los Corintios); *Libro de Enoc*; *Sepher Jezirah*; Homero, *Ilíada*, *Odisea*; Esquilo, *Tebaida*; Platón, *Banquete*; Apolonio de Rodas, *Argonáuticas*; Pseudo Aristóteles, *Secretum secretorum*; Apolonio de Tiana, *Libro de los secretos de la* creación; *Liber Hermetis Trismegisti*, *Corpus Hermeticum*, *Asclepius*; *Tabla Esmeraldina*; Platón, *Fedro*, *Timeo*; Aristóteles, *Ética Nicomaquea*, *Ética Eudemea*; Hipócrates, *La naturaleza del hombre*; Hermes Trismegisto, *Asclepius*; Galeno, *Comentarios a Hipócrates*, *De temperamentis*, *De la*

constitución del universo y del hombre; Teofrasto, *Caracteres*; Diógenes Laercio, *Vidas de los filósofos*; Cicerón, *De divinatione*, *De natura deorum*; Virgilio, *Eneida*; Ovidio, *Metamorfosis*; *Viaje de Alejandro*; Plutarco, *De Iside et Osiride*; Sexto Empírico, *Adversus dogmaticus*; Jámblico, *De mysteriis*; Lactancio, *Institutiones*, *De ira Dei*; san Agustín, *De civitate Dei*; Clemente de Alejandría, *Stromata*; *De arte chymica*; Zósimo de Panópolis, *Comentario a la letra Omega*; Morieno, *Testamentum*, *Liber de compositione alchimiae*; Balinus, *Liber de secretis*; *Mappae clavicula*; *Liber trium verborum*; Guillermo de Conches, *Philosophia*; Hugo de San Víctor, *De medicina animae*; Hildegarda de Bingen, *Causae et curae*; Pseudo Alberto Magno, *Liber de Alchemia*, *Speculum astronomiae*; Alain Chartrier, *Espérance ou consolation des trois vertus*; Roger Bacon, *Opus maius*, *Opus minus*, *Opus tertium*; Pseudo Bacon, *Epistola de secretis operibus artis et naturae et de nullitate magiae*, *Speculum alkimiae*; Pseudo Arnau de Vilanova, *Parvum Rosarium*, *Tractatus parabolicus*; Pseudo Avicena, *De anima in arte alchimiae*; Pseudo Geber, *Summa Perfectionis*, *De septuaginta*; *Tabulae Alfonsinae*; N. Flamel, *Livre des Figures Hiéroglyphiques*; Pseudo Lulio, *Opera chemica*, *Testamentum*, *Codicillus*; Constantinus Pisanus, *Liber secretorum alchimiae*; *Libro de la Santa Trinidad*; *Turba philosophorum*; *Aurora consurgens*; *Rosarium philosophorum*; *Chanson de Roland*; Dante, *Divina Comedia*; Pedro de Abano, *Decisiones physionomiae*; Christophle de Gamon, *Le Trésor des trésors*; Coluccio Salutati, *Sulla nobilità delle leggi e della medicina*; Francesco Colonna, *Hypnerotomachia Poliphili*; Marsilio Ficino, *De vita triplici*; Leonardo da Vinci, *Trattato della pittura*; Pomponio Gaurico, *De sculptura*; Biondo, *De sculptura*; Agripa de Nettesheim, *De occulta philosophia*; Cristoforo Landino, *Dialogo sulla vita attiva e contemplativa*; Ariosto, *Orlando furioso*; G. della Porta, *Magia naturalis*, *Della fisionomia dell'huomo*; Paracelso, *De vita longa*; G. Cardano, *De subtilitate*, *De rerum veritate*, *Metoposcopia*; Cocles, *Chyromantie ac physionomie*; Aurach, *Donum Dei*; T. Norton, *Ordinal of Alchemy*; *Clavis Artis*; *Rosarium Philosophorum*; R. Bono, *Pretiosa Margarita*; J.V. Andreae, *Las bodas alquímicas de Christian Rosacruz*; B. Valentín, *Las doce claves*; Mylius, *Philosophia reformata*; *Azoth*; M. Maier, *Atalanta fugiens*, *Symbola aureae mensae*; Stolcius, *Viridarium chymicum*; S. Trismosin, *La Toyson d'or*, *Spiendor Solis*, *Aureum Vellus*; J. Pansophus, *Chymica Vannus*; *Mutus Liber*; J. Dastin, *Visio*; P. Bono, *Pretiosa Margarita Novella*; H. Khunrath, *Amphitheatrum Chemicum*, *Amphitheatrum sapientiae eternae*; V. Cartari, *Le imagini de i dei de gli antichi*; Jacob Böhme, *De la triple vida del hombre*; *Hyerogliphica sacra*; *Theatrum Chemicum*, *Aurora*, *De signatura rerum*; *Musaeum hermeticum*; J.J. Manget, *Bibliotheca Chemica Curiosa*; Barchusen, *Elementa chemicae*; A. Kircher, *Ars magna lucis et umbrae*; T. Vaughan, *Lumen de lumine*; Giordano Bruno, *De monade*; Kepler, *Harmonices Mundi*, *Mysterium cosmographicum*; R. Fludd, *Utriusque Cosmi*, *Philosophia moysaica*, *Philosophia sacra*; C. Ripa, *Iconología*; Paolo Lomazzo, *Trattato dell'arte della pittura*, *Idea del tempio della pittura*; Descartes, *Las pasiones del alma*; Le Brun, *Tabla de Chartres*; Rubens, *Théorie de la figure humaine*; Hobbes, *De homine*; Milton, *El paraíso perdido*, *Melancholia*; J. Swift, *Los viajes de Gulliver*; *The Pilgrim's Progress*; Diderot, *La monja*, *Encyclopédie*; W. Blake, *Europe*, *Newton*, *Jerusalem*.

La narturaleza y sus elementos

Homero, *Ilíada*; Platón, *Timeo*, *Asclepius*; Aristóteles, *Meteoros*; Plotino, *Enéadas*; Plinio el Viejo, *Naturalishistoria*; Horápolo, *Hieroglyphica*; *Physiologus*; *Bestiarios*; *Tabula Smaragdina*; Razi, *Liber de aluminibus et salibus*; Avicena, *De congelatione et conglutinatione lapidum*; Alberto Magno, *De mineralibus*, *De sulphure*; *Lapidarios*; Vicente de Beauvais, *Speculum naturale*; *Aurora consurgens*; *Libro de la Santa Trinidad*; Pseudo Lulio, *De secretis naturae seu de quinta essentia*; *Artis auruferae, quam Chemiam vocant*, *Testamentum*; Pseudo Arnau de Vilanova, *Rosarius*, *De vita*; *Rosarium*

Philosophorum; Juan de Rupescissa, *De consideratione quinte essentiae rerum omnium*; A. Augurello, *Chrysopoeia*; G.B. Nazari, *Della trasmutatione metallica sogni tre*; A. Allegretti, *De la trasmutatione de metalli*; M. Romano, *De trasmutatione metallorum in ars auriferae*; E. Gaffurio, *Practica musice*; T. Norton, *Tractatus chymicus*; S. Trismosin, *La Toyson d'or*, *Splendor Solis*; *Rosarium philosophorum*; B. Valentín, *Las doce claves*; J.V. Andreae, *Las bodas alquímicas de Christian Rosacruz*; M. Maier, *Atalanta fugiens*, *Septimana Philosophica*, *Viatorium*; Stolcius, *Viridarium chymicum*; R. Fludd, *Utriusque Cosmi*; A. Kircher, *Ars magna lucis et umbrae*, *Musurgia universalis*; *Museum Hermeticum*; Mylius, *Philosophia reformata*; Lambsprinck, *De lapide philosophico*; J.J. Becher, *Oedipus chimicus*; Barchusen, *Elementa chemicae*; Georg von Welling, *Opus magocabalisticum*; Al-Kindi, *De quinque*; M. Savonarola, *Libellus de aqua ardenti*; P. Ulstad, *Coelum Philosophorum*; A. Ricciardi, *Commentaria Symbolica*; *Experientia Naxagorae*, *Secundum Annulos Platonicos et Catenam Auream*; A.J. Kirchweger, *Aurea Catena Homeri*.

El magisterio y sus fases

Antiguo Testamento (Cantar de los Cantares); *Himno homérico a Hermes*; *Lapidarios órficos*; Pseudo Aristóteles, *Tractatulus de Practica lapidis Philosophici*; *Aurora consurgens*; *Turba philosophorum*; *Rosarium Philosophorum*; Geber, *Summa Perfectionis*; Basilio Valentín, *Las doce claves*; *Donum Dei*; S. Trismosin, *La Toyson d or*, *Splendor Solis*; *Theatrum chemicum Britannicum*; H. Khunrath, *Amphitheatrum sapientiae eternae*; J. V. Andreae, *Las bodas alquímicas de Christian Rosacruz*; A. Augurello, *Chrysopoeia*; G. Ripley, *Doce puertas*; P. Bono, *Pretiosa Margarita Novella*; Pico della Mirandola, *De auro libri tres*; *Zoroaster des Rabbi und Juden Clavis Artis*; M. Maier, *Atalanta fugiens*, *Scrutinium Chymicum*; Mylius, *Anatomia auri*; *Museum Hermeticum*, *Aurum hermeticum*; *Liber de lapide philosophorum*; Lambsprinck, *De lapide philosophico*; *Materia Prima Lapidis Philosophorum*.

Emblemas, instrumentos y protagonistas

Antiguo Testamento (Génesis, Jeremías, Ezequiel, Proverbios); Nuevo Testamento (Apocalipsis); *Zohar*; Dionisio Areopagita, *De coelesti hierarchia*; san Bernardo, *Sermo IV de ascensione Domini*; Pincellus, *Mundus symbolicus*; *Speculum veritatis*; Raimundo Lulio, *Liber de ascensu et descensu intellectus*, *De nova logica*, *Breviculum*; Agripa de Nettesheim, *De occulta philosophia*; Robinet Testard, *Livre des échecs amoureux*; Geber, *De Alchimia*; *Rosarium philosophorum*; *Aurora consurgens*; *Turba philosophorum*; J.V. Andreae, *Rei publicae Christianopolitanae descriptio*; Paracelso, *Paragranum*; S. Trismosin, *Splendor Solis*; B. Valentín, *La gran piedra de los antiguos*; G. della Porta, *De distillationibus*, *Magia naturalis*; Nicolás de Cusa, *De coniecturis*; A. Libavius, *Alchymia*; A. Kìrcher, *Musurgia universalis*, *Magneticum naturae regnum*, *Ars magna sciendi*; R. Fludd, *Utriusque cosmi II*, *Philosophia sacra*; M. Maier, *De circulo physico Quadrato*, *Atalanta fugiens*; *Fama fraternitatis*, *Scrutinium Chymicum*, *Speculum veritatis*; H. Khunrath, *Amphiteatrum sapientiae aeternae*; B. Trevisano, *Le livre du Trévisan de la philosophie naturelle des métaux*; S. Michelspacher, *Cabala, speculum artis et naturae, in alchymia*; J. Böhme, *Theosophische Werke*, *Vom irdischen und himmlischen Mysterium*; Van Vreeswyk, *De Groene Leeuw*; *Geheime Figuren der Rosenkreuzer*; *Musaeum hermeticum*; Stolcius, *Viridarium chymicum*; H. Jamsthaler, *Viatorum spagyricum*; J. Dee, *Monas hyerogliphica*; Stengelius, *Ova Paschalia Sacro Embiemata*; T. Norton, *Mercurius redivivus*, *Ordinal of Alchemy*; *Theatrum chemicum Britannicum*; Lambsprinck, *De lapide philosophico*; Reusner, *Pandora*; Altus, *Mutus Liber*; *Aurea catena Homeri*; Barchusen, *Elementa chemiae*; Boschius, *Symbolographia*; A.T. de Limojon de Saint-Didier, *Le triomphe hermétique*.

Bibliografía

Astrología

AA.VV., *L'astrologia e la sua influenza nella filosofia, nella letteratura e nell'arte dall'età classica al Rinascimento*, Nuovi Orizzonti, Milán, 1992.

AA.VV., *Astrologia. Arte e cultura in età rinascimentale* (a cura di Daniele Bini), Il Bulino, Módena, 1996.

Battistini, M., *Simboli nell'arte. Il significato segreto dei dipinti*, Mondadori, Milano 2003.

Boll, F. C., Bezold, W. Gundel, *Sterrglaube und Sremdeutung*, Teubner, Stuttgart, 1966.

Cassirer, E., *Filosofía de las formas simbólicas*, Fondo de Cultura Económica, México, 1971.

Cattabiani, A., *Planetario. Simboli, miti e misteri di astri, pianeti e costellazioni*, Mondadori, Milano. 1998; *Lunario. Dodici mesi di miti, feste, leggende e tradizioni popolari d'Italia*, Mondadori, Milano 1994; *Calendario. Le feste, i miti, le leggende e i riti dell'anno*, Rusconi, Milano 1994. *Calendario*, Ultramar, Barcelona, 1990.

Chevalier, J.; A. Gheerbrant, *Diccionario de los símbolos*, Herder, Barcelona, 2003.

Cirlot, J-E., *Diccionario de símbolos*, Labor, Barcelona, 1991.

Cumont, F., *Astrología y religión en el mundo grecorromano*, RBA, Barcelona, 2003.

Garin, E., *El zodíaco de la vida. La polémica astrológica del trescientos al quinientos*, Península, Barcelona, 1981.

Gombrich, E.H., , *Imágenes simbólicas. Estudios sobre el arte del Renacimiento*, Alianza Editorial, Madrid, 1983.

Hall, J., *Diccionario de temas y símbolos artísticos*, Alianza Editorial, Madrid, 1987.

Mori, G., *Arte e astrologia*, Giunti, Florencia, 1987.

Panofsky, E., *Estudios sobre iconología*, Alianza Editorial, Madrid, 1971.

Saxl, F., *La fede negli astri. Dall'antichità al Rinascimento*, Boringhieri, Turín, 1985; *La vida de las imágenes*, Alianza Editorial, Madrid, 1989.

Warburg, A., *La rinascita del paganesimo antico*, La Nuova Italia, Florencia, 1966.

Magia

Apuleyo, *Apología*; Florida, Gredos, Madrid, 2001.

Baltrusaitis, J., *En busca de Isis*, Siruela, Madrid, 1996.

Breton, A., L'art magique, Phébus/Adam Biro, París, 1991.

Boncompagni, S., *Il mondo dei simboli*, Edizioni Mediterranee, Roma 1984.

Bussagli, M. «Art Dossier» Giunti, Florencia, 1988.

Calvesi, M. *Il mito dell'Egitto nel Rinascimento*, Giunti, Florencia, 1988.

Carl Enders, F., A. Schimmel, *Das Mysterium der Zahl*, E. Diederichs, Colonia, 1984.

Cattabiani, E., *Florario. Miti, leggende e simboli di fiori e piante*, Mondadori, Milán, 1996.

Chastel, A., *Marsile Ficin et l'art*, Droz, Ginebra, 1996.

Couliano, I.P., *Eros et magie à la Renaissance*, 1484, Flammarion, París, 1984.

Frazer, J.C., *La rama dorada: magia y religión*, Fondo de Cultura Económica, Madrid, 1981.

Levi, E., *Historia de la magia*, Humanitas, Barberà del Vallès, 2000.

Mirabail, M., *Dictionnaire de l'ésotérisme*, Marabout, París, 1985.

Poiron, D., *Le merveilleux dans la littérature française du Moyen Age*, PUF, París, 1982.

Rossi, P., (ed.), *La magia naturale nel Rinascimento*. Testi di Agrippa, Cardano, Fludd, Utet, Turín, 1988.

Seligmann, K., *The mirror of magic*, Pantheon Books, Nueva

York, 1948.
Seznec, J., *Los dioses de la Antigüedad en la Edad Media y el Renacimiento*, Taurus, Madrid, 1983.
Tresoldi, R., *Enciclopedia del esoterismo*, De Vecchi, Barcelona, 2003.
Wind, E., *Misterios paganos en el Renacimiento*, Alianza Editorial, Madrid, 1997.
Yates, F.A., *Giordano Bruno y la tradición hermética*, Ariel, Barcelona, 1983; *El arte de la memoria*, Taurus, Madrid, 1974; Theatre of the World, Routledge & Kegan Paul, Londres, 1969.

ALQUIMIA

Alchimia e medicina nel Medioevo, edición de C. Crisciani y A. Paravicini Bagliani, Edizioni del Galluzzo, Impruneta, 2003.
Arte e scienza. Alchimia: la tradizione in occidente, Electa, Milán.
Burckhardt, T., *Alquimia. Significado e imagen del mundo*, Paidós, Barcelona, 1994.
Burkert, W., *De Homero a los magos. La tradición oriental en la cultura griega*, El Acantilado, Barcelona, 2003.
Calvesi, M., *Arte e alchimia*, «Art Dossier» Giunti, Florencia, 1986.
Crisciani, C., *Il papa e l'alchimia. Felice V, Guglielmo Fabri e l'elixir*, Viella, Roma, 2002.
Crisciani, C., A. Paravicini Bagliani, *Alchimia e medicina nel Medioevo*, Edizioni del Galluzzo, Impruneta, 2003.
Crisciani, C., M. Pereira, *L'arte del sole e della luna. Alchimia e filosofia nel Medioevo*, Centro Italiano di Studi sull'Alto Medioevo, Spoleto, 1996.
Gabriele, M., *Alchimia e iconologia*, Forum, Udine, 1997.
Jung, C.G., *Psicología y alquimia*, Plaza & Janés, Barcelona, 1989; *Paracelsus the Physician, Paracelsus as a Spiritual Phenomenon y The Spirit Mercury, en Alchemical studies*, Princeton University Press, 1983.
Klibansky, R., E. Panofsky, F. Saxl, *Saturno y la melancolía*, Alianza Editorial, Madrid, 2004.
Kremmerz, G., *Il mondo secreto*, Rebis, 1982.
la Porta, G., *Storia della magia. Grandi castelli, grandi maghi, grandi roghi*, Bompiani, Milano, 2001.
Mirabail, M., *Dictionnaire de l'ésotérisme*, Marabout, París, 1985.
Schwarz, A., *Cabbalà e alchimia. Saggio sugli archetipi comuni*, Giuntina, Florencia, 1999; *L'immaginazione alchemica ancora*, Moretti & Vitali, Bérgamo, 2000.
Tresoldi, R., *Enciclopedia del esoterismo*, De Vecchi, Barcelona, 2003.
Vitale, A., *Solve Coagula*, Moretti & Vitali, Bérgamo.
Wirth, O., *Le symbolisme hermétique,* Dervy, París, 1995.
Wittkower, R. y M., *Nacidos bajo el signo de Saturno*, Cátedra, Madrid, 1988.

Referencias fotográficas

Archivo Mondadori Electa, Milán, con permiso del Ministerio de Bienes y Actividades Culturales

Por cortesía del Ministerio de Bienes y Actividades Culturales se reproducen las imágenes facilitadas por:

Superintendencia del patrimonio histórico, artístico y antropológico de Bérgamo, Como, Lecco, Lodi, Milán, Pavía, Sondrio, Varese / Pinacoteca di Brera

Superintendencia del patrimonio histórico, artístico y antropológico de Piemonte, Turín / Galleria Sabauda / Biblioteca Nazionale Universitaria

Superintendencia del patrimonio histórico, artístico y antropológico de Brescia, Cremona y Mantua/ Palazzo Ducale

Superintendencia especial del conjunto museístico veneciano/ Gallerie dell'Academia, Venecia / Biblioteca Nazionale Marciana

Superintendencia del patrimonio histórico, artístico y antropológico de Friuli Venezia Giulia / Museo Storico di Miramare

Superintendencia del patrimonio histórico, artístico y antropológico de la provincia de Parma y Piacenza / Camera di San Paolo / Rocca dei Rossi

Superintendencia del patrimonio histórico, artístico y antropológico de Módena y Regio Emilia/ Biblioteca Estense y Galleria Estense

Superintendencia especial del conjunto museístico florentino, Florencia / Biblioteca Nazionale Centrale / Galleria degli Uffizi / Galleria Palatina di Palazzo Pitti / Villa Medicea della Petraia

Superintendencia del patrimonio histórico, artístico y antropológico de la provincia de Siena y Grosseto / Pinacoteca Nazionale

Superintendencia del patrimonio histórico, artístico y antropológico de Marche, Galleria Nazionale delle Marche

Superintendencia de historia y bienes artísticos de Nápoles y provincia / Museo e Gallerie Nazionali di Capodimonte

Superintendencia especial del conjunto museístico romano, Roma / Galleria Borghese / Instituto Nacional de Gráfica / Galleria Nazionale d'Arte Antica di Palazzo Barberini

Superintendencia arqueológica de Lazio / Palazzo Massimo alle Terme

Castello del Buonconsiglio, Trento

Y además:

AKG Images, Berlín
Musei Vaticani, Cuidad del Vaticano
National Gallery, Londres
Tate Gallery, Londres
The J. Paul Getty Museum, Los Ángeles
Museo del Prado, Madrid
Civici Musei del Castello Sforzesco, Milán
Alte Pinakothek, Múnich

Damos las gracias también a los archivos fotográficos de los museos y los centros públicos y privados que han facilitado el material iconográfico.

El editor se pone a disposición de los posibles propietarios de los derechos iconográficos sin identificar.

Los Diccionarios del Arte

Los Diccionarios del Arte ofrecen las claves para conocer y comprender la iconografía y los motivos de la historia del arte. Cada volumen explora el vasto universo de los mitos, los temas y los personajes que han servido de inspiración a los grandes maestros y nos muestra los episodios de los que son protagonistas y los atributos que los identifican, constituyendo una herramienta eficaz para comprender las obras maestras de la pintura y la escultura. Todo ello a través de una presentación vivaz, unos textos con un caudal de información rigurosa y más de 400 imágenes en color reproducidas con excelente calidad en cada uno de los títulos.

Títulos de la colección

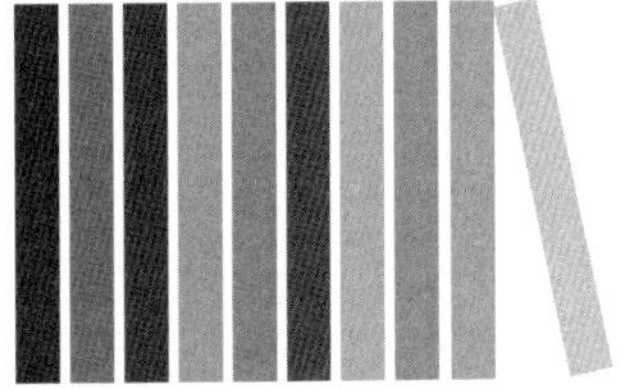

Formato: 135 x 200 mm.

Páginas: 384

Títulos de la colección

Autor: Giorgi, Rosa
ISBN 84-8156-368-4 (9)

¿Por qué tienen alas los ángeles? ¿Y por qué tienen cuernos los demonios? ¿Por qué no dudamos en situar a los unos en el cielo y a los otros entre las llamas del infierno? Serafines, querubines, el limbo, el paraíso, justos y condenados, los jinetes del Apocalipsis, la posesión diabólica, los exorcismos... Una lista impresionante de motivos iconográficos que giran en torno del juicio final, la salvación, la condenación o el más allá, temas fundamentales y fuente privilegiada de inspiración para los artistas desde los albores del cristianismo, que animan pinturas, frescos, esculturas, códices miniados y grabados poblados por las más sorprendentes criaturas celestiales e infernales.

Autor: Battistini, Matilde
ISBN 84-8156-382-X (5)

Autor: De Capoa, Chiara
ISBN 84-8156-361-7 (0)

NOVEDAD Mayo '05

!

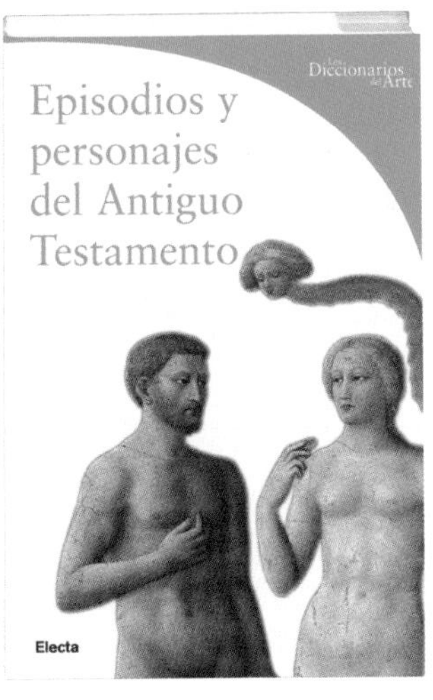

Un apasionante recorrido por el fascinante territorio de los símbolos y los motivos relacionados con las ciencias ocultas. La astrología, la magia y la alquimia se remontan a la más lejana antigüedad, y por ello no es extraño que su influencia se haya dejado notar en el arte desde la Edad Media. En este libro se dan cita las representaciones que el arte ha dado a temas como el zodíaco, los planetas, los elementos, la piedra filosofal, la Cábala, las magias blanca y negra, las pociones o los venenos. Se trata, en suma, del punto de encuentro entre el arte y lo oculto.

El arte, especialmente la pintura y la escultura, recurre en muchas ocasiones a la representación de personajes, escenas y episodios de los libros sagrados, ya sea para describir su historia y circunstancias o, más frecuentemente, como un ejemplo de conducta a seguir. La presente obra nos invita a un recorrido por las imágenes y los motivos del Evangelio, la vida y los hechos de Jesús y los apóstoles, sus parábolas y milagros, la Pasión y la Resurrección, la Virgen... y nos ofrece, evidentemente, las claves para comprender plenamente algunas de las obras maestras del arte occidental.

Títulos de la colección

Autor: Zuffi, Stefano

ISBN 84-8156-348-X (1)

Autor: Pellegrino, Francesca
Poletti, Federico

ISBN 84-8156-369-2 (6)

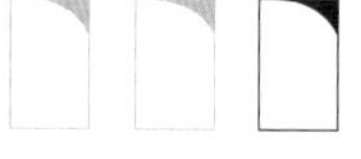

Autor: Rapelli, Paola

ISBN 84-8156-384-6 (9)

Difícilmente comprenderemos las obras de los maestros clásicos si no sabemos interpretar los personajes y las escenas que muestran. Pintura y escultura recurren en numerosas ocasiones a la representación de personajes y episodios de los libros sagrados, ya sea para contar su historia y circunstancias o, más frecuentemente, para presentarlos como arquetipos o ejemplos de comportamiento. La presente obra, a través de un recorrido por las imágenes y los motivos del Antiguo Testamento, como la Creación, la Torre de Babel, Jacob, Abraham, la huida de Egipto, la tierra prometida, David y Salomón, nos ofrece las claves para la comprensión de algunas de las obras fundamentales del arte occidental.

NOVEDAD Mayo '05

Ante una obra de arte de resonancias literarias no siempre somos capaces de reconocer la fuente de inspiración y las referencias para interpretar su significado. Esta obra nos da las claves para ello. Don Quijote y Sancho Panza, Romeo y Julieta, Ulises, Hamlet, Verona, el Mediterráneo de la mitología. La utopía y la realidad, el amor imposible, la duda, los celos, el largo regreso a casa... Los personajes, los escenarios y los temas de la literatura han supuesto siempre un caudal inagotable de motivos para los artistas de todas las épocas, hasta el punto de que es difícil leer a los clásicos sin tener presente las representaciones artísticas que se han inspirado en sus protagonistas y sus escenarios.

Un recorrido por la historia de los príncipes y los soberanos a través de los retratos que de ellos pintaron los grandes maestros. No se interesa tanto en los personajes en sí mismos como en la forma en la que eligieron ser inmortalizados, la riqueza del lenguaje simbólico que revela su postura, sus gestos, sus expresiones y sus ropajes y adornos. Desde los modelos antiguos como son Alejandro y Julio César, el volumen trata las grandes dinastías y familias dirigentes de Occidente, desde los reyes medievales hasta los zares rusos, los reyes de Francia, la corte española, los príncipes sajones, las cortes de Italia, constituyendo una auténtica galería de retratos de aquellas figuras que hicieron la historia.

Títulos de la colección

Autor: Impelluso, Lucia
ISBN 84-8156-338-2 (2)

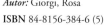

Arquetipos de los vicios y las virtudes humanas, los personajes de la mitología, la literatura y la historia griegas y romanas son nuestros "nobles antepasados" y están en la base de la cultura occidental, lo que les ha valido una gran fortuna en el arte, especialmente en el Renacimiento, el Barroco y el Neoclasicismo. Dedicado a los personajes y los argumentos de la mitología y la historia clásicas, la presente obra permite orientarse en el rico universo de sus nombres, símbolos, metamorfosis, alegorías y figuras reales y permite reconocer a los personajes de la mitología clásica representados en el arte.

Autor: Giorgi, Rosa
ISBN 84-8156-384-6 (5)

Autor: Tradigo, Alfredo
ISBN 84-8156-376-5 (4)

NOVEDAD Mayo '05

¿Cómo se distinguen un cardenal, un obispo y un benedictino? Este volumen demuestra que en ocasiones el hábito sí hace al monje, y nos revela y explica las figuras, los ritos y los episodios de la historia de la Iglesia y la liturgia a través de sus representaciones artísticas. Una parte del libro está dedicada al lenguaje simbólico y codificado de la liturgia, así como a los colores y los objetos litúrgicos, las figuras, las órdenes y los grados de la jerarquía eclesiástica. Otra parte importante se centra en la historia del Cristianismo, sus acontecimientos destacados y figuras clave, desde las Cruzadas hasta el expolio napoleónico, o temas como las peregrinaciones, la masacre de los hugonotes o la Contrarreforma.

El arte bizantino, los motivos y la iconografía del arte religioso ortodoxo de Oriente, resulta de una riqueza extraordinaria que frecuentemente nos resulta menos conocida de lo que merece su calidad y tradición. Desde los albores del cristianismo, con una historia de siglos, las manifestaciones artísticas de la ortodoxia constituyen un fascinante mundo de sensibilidad, ingenua y compleja a la vez, que nos sorprende y conmueve. La presente obra permite disfrutar e interpretar el arte sacro ortodoxo a partir de todas las claves que ha usado en su historia.

Títulos de la colección

Autor: Impelluso, Lucia
ISBN 84-8156-359-5 (7)

Plantas, flores, frutos, animales terrestres, voladores o acuáticos, criaturas fantásticas... La naturaleza, en sus múltiples y variadas formas y representaciones, aparece por doquier en la historia del arte, ya sea como el elemento central de una pintura o bien como un detalle que a primera vista tal vez nos pasa inadvertido pero que puede llegar a ser fundamental para la adecuada interpretación de una obra: el jacinto, que es un símbolo de Cristo, representa la prudencia y la sabiduría; la granada simboliza la castidad, la virginidad; la manzana es el símbolo de la tentación y la caída, pero también de la redención; el cordero simboliza la Pasión de Cristo; las moscas, el símbolo del pecado y la maldad.

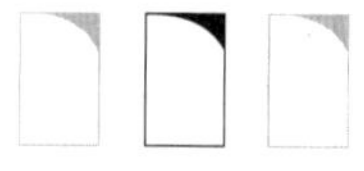

Autor: Giorgi, Rosa
ISBN 84-8156-337-4 (5)

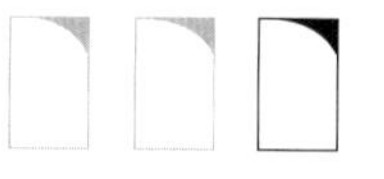

Autor: Battistini, Matilde
ISBN 84-8156-347-1 (4)

Buena parte de las obras maestras de la historia del arte han sido creadas por encargo de la Iglesia o bajo mecenazgo de inspiración cristiana. No es extraño, pues, que muchas de ellas presenten personajes de la tradición religiosa, escenas de la historia sagrada o situaciones que pueden resultar de difícil comprensión si no conocemos el referente que las inspira. El presente volumen nos permite descubrir los principales personajes y mitos, y aquellos aspectos, a menudo poco conocidos, de la vida, obras y milagros de los protagonistas del santoral cristiano, los atributos que los identifican, el significado de su presencia en determinada obra.

La adecuada interpretación de parte importante de las obras artísticas universales requiere casi siempre conocer el significado de toda una serie de imágenes, objetos, situaciones o acciones que vemos representados en ellas y cuyo sentido real no siempre somos capaces de descifrar. Se trata de una serie de símbolos y alegorías que se refieren al paso del tiempo, a los valores de la humanidad, a los vicios y las virtudes, los sentidos, las artes y las ciencias... Un enorme flujo de informaciones que la presente obra nos ayuda a desvelar y sin cuyo conocimiento no podremos valorar cabalmente el arte de los clásicos.

Títulos de la colección

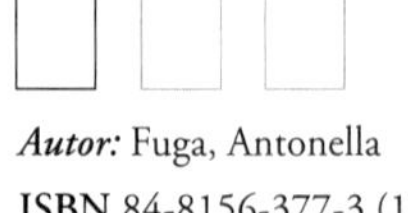

Autor: Fuga, Antonella
ISBN 84-8156-377-3 (1)

Tan importante como aquello que se representa en una obra de arte es la forma -el soporte, las técnicas- de hacerlo y, desde luego, la maestría del artista para extraer las mejores posibilidades expresivas del medio elegido. El presente volumen ofrece un exhaustivo recorrido por las diversas técnicas artísticas, analizando con detalle sus características, historia y métodos de ejecución, así como las obras maestras que ha dado el arte en cada una de ellas, sea el dibujo, el grabado, la pintura, la escultura, el mosaico, la cerámica, el cristal o la orfebrería, sin olvidar las técnicas que se aplican en el arte contemporáneo.

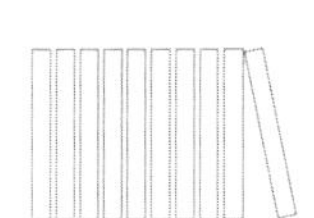

Los Siglos del Arte

En el marco de "**Los Diccionarios del Arte**" esta nueva serie ofrece al lector una historia del arte compacta en ocho volúmenes que combinan la claridad y la amenidad que caracterizan la colección con un planteamiento innovador que nos presenta las obras, los autores y el contexto de cada época en todo su esplendor.

«Un planteamiento innovador de la historia del arte»

Cada volumen está estructurado en tres secciones:

Las palabras clave. Cada periodo tiene toda una serie de términos y expresiones relacionados con los movimientos artísticos, las técnicas específicas, las innovaciones... Se trata de los conceptos que hay que conocer y que nos ayudan a comprender el arte de ese tiempo.

Los lugares. El arte nace o se desarrolla en un espacio determinado que en algún modo deja una impronta en él. Por ello es importante conocer los lugares más significativos de cada periodo: ciudades, naciones, territorios, constituyen el escenario imprescindible para entender el arte de cada época, son su geografía.

Los protagonistas. Los pintores, escultores, arquitectos, mecenas, sus vidas y sus principales obras maestras puestas en contexto y debidamente comentadas.

Títulos de la colección

Autor: Zuffi, Stefano

ISBN 84-8156-385-4 (6)

Autor: Crepaldi, Gabriele

ISBN 84-8156-380-3 (1)

Algunas palabras clave: el arte de la corte, altares y retablos, el gótico internacional, la pintura al óleo, la perspectiva, la talla.

Algunos lugares: del norte de Europa al área mediterránea, de las ciudades hanseáticas al Tirol, Brujas y Provenza...

Algunos protagonistas: de los grandes maestros (Leonardo, Bramante, Van Eyk...) a artistas menos conocidos (Jaime Baço, Hans Multscher).

Algunas palabras clave: del neoclasicismo a la invención de la fotografía, los movimientos, los centros de producción artística.

Algunos lugares: la torre Eiffel, el Berlín del siglo XIX, el prerrafaelitismo en Inglaterra.

Algunos protagonistas: los pintores neoclásicos, el impresionismo, el modernismo, los albores de las vanguardias y la modernidad.